Perspektiven der Raumentwicklung in Europa

Deutsche Bibliothek - CIP-Einheitsaufnahme

Perspektiven der Raumentwicklung in Europa / Akademie für Raumforschung und Landesplanung . - Hannover: ARL, 1992
    (Forschungs- und Sitzungsberichte / Akademie für Raumforschung
    und Landesplanung; 190: Wissenschaftliche Plenarsitzung; 1991)
    ISBN 3-88838-016-2
NE: Akademie für Raumforschung und Landesplanung <Hannover>:
     Forschungs- und Sitzungsberichte / Wissenschaftliche Plenarsitzung

Best.-Nr. 016
ISBN 3-88838-016-2
ISSN 0935-0780

FORSCHUNGS- UND
SITZUNGSBERICHTE 190

Perspektiven
der Raumentwicklung
in Europa

Wissenschaftliche Plenarsitzung 1991

AKADEMIE FÜR RAUMFORSCHUNG UND LANDESPLANUNG

Autoren dieses Bandes

Gerd Albers, Prof. Dr.-Ing., Dr.-Ing. E.h., Präsident der Deutschen Akademie für Städtebau und Landesplanung, Ordentliches Mitglied der Akademie für Raumforschung und Landesplanung, München

Dieter Angst, Staatssekretär im Sächsischen Staatsministerium für Umwelt und Landesentwicklung, Dresden

Bert Barmentloo, Direktor für Allgemeine und Verwaltungs-Angelegenheiten, Rijksplanologische Dienst, Den Haag

Hans-Hermann Bentrup, Dr., Staatssekretär im Ministerium für Umwelt, Raumordnung und Landwirtschaft des Landes Nordrhein-Westfalen, Düsseldorf

Dieter Bökemann, Prof. Dr.-Ing., Institutsvorstand, Institut für Stadt- und Regionalforschung an der Technischen Universität Wien, Korrespondierendes Mitglied der Akademie für Raumforschung und Landesplanung

Hans Flückiger, Prof. Dr., Direktor des Bundesamtes für Raumplanung, Bern

Hans-Dieter Frey, Dr., Ministerialdirigent, Leiter der Abteilung Landesentwicklung, Raumordnung und Landesplanung, Vermessungswesen, Innenministerium Baden-Württemberg, Stuttgart

Jens Gabbe, Dipl.-Volksw., Geschäftsführer der EUREGIO, Gronau

Rüdiger Göb, Prof. Dr., Ministerialdirektor a.D., Wirtschaftsgeographisches Institut der Universität Köln, Ordentliches Mitglied der Akademie für Raumforschung und Landesplanung

Hans-Jürgen von der Heide, Dr., Erster Beigeordneter a.D., Bonn, Ordentliches Mitglied der Akademie für Raumforschung und Landesplanung

Reimut Jochimsen, Prof. Dr., Staatsminister a.D., Präsident der Landeszentralbank in Nordrhein-Westfalen, Düsseldorf, Ordentliches Mitglied der Akademie für Raumforschung und Landesplanung

Waldemar Kleinschmidt, Oberbürgermeister der Stadt Cottbus

Piotr Korcelli, Prof. Dr., Institut für Geographie und Raumordnung, Polnische Akademie der Wissenschaften, Warschau

Viktor Frhr. v. Malchus, Dr., Direktor des Instituts für Landes- und Stadtentwicklungsforschung des Landes Nordrhein-Westfalen, Dortmund, Ordentliches Mitglied der Akademie für Raumforschung und Landesplanung

Gérard Marcou, Prof. Dr., Universität Lille, Fakultät für Rechts-, Politik- und Sozialwissenschaften, Villeneuve d'Ascq

Peter Saße, Dr., Landesumweltamt Brandenburg, Außenstelle Cottbus

Alois Slepička, Dr., Leiter des Zentrums für Theorie der Architektur und Siedlungsentwicklung der CSFR, Prag, Korrespondierendes Mitglied der Akademie für Raumforschung und Landesplanung

Erika Spiegel, Prof. Dr., Technische Universität Hamburg-Harburg, Arbeitsbereich Sozialwissenschaftliche Grundlagen des Städtebaus, Hamburg, Vizepräsidentin und Ordentliches Mitglied der Akademie für Raumforschung und Landesplanung

Peter Treuner, Prof. Dr., Direktor des Instituts für Raumordnung und Entwicklungsplanung an der Universität Stuttgart, Präsident und Ordentliches Mitglied der Akademie für Raumforschung und Landesplanung

André Verbaan, Drs., Rijksplanologische Dienst, Den Haag

Horst Zimmermann, Prof. Dr., Leiter des Fachgebietes Finanzwissenschaft an der Universität Marburg, Ordentliches Mitglied der Akademie für Raumforschung und Landesplanung

INHALTSVERZEICHNIS

PETER TREUNER

Begrüßung und Eröffnung

Meine Damen und Herren,

ich begrüße Sie zur ersten Wissenschaftlichen Plenartagung, die die Akademie für Raumforschung und Landesplanung nach dem Beitritt der fünf neuen Länder durchführt.

Ich begrüße unsere Kollegen und Gäste aus den Niederlanden und aus Belgien, aus Frankreich, aus der Schweiz und aus Österreich, aus Kroatien, aus der Tschechischen und Slowakischen Föderativen Republik und aus Polen. Und ich begrüße ganz besonders unsere Kollegen aus den fünf neuen Ländern, die zum ersten Mal ganz normal unter uns und bei uns sind.

Ich begrüße Sie zur Diskussion des Generalthemas "Perspektiven der Raumentwicklung in Europa", das vom Präsidium mit Bedacht, aber auch ohne echte Alternative gewählt wurde, gewählt werden mußte: Die Raumordnung des vereinigten Deutschland kann sinnvoll nur in dem sich verändernden europäischen Rahmen verstanden und konzipiert werden.

Es ist uns allerdings aus den vielen Erfahrungen unserer Mitglieder und aus einigen konkreten Vorhaben unserer Arbeitskreise und Arbeitsgemeinschaften sehr bewußt, wie groß und immer noch zu wenig strukturiert das Fragezeichen ist, das wir eigentlich hinter unser Generalthema hätten setzen müssen. Trotz mancher ermutigender Fortschritte ist es noch keinesfalls sicher, ob es wirklich schon hinreichend erkennbare Perspektiven einer europäischen Raumentwicklung gibt. Perspektiven sind auf einen gemeinsamen Perspektivpunkt ausgerichtet. Vielleicht haben wir es bisher doch nur mit einer Reihe von unabhängigen Trends zu tun, deren Abstimmung auf einen gemeinsam zu definierenden Perspektivpunkt noch aussteht.

Lassen Sie mich anhand einiger mir besonders bedeutsam erscheinender Punkte erläutern, wo ich die größten Fragen und Herausforderungen sehe.

Ich nenne zuerst die grundlegende Frage nach der Struktur des neuen Föderalismus der Bundesrepublik. Sie resultiert vordergündig und in drängender Weise aus dem Vollzug der Vereinigung, der in der Sache eben nicht nur ein Beitritt war, sondern ein unsere Wirklichkeit fundamental verändernder Vorgang. Die Bundesrepublik ist eine andere geworden durch das Hinzukommen der fünf neuen Länder mit ihren besonderen Problemen, und zwar nicht nur im Hinblick auf die finanziellen und finanzpolitischen Konsequenzen der Vereinigung und der Notwendigkeit, alles für eine schnelle Angleichung der Lebensverhältnisse und der Entwicklungsperspektiven zu tun.

Die Frage nach der neuen Struktur des Föderalismus in Deutschland und seinem Funktionieren in Europa ergibt sich aber auch und in gleicher Bedeutsamkeit aus dem fortschreitenden Integrationsprozeß der Europäischen Gemeinschaft. Wir wissen natürlich, wie wichtig es wäre, etwa dem Wirken der großen europäischen Strukturfonds einen räumlichen Zielrahmen europäisch bedeutsamer Entwicklungsprioritäten an die Hand geben zu können, und wir wirken in unserem Rahmen an manchen Überlegungen zur Entwicklung einer europäischen Raumordnungspolitik mit. Aber wir zögern auch, in den unspezifizierten Ruf nach einer in Form einer Vertragsergänzung kodifizierten europäischen Raumordnungskompetenz - oder Kompetenz für ein "aménagement du territoire à la francaise" - einzustimmen, solange die Vorstellungen von den zukünftigen Verteilungen der raumbedeutsamen Funktionen und Entscheidungen auf die verschiedenen Ebenen des europäischen und der nationalen Gemeinwesen(s) nicht wenigstens in ihren Grundrissen erkennbar geworden sind. Zwar ist es heute allgemeine feine europäische Rede, die Bedeutung des Subsidiaritätsprinzips hervorzuheben. Aber heißt das auch, daß alle unsere ausländischen Partner wissen, was das in der Regierungs- und Verwaltungspraxis bedeuten würde, und heißt es auch, daß die politischen Strukturen z.B. Frankreichs und Englands in dem Maße Macht an subnationale Strukturen übertragen werden, wie uns in Deutschland das auf der Grundlage unserer praktischen Erfahrung als Voraussetzung für ein funktionierendes, relatives Gleichgewicht der verschiedenen räumlichen Entscheidungsebenen erforderlich zu sein scheint?

Aus der Arbeit unserer Deutsch-Französischen Arbeitsgemeinschaft, über deren Zustandekommen und Arbeiten wir uns glücklich schätzen und deren erste Ergebnisse wir jetzt vorlegen - Herr Kollege Marcou aus Lille wird darüber morgen berichten -, wissen wir, wie viele Verständnisfragen und in den Traditionen und Denkmustern aller Partner begründete Hindernisse noch auf dem Weg zu einer europäischen Raumordnungsgemeinschaft liegen.

Als zweites Grundproblem unseres Themas spreche ich die neue Notwendigkeit einer aktiven Rolle des Bundes bei der Weiterentwicklung von räumlichen Ordnungs- und Entwicklungsvorstellungen in und für Deutschland an. Wir stehen am Beginn einer dritten Phase bundesrepublikanischer Raumordnungspolitik. Waren - wenn wir uns hier einmal eine sehr vereinfachende Zusammenfassung erlauben - die ersten 25 Jahre (bis 1975) durch das Definieren aller wichtigen Elemente der Raumordnung und Landesplanung geprägt, die uns das - jedenfalls im internationalen Vergleich - insgesamt problemlose Funktionieren des interregionalen Ausgleichs während der 15 Jahre der zweiten Phase (1975 - 1990) bescherten, in der sich der Bund mit einer eher bescheidenen Zuschauerrolle zufrieden gab, so fordert der Beginn der dritten Phase, in die wir gerade eintreten, wieder eine starke Beteiligung des Bundes.

Raumordnung im vereinten Deutschland, in einem sich verändernden Europa, kann nicht aus der Summation oder gewichteten Aggregation von sechzehn Länderinteressen bestehen. Der Bund muß sich um seiner Verantwortung für die Schaffung und Aufrechterhaltung der Gleichwertigkeit der Lebensverhältnisse in allen Teilen Deutschlands willen und wegen der gleichzeitig immer bedeutsamer werdenden Mitgestaltung einer europäischen Raumentwicklungspolitik sein Bild von der anzustrebenden und den Prioritäsentscheidungen bei öffentlichen Investitionen zugrunde zu legenden Raumstruktur machen.

Das Präsidium der Akademie hat daher auch der Bundesministerin für Raumordnung dafür gedankt, daß sie mit ihrem ersten raumordnerischen Konzept für die neuen Länder aktiv und konstruktiv die für das Herausarbeiten eines neuen Gesamtkonzepts notwendige Diskussion begonnen hat. Wir meinen allerdings, daß ein solches neues Gesamtkonzept alle Räume der Bundesrepublik in ihren Beziehungen untereinander und zu den anderen Räumen Europas einbeziehen muß. So haben wir uns schon vor einem Jahr dieser Herausforderung dadurch gestellt, daß wir einen besonderen Arbeitskreis eingerichtet haben, in dem Experten der verschiedensten

Disziplinen aus ihrer der Raumordnung verpflichteten wissenschaftlichen Distanz an der Heraus-
arbeitung eines solchen neuen Leitbilds der Raumordnung arbeiten.

In diesem Sinne haben wir auch einen offenen und kritischen Dialog mit dem für die
Regionalpolitik und die im Entstehen begriffene europäische Raumordnungspolitik in Brüssel
zuständigen Kommissar Millan begonnen, und wir freuen uns, daß einige unserer Anregungen in
die Endfassung des Dokuments "Europa 2000" - das in drei Wochen von den Ministern für
Raumordnungs- und Regionalpolitik der Mitgliedstaaten der Gemeinschaft in Den Haag diskutiert werden soll - eingegangen sind.

Als dritten Bereich, in dem es derzeit mehr Fragen und neue Ideen als zufriedenstellende
Lösungen gibt, nenne ich die zu überdenkenden Planungsverfahren. Nicht nur im Hinblick auf die
Notwendigkeit schnellstmöglichen Handelns in den neuen Ländern und zur Beschleunigung der
Integration an den Binnengrenzen der Gemeinschaft, sondern ganz allgemein stellt sich die Frage,
wie Planungen beschleunigt werden können, ohne die wesentlichen Elemente der Abwägung und
der Beteiligung aller Träger öffentlicher Belange im Kern zu berühren. Ich hebe in diesem
Zusammenhang die Bedeutung aller Bemühungen hervor, die gleichzeitige Berücksichtigung der
Flächen- und Bodenaspekte aus ökologischer und aus sozio-ökonomischer Sicht zu erproben und
- wenn und soweit möglich - zu institutionalisieren. Ich selbst bin zuversichtlich, daß diese
sogenannte Primärintegration weder zu einem Totalopfer gesellschaftlicher Interessen auf einem
grünen Altar noch zur Verniedlichung fundamentaler Forderungen nach Erhalt und Stärkung der
biotischen Potentiale führen wird. Wir haben bereits nicht mehr umkehrbare Einsichten in die
Bedeutung und Schutzbedürftigkeit unserer Lebensgrundlagen gewonnen - wir werden sie in neue
Planungs- und Entscheidungsverfahren einfließen lassen müssen, wenn wir vor der nächsten
Generation bestehen wollen.

Offen ist hierbei allerdings noch in sehr weitgehender Weise, ob und in welchem Maße sich
europäische Abstimmung hinsichtlich der konkreten Ausformung einer ökologisch-sozio-ökono-
mischen Primärintegration so schnell wie eigentlich erforderlich realisieren lassen wird, und ob
Vorab-Entscheidungen zu Lasten der kurzfristigen Wirtschaftlichkeitsaspekte begründbar und
durchsetzbar sind.

Lassen Sie mich damit die Hinweise auf wichtige Einzelaspekte abbrechen - an dem Bedarf
wissenschaftlich-kritischer Aufarbeitung dieser und vieler anderer Fragen der räumlichen Struktur Europas besteht kein Zweifel. Wir wollen mit den Vorträgen und Diskussionen unserer Tagung
hierzu beitragen und Anstöße für weiteres Nachdenken und Vorausdenken geben.

Wenn wir trotz der angesprochenen und anderer Probleme und Fragen bewußt auf ein
Fragezeichen hinter unserem Thema verzichtet haben, dann deswegen, weil wir uns herausgefor-
dert fühlen, an der Grundlegung tragfähiger Konzepte mitzuwirken. Die Akademie stellt sich
dieser Herausforderung.

So klar es war, das deutsch-europäische Thema zu wählen, so einfach war es auch, Aachen als
Tagungsort zu wählen. In einer Phase, in der die Veränderungen vor allem und am gravierendsten
die östlichen, neuen Länder der Bundesrepublik und die Gesellschaften östlich unserer Staatsgrenzen betreffen, waren wir uns einig, mit der Wahl Aachens nicht nur die ungeschmälerte, ja
gewachsene Bedeutung der westlichen Einbindung Deutschlands und der gemeinsamen europäi-

schen Wurzeln der neuen Integration hervorheben zu wollen und zu können, sondern mit dem angebotenen Exkursionsteil in den gemeinsamen Grenzraum Aachen-Maastricht-Lüttich auch ein wenig von den Möglichkeiten und den Schwierigkeiten des Bauens eines neuen europäischen Hauses verdeutlichen zu können. In diesem Sinne danke ich ganz besonders den Referenten aus der Schweiz und aus Österreich, aus den Niederlanden, aus Frankreich und aus Polen, die uns helfen werden, den sich ändernden Rahmen besser zu verstehen.

Ich danke auch schon vorweg für die Unterstützung unserer Tagungsvorbereitung durch die nordrhein-westfälische Landesregierung und die Stadt Aachen. Ich danke Ihnen, sehr geehrter Herr Staatssekretär Bentrup, daß Sie sich bereit gefunden haben, für das gastgebende Land Nordrhein-Westfalen die Aspekte seiner Einbettung in die europäische Raumstruktur zu verdeutlichen. Und ich danke Ihnen, sehr verehrte Frau Hagemann, daß Sie als Vertreterin der Stadt Aachen Grußworte an uns richten wollen.

HANS-HERMANN BENTRUP

Nordrhein-Westfalen im Rahmen der europäischen Raumstruktur

1. Eine dicht besiedelte Großregion in Europa

Nordrhein-Westfalen - ein dicht besiedeltes Industrieland: So lautet eine häufig gebrauchte Kurzbeschreibung der Raum- und Wirtschaftsstruktur des mit über 17 Mio. Einwohnern bevölkerungsreichsten deutschen Bundeslandes im Herzen Europas.

Mit seiner Bevölkerungsdichte von mittlerweile 510 Einwohnern pro qkm liegt es eindeutig an der Spitze aller deutschen Flächenländer und um mehr als das Doppelte über der Einwohnerdichte im vereinten Deutschland von rund 220 Einwohnern pro qkm.

Im europäischen Vergleich schält sich Nordrhein-Westfalen mit der mehr als dreimal so hohen Bevölkerungsdichte gegenüber dem EG-Durchschnitt bei einer Flächengröße von 34 000 qkm noch deutlicher als eine hoch verdichtete Großregion heraus. Am einprägsamsten zeigt dies die Gegenüberstellung mit den beiden Nachbarländern: Belgien - mit einer Bevölkerungszahl von knapp 10 Mio. bei einer Flächengröße von 30 500 qkm - und die Niederlande mit einer Bevölkerungszahl von knapp 15 Mio. und einer Fläche von fast 42 000 qkm.

Daß für Nordrhein-Westfalen die Bezeichnung 'Großregion' zutreffend ist, mögen folgende Vergleichszahlen belegen: Rund 5 % der EG-Bevölkerung lebt in Nordrhein-Westfalen, fast 6 % des Bruttosozialproduktes der EG entstehen in unserem Land, sein Anteil an der gesamten EG-Fläche liegt aber nur bei 1,5 %.

2. Nordrhein-Westfalen - ein Land mit struktureller Vielfalt und erfolgreichem Strukturumbruch

Die Wirtschaftsstruktur unseres Landes zeigt nach dem enormen industriellen Umschichtungsprozeß in den zurückliegenden drei Jahrzehnten inzwischen ein vielschichtiges Bild. Bei einer Beschäftigtenzahl von über 7 Mio. entfällt auf das produzierende Gewerbe mit 2,8 Mio. zwar ein erheblicher Anteil. Hier stellen die Wirtschaftssektoren Maschinenbau, Chemieindustrie, Elektrotechnik, eisenschaffende und Stahlindustrie, der Bergbau sowie das Ernährungsgewerbe die größten Bereiche dar. An dieser - an der Beschäftigtenzahl ausgerichteten - Reihenfolge wird aber bereits deutlich, daß Nordrhein-Westfalen nicht mehr das Land *von* Kohle und Stahl, sondern das Land *mit* Kohle und Stahl ist, allerdings mit Beschäftigungsrisiken in den nächsten 10 Jahren insbesondere für die rund 135 000 Beschäftigten im Bergbau.

Eine der wichtigsten Antworten des Landes auf diese strukturpolitische Herausforderung ist die regionalisierte Technologiepolitik. Ihr sichtbarster Ausdruck sind die bisher in Nordrhein-Westfalen geschaffenen 33 Technologiezentren und -parks, die 13 Technologieagenturen und die zehn Forschungs- und Entwicklungszentren.

Nordrhein-Westfalen ist nach wie vor *das* Energieland der Bundesrepublik, in dem die Hälfte der deutschen Energieerzeugung beheimatet ist. Gewaltige Vorkommen an Stein- und Braunkohle - auch im hiesigen Aachener Wirtschaftsraum - bilden die wesentliche Grundlage für die Gewinnung sicherer Energie. Die damit verbundenen ökologischen Belastungen von Natur und Landschaft stellen dabei eine der größten Herausforderungen der Landesentwicklungs- und Umweltpolitik dar.

Die Tatsache, daß auch bei uns inzwischen im tertiären Sektor eine größere Zahl von Erwerbstätigen beschäftigt ist als im produzierenden Gewerbe, macht deutlich, daß man Nordrhein-Westfalen auch als Dienstleistungsland bezeichnen könnte. Fast 55 % der Beschäftigten sind in den Sektoren Handel, Banken, Versicherungen, Beratungsunternehmen, öffentliche Dienste usw. tätig.

Eine wichtige Rolle spielen hierbei die Aufbauleistungen des Landes im Wissenschafts- und Hochschulsektor. Mit 49 Hochschulen, fünf Instituten der Fraunhofer-Gesellschaft, elf Max-Planck-Instituten und drei Großforschungseinrichtungen ist Nordrhein-Westfalen heute ein außerordentlich attraktives Hochschulland in Europa. Studierten allein im Ruhrgebiet vor 25 Jahren noch ganze 2 000 Studenten, sind es heute rund 160 000.

Nimmt man die Flächennutzung als Bezugsgröße, so weist der Anteil der Landwirtschaftsfläche an der Gesamtfläche von über 53 % Nordrhein-Westfalen schließlich auch als Agrarland aus. Hierbei fällt die ökonomische Bedeutung des Agrarsektors mit einem Anteil von nur 1 % am Bruttoinlandsprodukt weniger ins Gewicht. Zunehmende Bedeutung gewinnen dagegen die freiraumbezogenen, landschaftsökologischen Funktionen der Landwirtschaft.

1990 gab es in Nordrhein-Westfalen noch rd. 81 000 landwirtschaftliche Betriebe, 20 % weniger als vor zehn Jahren. Bereits die Hälfte aller Betriebe wird im Nebenerwerb bewirtschaftet. Bei Fortsetzung bisheriger Entwicklungstendenzen und unter Berücksichtigung der Altersstruktur und Hofnachfolgesituation könnte bis zum Jahre 2000 ein weiteres Viertel aller landwirtschaftlichen Betriebe in Nordrhein-Westfalen, d. h. rd. 20 000, aufgegeben werden.

Mit anderen Worten: Auch und gerade die Agrarwirtschaft muß sich dem notwendigen ökonomischen und sozialen Strukturwandel stellen, wobei die Auswirkungen des EG-Marktes hier am frühesten und am deutlichsten zu spüren waren. Nicht zuletzt die Preispolitik der EG zwingt immer mehr Bauern dazu, ihre Höfe aufzugeben. Diese Entwicklung geht gerade auch zu Lasten unserer ländlichen Räume.

Nach dieser kurzen Charakterisierung der Leistungskraft und der Wirtschaftsstruktur unseres Landes läßt sich die insgesamt doch hoffnungsvolle Zwischenbilanz ziehen, daß ein tiefgreifender, alle wirtschaftlichen und gesellschaftlichen Sektoren umspannender Umstrukturierungsprozeß unser Land an der Schwelle zum gemeinsamen Binnenmarkt in eine günstige Startposition gebracht hat. Es gilt nun, die neuen Herausforderungen insbesondere auf der europäischen Ebene richtig zu erkennen, um den Übergang und Aufbruch in das nächste Jahrtausend ebenso erfolgreich zu bewältigen.

3. Ökonomische, ökologische und soziale Herausforderungen im zusammenwachsenden Europa

Im Hinblick auf die künftige Raumstruktur Europas möchte ich mich daher im folgenden den beiden Fragenkomplexen zuwenden, welche Stellung der Wirtschaftsstandort Nordrhein-Westfalen im erweiterten europäischen Raum einnimmt und welche Zukunftsaufgaben sich aus den veränderten europäischen Raumstrukturen insbesondere auch für die Raumordnung und Landesplanung ergeben.

Dabei sei mir vorab eine grundsätzliche Bemerkung erlaubt: Vom Wegfall der Binnengrenzen ab 1993 ist zunächst eine Vielzahl überwiegend positiver ökonomischer Veränderungen innerhalb des EG-Raumes zu erwarten. Die sich in vielfältigen - allerdings nicht immer gut überschaubaren - Schritten vollziehende Öffnung der Grenzen in Europa bringt auf der einen Seite eine Reihe weiterer günstig zu bewertender Entwicklungseffekte mit sich. Sie birgt auf der anderen Seite aber auch ein noch nicht abschätzbares Maß an wirtschaftlichen und politischen Risiken in sich.

Ohne hier auch nur den Versuch zu unternehmen, auf diese grundsätzlichen Fragen nähere Antworten zu finden, möchte ich uns doch allen ins Bewußtsein rufen, daß angesichts der jüngsten politischen Entwicklungen in Europa der Versuch einer Standort- und Zielbestimmung für eine Region zwar wesentlich reizvoller, aber keineswegs leichter geworden ist.

Die gemeinsame Errichtung eines "Europäischen Hauses" ist somit zwar ein hochgestecktes und im allgemeinen auch anerkanntes Ziel; die fertigen Pläne dafür, gerade auch in bezug auf die anzustrebende europäische Raumstruktur, liegen aber allenfalls in Ansätzen vor. Sie müssen von allen Beteiligten erst noch in einem langwierigen Prozeß erarbeitet werden. Besonders die hoch entwickelten Regionen sollten daraus für sich die Verpflichtung ableiten, ökonomische, ökologische und soziale Schrittmacherdienste auf dem Wege in ein zusammenwachsendes Europa zu leisten.

Die Herausforderungen, die sich daraus für den nordrhein-westfälischen Wirtschaftsstandort vor dem Hintergrund der aktuellen Veränderungen der europäischen Raumstruktur ergeben, möchte ich nun im folgenden etwas näher skizzieren.

4. Der Standort "NRW" in der sich verändernden europäischen Großraumstruktur

Der Standort Nordrhein-Westfalen zeichnet sich seit jeher durch seine günstige Lage im Kernraum Europas aus. Wir liegen im Schnittpunkt bedeutender Nord/Süd- und Ost/West-Verbindungen. Der Begriff "Rheinachse" im Zuge der Magistrale Großbritannien - Benelux - Italien charakterisiert diese besondere Lagegunst wohl am treffendsten.

In letzter Zeit wird auch bei uns die Diskussion über die Raumstruktur und -entwicklung in Europa sehr stark von dem durch die französische Raumplanung eingeführten Ausdruck der "blauen Banane" bestimmt. Es gibt Städte und Gemeinden unseres Landes, die sich aufgrund ihrer Lage innerhalb dieser "Banane" vielleicht sogar etwas überzogene Entwicklungsziele ableiten.

Gemeint ist damit bekanntlich ein breiter Korridor dicht besiedelter und als besonders entwicklungsträchtig angesehener Stadtregionen in Westeuropa. Er erstreckt sich von Südostengland (London) / Nordfrankreich (Paris), die Randstadt Holland sowie die Agglomeration Brüssel / Antwerpen nach Süden und schließt in Nordrhein-Westfalen die Rheinische Stadtlandschaft und weite Teile des Ruhrgebiets mit ein, um sich in Deutschland über das Rhein-Main-Neckar-Gebiet und daran anschließend in den Mittelmeerraum fortzusetzen.

Wenn in jüngster Zeit schon einmal zu hören war, Nordrhein-Westfalen sei innerhalb des Bundesgebietes infolge der deutschen Einigung noch weiter nach Westen gerückt, so meinen wir, daß diese innerdeutsche "Randlage" durch die Einbeziehung großer Teile unseres Landes in das Kräftefeld der "blauen Banane" und insbesondere durch die intensive Verflechtung mit den westeuropäischen Nachbarländern mehr als aufgewogen wird.

Diese hervorragende Standortgunst erfährt durch den bald passierbaren Ärmelkanal-Tunnel eine weitere Aufwertung. Der geplante Ausbau der Eurocity-Verbindung von Köln über Aachen-Brüssel und weiter nach Paris/Nordfrankreich-London stellt in diesem Zusammenhang eine besonders wichtige Infrastrukturmaßnahme zur Erhöhung der Standortattraktivität Nordrhein-Westfalens dar.

Zu der traditionell guten Einbindung des Landes Nordrhein-Westfalen in den nordwesteuropäischen Raum ist durch die deutsche Einigung und die Öffnung der Grenzen in Osteuropa ein Ost-West-gerichtetes Kräftefeld als entwicklungsbestimmender Faktor hinzugekommen. Es ist eine vordringliche Aufgabe der Landesentwicklung, aber auch entsprechender Zielsetzungen und Maßnahmen des Bundes, dieses neue Entwicklungspotential durch leistungsfähige Verkehrsverbindungen, Versorgungsleitungen und Kommunikationsnetze zu erschließen.

Daraus resultieren dann nicht nur positive Entwicklungseffekte für *unser* wohlhabendes Land, wie sie sich insbesondere für die mittleren und östlichen Landesteile schon abzeichnen. Ich denke z. B. an die Räume Dortmund und Ostwestfalen, wo durch vielfältige Waren- und Dienstleistungsströme in die neuen Länder bereits Umsatzsteigerungen mit Impulsen für die heimischen Arbeitsmärkte erzielt werden konnten. Das östliche Ruhrgebiet sieht sogar Chancen, sich innerhalb des Landes zum "wirtschaftlichen Tor zum Osten" zu entwickeln.

Der verstärkte Ausbau der Ost-West-Entwicklungsachsen ist darüber hinaus ein wichtiger Beitrag für den notwendigen wirtschaftlichen, sozialen und ökologischen Auf- und Umbau in Ost-bzw. Nordosteuropa. Aus gesamteuropäischer Sicht geht es nicht mehr *nur* um die verkehrsmäßige Verknüpfung beispielsweise des Ruhrgebiets mit den sächsischen und thüringischen Industriegebieten. Als besonders dringlich wird hier beispielsweise der Ausbau der Intercity-Strecke von Dortmund über Kassel, Erfurt und Leipzig bis Dresden angesehen.

Die europäische Dimension der erforderlichen Aufbauleistungen im Osten sprengt vielmehr den nationalen Rahmen ganz erheblich. Einzubeziehen sind demzufolge auch aus nordrhein-westfälischer Sicht neben den neuen Bundesländern insbesondere die engeren osteuropäischen Nachbarn wie Polen und Tschechoslowakei sowie weite Teile der ehemaligen Sowjetunion. Als jüngstes Beispiel zukunftsweisender europäischer Zusammenarbeit seien hier die anlaufenden Hilfeleistungen sowie der Aufbau von Handels- und Wirtschaftsbeziehungen gegenüber den baltischen Republiken Estland, Lettland und Litauen genannt.

Im Anschluß an diesen neuen Wirtschaftsraum setzt sich in nordöstlicher Richtung eine Entwicklungsachse bis nach St. Petersburg fort, mit 5,7 Mio. Einwohnern immerhin nach Moskau die zweitgrößte russische Industrieregion.

Im Kontext dieser epochalen wirtschaftlichen und gesellschaftlichen Veränderungen in Europa sieht sich Nordrhein-Westfalen ein weiteres Mal in einer geopolitisch bemerkenswerten Kernlage. Sie läßt sich kaum treffender als durch die Luftlinienentfernung zwischen unserer Landeshauptstadt Düsseldorf und einigen wichtigen europäischen Großzentren ausdrücken: Amsterdam 160 km, Brüssel 180 km, Paris 430 km, Berlin 460 km, London 470 km, Prag 550 km, Kopenhagen 610 km, Mailand 680 km.

Somit hat Nordrhein-Westfalen insgesamt gute Standortvoraussetzungen, im europäischen Binnenmarkt ab 1993 erfolgreich zu bestehen. Allein in einem Umkreis von 200 km um die Landeshauptstadt Düsseldorf leben fast 45 Mio. Menschen mit einem geschätzten jährlichen Kaufkraftvolumen von 900 Mrd. DM. In einem Umkreis von 500 km sind es sogar 140 Mio. Verbraucher. Das entspricht mehr als 40 % der EG-Bevölkerung.

Diese Konzentration von Nachfragepotential und Kaufkraft kennzeichnet einen der stärksten Märkte Europas und stellt damit den wichtigsten Standortfaktor für Nordrhein-Westfalen dar.

So erklärt es sich, daß über 30 % der nordrhein-westfälischen Industrieproduktion exportiert werden, 60 % davon in den EG-Raum. Schon heute arbeitet etwa jeder sechste Arbeitnehmer in Nordrhein-Westfalen für den Export in die Länder der Europäischen Gemeinschaft.

Die zunehmende Erschließung der Absatzmärkte in Osteuropa läßt einen weiteren Anstieg der Exportquote erwarten. Im Jahre 1990 war Nordrhein-Westfalen bereits zu 2,8 % am gesamten Welthandel beteiligt. Als selbständiges Land hätte es hier dem Volumen nach auf dem 11. Platz der "Weltrangliste" gelegen.

Leistungsfähige Anschlüsse an die im Aufbau befindlichen europäischen Infrastrukturnetze sind für unser Transitland Nordrhein-Westfalen somit lebenswichtig. Zur Erhaltung der Wirtschaftskraft und zur Sicherung der Arbeitsplätze hat daher ein attraktives europäisches Hochgeschwindigkeitsnetz der Bahn für den schnellen Personen- und Güterverkehr hohe Priorität. Damit zu verbinden ist ein ebenfalls europaweit auszulegendes Netz von Güterverkehrszentren.

Da ein gesamteuropäisches Verkehrssystem mehr denn je umweltverträglich sein muß, darf an dieser Stelle die wichtige Funktion der Binnenschiffahrt nicht unerwähnt bleiben. Mit dem vor wenigen Jahren zum Freihafen erklärten Duisburger Hafen weist Nordrhein-Westfalen den bedeutendsten Binnenumschlagplatz Europas für den kombinierten Verkehr zwischen Wasserstraße sowie Schiene und Straße auf. Mit seinem jährlichen Güterumschlag von rd. 50 Mio. t reicht er nahezu an die Kapazität des Hamburger Hafens heran.

Im Bereich des Luftverkehrs hat Nordrhein-Westfalen mit den beiden Großflughäfen Düsseldorf und Köln/Bonn zwei international bedeutsame Verkehrsflughäfen. Ihre vorrangige Aufgabe wird die Anbindung unserer Region und der benachbarten Räume an die Routen des Weltverkehrs sein. Das setzt zugleich voraus, daß sie infolge Erreichens bzw. Überschreitens ihrer Kapazitätsgrenzen mehr und mehr vom Kontinentalverkehr zu entlasten sind. Darüber hinaus wird es aus

Kapazitäts-, Umwelt- und Energiegründen zunehmend erforderlich sein, Kurz- und Mittelstrecken-verbindungen insbesondere auf die Schiene zu verlagern.

Mit diesem Beispiel läßt sich zugleich verdeutlichen, daß es zur menschen- und umweltge-rechten Gestaltung der europäischen Raum- und Infrastruktur mehr denn je der fachübergrei-fenden Hand der Raumordnung bedarf.

5.   Der Rhein-Ruhr-Verdichtungsraum - ein Gravitationszentrum in der Raumstruktur Europas

Nach dieser allgemeinen Kennzeichnung der Standortsituation Nordrhein-Westfalens und seiner herausragenden Bedeutung als attraktiver Wirtschaftsstandort möchte ich mich jetzt einer Fragestellung zuwenden, die für Raumordner und Regionalwissenschaftler vermutlich von besonderem Interesse sein wird. Sie lautet:

Mit welchem Entwicklungspotential wird sich die Großregion Nordrhein-Westfalen in das "Europa der Regionen" einbringen? Wie will sie - zusammen mit ihren Städten und Gemein-den - mit ihrer Raum- und Siedlungsstruktur im bereits entfachten "Wettstreit der Regionen" bestehen? Wo werden voraussichtlich spezifische Beiträge des Landes Nordrhein-Westfalen zur Erfüllung der gemeinsamen Aufgabe, in allen Teilen Europas gleichwertige Lebens- und Arbeitsbedingungen herzustellen, liegen?

Aus der langjährigen landesplanerischen Tradition unseres Landes möchte ich an den Beginn meiner Antwort auf diese Fragen folgende Aussage stellen:

Das Unverwechselbare an Nordrhein-Westfalen ist sein mehrpoliger Verdichtungsraum an Rhein und Ruhr im Dreieck der Städte Dortmund, Düsseldorf und Köln/Bonn.

Mit 10,3 Mio. Einwohnern bei einer Bevölkerungsdichte von mehr als 1.100 Einwohner pro qkm ist er die größte zusammenhängende Bevölkerungsagglomeration in Europa. Die nächstgrößten europäischen Ballungsräume sind der Großraum Paris mit 8,7 Mio. Einwohnern, der Großraum London mit 7,7 Mio. Einwohnern und die Randstadt Holland mit 5,5 Mio. Einwohnern.

Diese riesige Konzentration einer bereits über mehrere Jahrzehnte herangewachsenen, multi-kulturell zusammengesetzten Bevölkerung, einer gut ausgebildeten Arbeitnehmerschaft und einer leistungsfähigen Infrastruktur ist, um es einmal plastisch auszudrücken, das Pfund, mit dem es im vereinten Deutschland und darüber hinaus im europäischen Rahmen zu "wuchern" gilt.

Wenn kürzlich unter der Schlagzeile einer Tageszeitung: "Japaner ballen Macht am Rhein" die Zwischenüberschrift folgt: "Rhein-/Ruhrgebiet als Europazentrum", dann lassen sich daraus - ohne solche griffig gewählten Vokabeln überzubewerten - deutliche Tendenzen in der Neuver-teilung der Gewichte im Europa der geöffneten Grenzen erkennen.

Ein japanischer Bankchef umschrieb die auf das gesamte Rhein-Ruhrgebiet bezogene Kernlage Düsseldorfs, das ja mit seinen 8.000 japanischen Mitbürgern als "Japanische Kolonie" in Deutschland gilt, im EG-Binnenmarkt so: "Das Ballungsgebiet ist mit 11 Mio. Menschen der größte Verbrauchermarkt Europas. Hier sind qualifizierte Techniker und Hochschulen."

Welches sind nun außer den bereits genannten Merkmalen - leistungsfähige Bevölkerung, großes Kaufkraftpotential, zentrale Lage - die weiteren Stärken oder, wie Raumwissenschaftler auch zu sagen pflegen, "Begabungen" unserer Kernregion an Rhein und Ruhr?

An vorderster Stelle möchte ich hier die bereits kurz angesprochene mehrpolige Siedlungsstruktur nennen. Sie erstreckt sich übrigens im Sinne einer dezentralen, durch den Landesentwicklungsplan I/II erstmals Mitte der 60er Jahre festgelegten Raum- und Siedlungsstruktur auf das gesamte Landesgebiet. Aachen, Münster, Bielefeld, Paderborn, Siegen: Ein Kranz gut ausgestatteter Oberzentren im umgebenden ländlichen Raum sowie eine Vielzahl nicht weniger attraktiver Mittelzentren ergänzen die Metropolfunktionen unseres Rhein-Ruhr-Verdichtungsraumes.

Dieser selbst wiederum zeichnet sich in seinem Inneren durch eine vielseitige polyzentrische Struktur aus. Die Tatsache, daß wir in Nordrhein-Westfalen kein eindeutig dominierendes Großzentrum haben wie z. B. Berlin, Hamburg oder München mit ihrem entsprechenden Umland, wurde in der Vergangenheit oft als Nachteil herausgestellt. Wir meinen inzwischen, daß wir angesichts der zunehmenden Probleme - insbesondere mit der Bewältigung des überquellenden Individualverkehrs, der anhaltenden Flächenengpässe, der zu entsorgenden Abfallmengen usw. - über diese mehrpolige Raumstruktur froh sein können.

Die dadurch immer noch verbleibenden Planungs- und Ordnungsaufgaben beim Ausbau eines funktionsfähigen dezentralen Städtesystems dürfen dabei allerdings nicht unterschätzt werden. Aber es gibt einige Beispiele aus der jüngsten Landesentwicklungspolitik, die darauf hindeuten, daß der durch eine Vielzahl hochwertiger Siedlungs- und Entwicklungsschwerpunkte gekennzeichnete Rhein-Ruhr-Verdichtungsraum eben dadurch ein großes Standortplus gegenüber monozentrierten Räumen für sich verbuchen kann.

6. Verdichtete Raumstrukturen erfordern erhöhten Koordinierungsaufwand

Bevor ich auf einige Beispiele hierzu näher zu sprechen komme, sei der hohe Verdichtungsgrad unserer europäischen Kernregion noch einmal mit einem EG-Zahlenvergleich herausgestellt.

Entfallen in der gesamten EG auf die rd. 320 Städte mit mehr als 100 000 Einwohnern knapp 30% der Bevölkerung, sind es in Nordrhein-Westfalen rd. 48% in 30 Städten gleicher Größenordnung. Diese beachtliche Anhäufung von Großstädten in Nordrhein-Westfalen läßt sich auch so ausdrücken: Während der Bevölkerungsanteil Nordrhein-Westfalens an der EG bei 5% liegt, erreicht der Anteil unseres Landes an der Gesamtzahl der Großstädte innerhalb der EG fast 10%.

Dieses hohe Maß an siedlungsräumlicher Verdichtung, Verflechtung u n d Arbeitsteilung muß bei allen Standortentscheidungen und Planungsmaßnahmen sorgfältig beachtet werden.

Am Beispiel der Gewerbeflächenpolitik läßt sich dies besonders gut demonstrieren: Der insbesondere im Ruhrgebiet und in der Rheinschiene erreichte Grad der Flächenbeanspruchung macht das Auffinden verfügbarer, gut erschlossener und nicht schadstoffbelasteter Ansiedlungsflächen innerhalb der eigenen Gemeindegrenzen immer schwieriger. Hierbei ist auch zu berücksichtigen, daß das Land mit dem im Jahre 1987 neu aufgestellten Landesentwicklungsplan III "Umweltschutz durch Sicherung von natürlichen Lebensgrundlagen - Freiraum, Natur und

Landschaft, Wald, Wasser, Erholung" ökologische Maßstäbe gesetzt hat, die die siedlungsmäßige Nutzung schützenswerter Freiraumflächen vor allem in den Verdichtungsräumen zur Ausnahme erklärten.

Vor dem Hintergrund dieser angespannten Flächensituation, die durch die in jüngster Zeit wieder ansteigenden Bevölkerungs- und Beschäftigtenzahlen noch verschärft wird, erweist sich eine aufeinander abgestimmte Flächenvorsorgepolitik als besonders notwendig. Sie darf sich nicht nur auf das eigene Stadt- bzw. Gemeindegebiet erstrecken, sondern muß sich auf die *Region* als gemeinsamen Planungs- und Aktionsraum beziehen.

Diese innerregional abgestimmte Vorgehensweise gehört bei uns in Nordrhein-Westfalen mittlerweile beinahe schon zum Planungsalltag: So erfolgen beispielsweise unter der "Adresse" der - flächenmäßig besonders beengten - Landeshauptstadt Düsseldorf gewerbliche Neuansiedlungen im engeren (Beispiel: Neuss) und weiteren Umkreis, wobei die regionalen Abgrenzungen bzw. Übergänge wegen der engen verkehrsmäßigen und städtebaulichen Verflechtungen zwangsläufig fließend sind. Das anstehende Projekt einer "Gartenstadt Oberhausen" mit 10.000 Arbeitsplätzen, mit Gewerbe- und Vergnügungspark, Shopping-, Konferenz- und Medienzentrum ("Superhausen") kann als Folge solcher regionalen Standorteffekte angesehen werden.

In diesen klassischen Fällen der Ausnutzung räumlicher "Fühlungsvorteile" sind die wesentlichen Gründe für eine Reihe von Umstrukturierungserfolgen im Ruhrgebiet zu sehen. Duisburg als westlichste Großstadt des Reviers mit immer noch vorhandenen Strukturaltlasten ist hierfür ein weiteres Beispiel. Seine "Scharnierlage" zur Rheinschiene, die Nähe zu den übrigen Ruhrgebietsgroßstädten wie auch seine günstige Verkehrslage insbesondere zu den benachbarten niederländischen Zentren sind profitable Standortvorteile, die nach Wegfall der Binnengrenzen noch ausbaufähig sind.

Als Koordinierungsrahmen insbesondere auch für die Flächenmobilisierungspolitik des Landes wurden in Nordrhein-Westfalen innerhalb der fünf Regierungsbezirke Räume zur Durchführung von Regionalkonferenzen gebildet. An ihnen nehmen teil Vertreter der Landes- und Regierungsbezirksebene, der Bezirksplanungsräte, der Städte und Gemeinden, ferner Repräsentanten der in der Region ansässigen Wirtschaft, der Verbände, der Wissenschaft usw. Aufgabe der Regionalkonferenzen ist es, regionale Entwicklungskonzepte für die insgesamt 15 Regionen des Landes zu beschließen und bei der Umsetzung dieser Konzepte in regionale Aktionsprogramme mitzuwirken.

Es ist naheliegend, daß die Kooperation innerhalb der und zwischen den Regionalkonferenzen im Rhein-Ruhrgebiet besonders hohe Anforderungen an alle Beteiligten stellt. Die bisher gesammelten Erfahrungen, auch was die Zusammenarbeit mit der in Nordrhein-Westfalen in Bezirksplanungsräte und Bezirksplanungsbehörden gegliederten Regionalplanung betrifft, können als gut bezeichnet werden.

Dabei hat es sich allerdings auch gezeigt, daß die Probleme und Aufgaben - bei aller Betonung und Respektierung kommunaler und regionaler Eigenständigkeiten - in vielen Bereichen der öffentlichen Daseinsvorsorge ohne räumlich wie fachlich übergreifende "Klammern" von seiten der Landesplanung und einer koordinierenden Landesentwicklungspolitik nicht zu lösen sind.

Dies ist meistens dann der Fall, wenn einzelfachliche oder mehrere Fachplanungsbereiche berührende Probleme ein größeres, sich über mehrere Teilregionen erstreckendes Gebiet des Landes umspannen. An solchen Problemlagen hat es uns in den letzten drei Jahrzehnten gerade im Ruhrgebiet wahrhaft nicht gemangelt. Aus den die Landes- und Regionalplanung besonders tangierenden Bereichen seien neben den bereits erwähnten Gewerbeflächenengpässen die folgenden genannt:

- Nordwanderung des Steinkohlenbergbaus an der Ruhr. Hier galt es insbesondere, die ökonomische Zielsetzung der Erhaltung von Arbeitsplätzen mit der ökologischen Zielsetzung "Schutz der natürlichen Lebensgrundlagen" in Einklang zu bringen.
- Lösung der drängenden Verkehrsprobleme im Rhein-Ruhrgebiet, nachdem selbst das wohl dichteste Straßennetz in Europa die gewaltigen Verkehrsmengen allein nicht mehr bewältigen kann. Die Zahl der Kraftfahrzeuge liegt hier inzwischen bei über 5,25 Mio.
- Umbau der vergleichsweise strukturschwachen und ökologisch belasteten sowie städtebaulich sanierungsbedürftigen Emscher-Lippe-Region.

Die speziell in Nordrhein-Westfalen - allein wegen der Größenordnung - vielfach in Vorreiterfunktion entwickelten Planungs- und Umgestaltungskonzepte können an dieser Stelle nicht im einzelnen ausführlich dargestellt werden. Sie dürften meistens auch vom Inhalt her bekannt sein, wenn ich an dieser Stelle die folgenden Stichworte nenne: Grundstücksfonds Ruhr, der inzwischen zu einem Landesbodenfonds ausgeweitet wurde; Gesamtkonzept zur Nordwanderung des Steinkohlenbergbaus an der Ruhr; Verkehrsverbund Rhein-Ruhr.

Im Zuge der allgemeinen Zielvorgabe des Landes, namentlich das Ruhrgebiet bis zum Jahre 1995 zur grünsten Industrieregion in Europa zu machen, verdient das inzwischen weitgehend vorliegende integrierte regionale Entwicklungsprogramm zum Umbau der Emscherregion im nördlichen Ruhrrevier zwischen Duisburg und Dortmund besondere Beachtung.

Mit seinem städtebaulichen Teil ist sein Ruf inzwischen als Projekt der Internationalen Bauausstellung (IBA) "Emscherpark" weit über die Grenzen des Landes Nordrhein-Westfalen hinausgedrungen. Erfaßt wird damit ein Raum von rd. 800 qkm Gesamtfläche mit 2 Mio. Menschen auf einer Siedlungs- und Verkehrsfläche von 500 qkm. Mit dieser hohen Siedlungsdichte stellt es den "Rekord" im Vergleich aller großen altindustrialisierten Siedlungsräume in Europa auf.

Das vom Ministerium für Umwelt, Raumordnung und Landwirtschaft konzipierte und vor kurzem der Öffentlichkeit vorgestellte "Ökologieprogramm im Emscher-Lippe-Raum 1991-1995" stellt die natur- und landschaftsbezogene Grundlage für dieses in seiner Art wohl einmalige regionale Umgestaltungsprojekt dar. Es wird zusammen mit der Internationalen Bauausstellung den Beweis antreten, daß in der Industrieregion der Zukunft intakte Gewässersysteme, großräumige Rückzugsräume für Tiere und Pflanzen und waldreiche Naherholungsgebiete in unmittelbarer Nachbarschaft von verdichteten Ballungsräumen und arbeitsplatzintensiven Produktionsstätten überleben können.

Gerade im Rahmen der heutigen Akademietagung in Aachen soll nicht unerwähnt bleiben, daß bei der Ausarbeitung der Entwicklungskonzeption für den Emscher-Landschaftspark insbesondere auch Modelle aus dem europäischen Raum mit Pate gestanden haben. Ich denke dabei zum

Beispiel an unsere niederländischen Nachbarn mit ihren vielfältigen Erfahrungen im Bereich "Landschaft, Wasser, Freizeit und Stadtgestaltung" sowie an die in weiten Teilen beispielgebenden Projekte zur Umnutzung der Docklands im Londoner Hafen. Auch das Entwicklungsinstrument der "Scottish Development-Agency" (SDA) hat jüngst im Raum Dortmund beim Umbau eines alten Zechengeländes zu einem Industrie- und Gewerbepark Vorbildfunktionen ausgeübt.

7.   Europa im Dienste der Regionen

So lautet der Titel eines von der EG-Kommission in diesem Jahr herausgegebenen Informationsblattes. Dieses Motto muß auch die Leitschnur für die Gestaltung und den Ausbau der künftigen Raumstruktur in Europa sein.

Dank der föderalen Struktur in der Bundesrepublik Deutschland ist die Landesplanung eine gesetzlich verbriefte Aufgabe der Länder. In Kooperation mit den Städten und Gemeinden fällt es somit in ihre ureigene Kompetenz, die Grundsätze und allgemeinen Ziele für die Konzeption und den Ausbau der Raumstruktur - immer verstanden als eine Einheit von Siedlungs- und Freiraum-Struktur - in Programmen und Plänen festzulegen. Rechts- und Handlungsgrundlage für die am Planungsprozeß Beteiligten ist in Nordrhein-Westfalen das Landesentwicklungsprogramm-Gesetz aus dem Jahre 1974, fortgeschrieben im Jahre 1989.

Auf nationaler Ebene besitzt in Deutschland der Bund die Rahmenkompetenz auf dem Gebiet der Raumordnung, die er auf der Basis des Raumordnungsgesetzes ausfüllt. Darüber hinaus besteht als wichtiges Instrument der Zusammenarbeit zwischen Bund und Ländern seit Mitte der 60er Jahre die Ministerkonferenz für Raumordnung.

Dieses Prinzip der Aufgabenteilung zwischen zwei politischen und administrativen Ebenen scheint mir zugleich ein gutes Modell zu sein für eine aufeinander abgestimmte Politik im Hinblick auf eine gemeinsam aufzubauende und den aktuellen Herausforderungen gewachsene europäische Raumstruktur.

Mit ihrem Dokument "Europa 2000 - Perspektiven der künftigen Entwicklung in Europa" hat die EG-Kommission einen ersten Versuch unternommen, Tendenzen und Leitlinien der Raumentwicklung in Europa aufzuzeigen. Für Ende dieses Jahres wurde ein Folgedokument "Europa 2000" angekündigt.

In einer Stellungnahme zu dem bisher vorliegenden Dokument aus dem Bereich des Wirtschafts- und Sozialausschusses der EG heißt es unserer Einschätzung nach zu Recht, "daß die politische und finanzielle Verantwortung der Mitgliedstaaten und insbesondere ihrer Regionen für die Konzipierung und Durchführung von Entwicklungsmaßnahmen erhalten bleiben soll, wobei die Kompetenz und die finanzielle Ausstattung der Regionen - soweit erforderlich - gestärkt werden sollten. Die Gemeinschaft sollte die Aufgaben übernehmen, die auf den Ebenen der Staaten und Regionen gar nicht oder nicht befriedigend erledigt werden können".

Mit anderen Worten: Der Grundsatz der Subsidiarität soll auch im Bereich der Raumordnung Platz greifen.

Dies ist im übrigen auch der Tenor einer Stellungnahme des Hauptausschusses der deutschen Ministerkonferenz für Raumordnung vom August dieses Jahres zur Änderung der EG-Verträge. Hier wird an die Adresse der Europäischen Gemeinschaften die grundsätzliche Forderung gerichtet, als erstes ihre eigenen Programme und Strukturfonds unter Beachtung der in den Mitgliedsländern und Regionen geltenden Ziele der Raumordnung und Landesplanung zu koordinieren.

Darüber hinaus muß es eine gerade auch für die künftige Raumstruktur in Europa bedeutsame Zukunftsaufgabe der EG sein, überregionale und -nationale Entwicklungstrends zu ermitteln, für deren Transparenz zu sorgen und daraus abgeleitete, mit den Mitgliedstaaten und Regionen abgestimmte Rahmenbedingungen festzulegen. Als ein besonders aktuelles Beispiel seien die grenzüberschreitenden Wanderungsbewegungen als immer stärker dominierende Komponente der regionalen Bevölkerungsentwicklung genannt.

Hier in der Euregio Maas-Rhein im belgisch-deutsch-niederländischen Grenzraum möchte ich zum Schluß meines Vortrags eine weitere raumbedeutsame Aufgabe der EG besonders betonen. Es ist die Förderung der institutionellen Zusammenarbeit der lokalen und regionalen Gebietskörperschaften bei der grenzüberschreitenden Zusammenarbeit an den Binnen- und Außengrenzen. Denn besonders in den Grenzräumen gilt es, die Stärken der einzelnen Teilregionen bei Technik, Wissenschaft, Wirtschaft, Verkehr und Erholung zum Nutzen der Gesamt-Region auszubauen. Schädliche Entwicklungen, wie unkontrollierte grenzüberschreitende Verstädterung oder konkurrierende Ansiedlungspolitiken, müssen durch gemeinsame Planung vermieden werden.

Für die hiesige Euregio Rhein-Maas im Einzugsbereich der Oberzentren Aachen, Maastricht, Lüttich und Hasselt wird bereits eine grenzüberschreitende räumliche Entwicklungsperspektive erarbeitet und durch verschiedene Projekte realisiert. Hervorzuheben sind insbesondere die Bemühungen zur Verbesserung der grenzüberschreitenden Nah- und Fernverkehrsverbindungen und zur Verwirklichung eines euroregionalen Gewerbeflächenkonzeptes. Die Euregio Rhein-Maas als künftig besonders attraktiver EG-Binnenstandort umfaßt ein Gebiet mit 3,6 Mio. Einwohnern und ca. 80.000 Unternehmen.

Lassen Sie mich meine Ausführungen mit dem Wunsch des Landes Nordrhein-Westfalen schließen, daß diese Kooperation der Euregios zu ihrer Stärkung im internationalen Standortwettbewerb beiträgt und daß damit zugleich auch Vorbildfunktionen für die übrigen Euregios im EG-Raum verbunden sein mögen.

Von der wissenschaftlichen Plenarsitzung 1991 der Akademie für Raumforschung und Landesplanung erhoffen wir uns in Nordrhein-Westfalen zur weiteren Vertiefung der grenzüberschreitenden Aktivitäten auf dem Felde der europäischen Raumordnung wichtige Impulse.

Bert Barmentloo

Perspektiven der Raumentwicklung und der Raumordnungspolitik in Europa aus niederländischer Sicht

Herr Präsident, meine Damen und Herren,

gerne vertrete ich heute die Generaldirektorin für Raumordnung des Rijksplanologischen Dienstes, Frau Kroese. Sie ist leider verhindert.

Das Thema dieser Wissenschaftlichen Plenarsitzung führt mich gleich zu einer Aktivität des Reichsamtes für Raumordnung (Rijksplanologische Dienst), die uns zur Zeit beschäftigt. Dies ist die Vorbereitung der Dritten Konferenz der für Raumordnung und Regionalentwicklung zuständigen EG-Minister.

Mit dem Ziel, den Stellenwert der Raumordnung innerhalb der Europäischen Gemeinschaft zu verstärken, hat die niederländische Regierung zusammen mit der französischen eine Initiative ergriffen. Die Niederlande wirken in diesem Zusammenhang hin auf die Abhaltung regulärer informeller Konferenzen der EG-Minister, die zuständig sind für Raumordnung und Regionalentwicklung. Zwei solcher Ministertreffen haben bereits in Nantes und Turin stattgefunden.

Am 18. und 19. November dieses Jahres wird nun eine dritte informelle Konferenz in Den Haag stattfinden.

Auf der dritten Konferenz in Den Haag wird EG-Kommissar Millan das Dokument "Europe 2000: Outlook for the Development of the Community's Territory" präsentieren. Dieses Dokument gibt eine integrale Darstellung der heutigen und zu erwartenden Entwicklungen im Bereich der Bodennutzung, Bevölkerung, Städte, Infrastruktur usw. Im Dokument "Europe 2000" wird auch die Bedeutung eines strategischen Konzepts in bezug auf die Entwicklung der einzelnen städtischen Räume und die Bedeutung der Zusammenarbeit zwischen Städten dargelegt.

Das zweite Dokument, das in der Ministerkonferenz in Den Haag beraten wird, ist das niederländische Dokument "Städtische Netze in Europa".

Beide Dokumente unterstreichen die Bedeutung einer starken Raum- und Umweltqualität in den Städten und die Bedeutung schneller und dauerhafter Verbindungen mit dem Ziel einer ausgewogenen Entwicklung der einzelnen europäischen Regionen und der Europäischen Gemeinschaft als Ganzes.

Wir hoffen, in der kommenden Ministerkonferenz in Den Haag Fortschritte zu machen bei der Analyse räumlicher Fragen. Dies könnte eine gemeinsame Erarbeitung von Entwicklungsperspektiven möglich machen.

Die niederländische Regierung hat ihre aktuellen Auffassungen über die Raumentwicklung und die Raumordnungspolitik in Europa vor allem in der Vierten Note über die Raumordnung und in der Vierten Note über die Raumordnung Extra niedergelegt. Diese beiden Noten werde ich im folgenden erläutern. Außerdem werde ich einige mit der Vierten Note zusammenhängende Aktivitäten des Reichsamtes für Raumordnung in bezug auf eine europäische Raumentwicklung darlegen.

Dies betrifft Aktivitäten im Rahmen der Vorbereitung der bereits erwähnten Dritten Konferenz der für Raumordnung und Regionalpolitik zuständigen EG-Minister und das niederländische Konferenzdokument "Städtische Netze in Europa".

Abschließend werde ich eingehen auf das internationale Projekt unseres Amtes "Perspektiven in Europa". Dies allerdings nur kurz, denn im Programm für diese Wissenschaftliche Plenarsitzung ist dazu morgen im Forum II eine Präsentation vorgesehen.

Vierte Note über die Raumordnung

Gründe zur Aufstellung der Vierten Note waren einerseits die räumlichen Entwicklungen seit der Veröffentlichung der Dritten Note über die Raumordnung und die gewünschte Vereinfachung des niederländischen Raumplanungssystems andererseits. Dementsprechend erschien 1988 die Vierte Note über die Raumordnung, zunächst im Entwurf, dann als sogenannte Regierungsentscheidung.

Die Vierte Note vermittelt eine räumliche Entwicklungsperspektive für die Zukunft der Niederlande. Ausgangspunkte der Vierten Note sind u. a. die internationale wirtschaftliche Lage und Konkurrenzposition der Niederlande und das Thema "Regionen aus eigener Kraft".

Anhand der neuesten Fassung der Räumlichen Entwicklungsperspektive aus der Vierten Note Extra werde ich einige wesentliche Elemente der Entwicklungsperspektive kurz erläutern.

Da sind zunächst die elf sogenannten städtischen Knotenpunkte. Einige davon liegen im deutsch-niederländischen Grenzraum, nämlich Maastricht/Heerlen, Arnheim-Nimwegen und Enschede/Hengelo.

In diesen Städten sollten Versorgungseinrichtungen regional gebündelt werden. Die Städte müssen ferner über gute (inter)nationale Verbindungen verfügen, zukunftsträchtige Beschäftigungsmöglichkeiten und ein hohes Versorgungsniveau einschließlich einer Universität bieten können.

Die erforderliche Tragfähigkeit orientiert sich dabei an einer Einwohnerzahl von einer bis anderthalb Millionen Menschen.

Die Mainports Rotterdamer Hafen und Flughafen Amsterdam Schiphol nehmen im internationalen Vergleich eine hervorragende Position ein und sind wesentlich für die Wirtschafts- und Raumstruktur der Niederlande. Beide Mainports brauchen unbedingt gute infrastrukturelle Anbindungen, national und international.

Die Funktion der Niederlande als Transport- und Verteilerland wird unterstützt durch die Ausweisung von sogenannten Haupttransportachsen für den (Güter)transport über Straße, Schiene und Wasser. Auf diesen Haupttransportachsen soll der (inter)nationale durchgehende Verkehr möglichst wenig durch den übrigen Verkehr behindert werden.

Ein anderes Element der Räumlichen Entwicklungsperspektive der Vierten Note ist das international günstige Standortklima, das vor allem in der Randstad im Westen unseres Landes vorgesehen ist. Für die in dem Zusammenhang wichtigsten Städte dort sind Vorhaben geplant, die das international konkurrenzfähige Standortklima für Wohnen und Arbeiten beträchtlich verstärken sollen.

Die Internationalisierung der niederländischen Wirtschaft ist also ein zentrales Thema der niederländischen Raumordnung geworden. Zunehmende europäische Integration, der europäische Binnenmarkt, schafft Möglichkeiten. Zunehmende europäische Integration bedeutet jedoch auch stärkere Konkurrenz. Mehr als bisher müssen die Niederlande als Standort der auf dem EG-Markt aktiven Unternehmen mit anderen Ländern konkurrieren.

Die Räumliche Entwicklungsperspektive der Vierten Note will also die für eine gute, international wettbewerbsfähige Position der Niederlande notwendigen konkreten Schritte der niederländischen Raumordnungspolitik aufzeigen. Diese konkreten Schritte stellen sich in einer Vergrößerung der räumlichen Vielfalt und Konzentration in bezug auf international zukunftsträchtige wirtschaftliche Möglichkeiten dar. Dies sind bei uns etwa Transport und Distribution, hochwertige Dienstleistungen, Landwirtschaft und einige Industrien.

Ein zweiter wichtiger Ausgangspunkt der Räumlichen Entwicklungsperspektive der Vierten Note ist das, was wir als Regionen aus eigener Kraft bezeichnen; das heißt die Verstärkung der eigenen Qualitäten der einzelnen Landesteile, auch im Grenzbereich.

So ist zum Beispiel als Ausarbeitung der Vierten Note auch die Erarbeitung einer Entwicklungsperspektive vorgesehen für den Raum Maastricht/Heerlen-Aachen-Lüttich-Hasselt/Genk, MHAL, wohl auch Kerngebiet der Euregio Maas-Rhein genannt. Die internationale Zusammenarbeit im Rahmen dieser näheren Ausarbeitung ist mittlerweile angelaufen. Anfang Oktober hat die Internationale Lenkungsgruppe MHAL als Ansatzpunkt für das räumliche Entwicklungskonzept das Modell "Städtische Landschaft" gewählt und die Durchführung einiger Untersuchungen beschlossen. Dies betrifft einerseits die Themen Verkehr und Transport, Tourismus und Erholung, Umwelt, Ökonomie, Zusammenarbeit der Städte und die ländlichen Räume im MHAL-Raum. Andererseits sollen einige Projekte untersucht werden. Als Beispiele nenne ich etwa die Verbindung der Wasserwege um Maastricht, den TGV-Anschluß und ein Gewerbegebiet zwischen Aachen und Heerlen.

Wichtig im Zusammenhang mit unserem heutigen Thema ist, daß das niederländische Kabinett in der Vierten Note seine Absicht angekündigt hat, das Zustandekommen einer Perspektive für die räumliche Entwicklung von Nordwesteuropa zu fördern. Dabei wird, wo möglich, auf die räumlichen Konsequenzen der Entwicklungen in Osteuropa hingewiesen. Die Perspektive könnte nach niederländischer Ansicht die Form einer Strukturskizze für Nordwesteuropa haben. Eine solche Strukturskizze müßte sich komplementär zur traditionellen Regionalpolitik der Europäischen Gemeinschaft auf die starken Punkte der EG und der Mitgliedsstaaten richten.

Resümierend bedeutete die Vierte Note über die Raumordnung also für unser Amt eine wesentliche Änderung unserer Arbeit:

- keine Festlegung eines räumlich erwünschten Endbildes, sondern politische Akzente und eine Entwicklungsperspektive
- ferner eine Raumordnungspolitik, die sich auch auf die Entwicklungen in Europa bezieht und welche die Niederlande in einen internationalen Zusammenhang stellt.

Vierte Note über die Raumordnung Extra

Nach der Veröffentlichung der Regierungsentscheidung der Vierten Note über die Raumordnung, Ende 1988, trat 1989 eine neue Regierung an. Die neue Regierung hielt Denkrichtung und Hauptpunkte der Vierten Note weiterhin für richtig, forderte jedoch für einzelne Bereiche eine substantielle Ergänzung und Zuspitzung der Politik. Dabei ging es im wesentlichen um die Bereiche Mobilität und Verstädterung, verstärkte Aufmerksamkeit für Umwelt und Umweltpolitik, die Kursfestlegung für den ländlichen Raum, die Lebensqualität im ländlichen und städtischen Raum und schließlich um die Feststellung raumrelevanter Investitionsprioritäten.

Die Ergänzung zur Vierten Note wurde im November 1990 im Entwurf veröffentlicht als Vierte Note über die Raumordnung Extra. Nach umfassenden Beratungen erschien im Juni dieses Jahres eine Kabinettsentscheidung. Die Vierte Note Extra Zweiten Kammer beraten.

Die Vierte Note Extra sieht eine weitergehende Bündelung der Verstädterung vor, insbesondere in der Randstad. Es sollen dort noch über 500 000 Wohnungen gebaut werden. Das Grüne Herz in der Mitte des Städterings soll dabei allerdings seinen ländlichen Charakter beibehalten.

Verbunden mit der Standortpolitik für den Wohnungsbau wird ferner eine Stimulierungspolitik hinsichtlich Verfügbarkeit und Nutzung des Öffentlichen Personennahverkehrs (ÖPNV) und zur Einschränkung der vermeidbaren PKW-Mobilität angestrebt. Dazu wird eine Standortpolitik, auch ABC-Politik genannt, zur Reduktion des Wachstums der Automobilität praktiziert.

Konkret bedeutet diese Standortpolitik, daß sich Betriebe und Einrichtungen mit vielen Arbeitnehmern und/oder Besuchern an A- und B-Standorten niederlassen, die mit Fahrrad bzw. ÖPNV leicht erreichbar sind. C-Standorte, das heißt Standorte an Schnellstraßen ohne ÖPNV-Anschluß, sind Betrieben vorzubehalten, die auf Automobilität angewiesen sind. Diese restriktive Politik soll die Hauptverkehrsachsen für Unternehmen, die von Schnellstraßen abhängig sind, wie etwa Transportunternehmen, offen halten.

Von provinzialer Seite wurden für den niederländischen Grenzraum negative Auswirkungen dieser Standortpolitik für Unternehmensansiedlungen befürchtet. Deshalb sind darüber Beratungen vorgesehen, u. a. im Rahmen der Besonderen Raumordnungskommission der Benelux Wirtschaftsunion und in der Deutsch-Niederländischen Raumordnungskommission.

Daß eine Politik zur Reduktion des Wachstums der PKW-Mobilität unbedingt notwendig ist, wird übrigens noch einmal im ersten Kapitel des Jahrbuchs 1991 unseres Amtes ausgeführt, das vor einigen Wochen erschienen ist.

Da seit der Vorlage der Vierten Note auch in Zentral- und Osteuropa politische Entwicklungen stattfanden, werden in der Vierten Note Extra ferner gute Anschlüsse an die Ost-Westverbindungen für wesentlich gehalten. Die vorhandene Straßen- und Schieneninfrastruktur wird für einen zunehmenden Handel mit Osteuropa voraussichtlich nicht ausreichen. Die Entscheidungen über die Haupttransportachsen sollen auch grenzüberschreitend und im größeren europäischen Rahmen abgestimmt werden. Unsere Vorstellungen über die Haupttransportachsen ersieht man aus der Karte der Vierten Note Extra.

In diesem Zusammenhang findet sich ein praxisnahes Beispiel im zweiten Kapitel unseres neuen Jahrbuchs. Es enthält einen Aufsatz über die neuen Ost-West-Achsen und die Achse Randstad - Berlin. Ein kurzer Abstecher Richtung Berlin sei mir hier also erlaubt.

In unserem Jahrbuch wird eine Entlastung der südlichen Ost-West-Achse mit dem Rhein-Ruhrgebiet als Schaltregion zwischen dem Benelux-Raum und Nord- und Osteuropa (also die Achse Randstad - Ruhrgebiet - Hannover - Berlin - Warschau) als erwünscht betrachtet. Die bisher weniger beachtete nördliche Ost-West-Achse Randstad - Berlin könnte zur Entlastung der südlichen Achse beitragen. Diese nördliche Achse sollte von der Randstadt über Enschede/Hengelo - Hannover - Berlin - Warschau führen mit einer Abzweigung etwa bei Osnabrück nach Hamburg und Skandinavien. Hochwertige Achsen erfordern das Vorhandensein hochwertiger und ununterbrochener Infrastruktur.

Auf der befürworteten nördlichen Ost-West-Achse stünden nach unserer Auffassung grundsätzlich alle Verkehrsmodalitäten zur Verfügung. Erstens wird als durchgehende Straßenverbindung die E 30 Ende 1992 mit Anschluß an die Autobahn Hannover - Berlin ausgebaut sein. Zweitens könnte der Twentekanal durch eine 50 km lange Verbindung an den Mittellandkanal angeschlossen werden, womit die Lücke in einer potentiell attraktiven Ost-West-Schiffahrtsstraße geschlossen wäre. Drittens ist eine hochwertige und schnelle Bahnverbindung möglich, jedoch bisher nicht vorhanden.

Die Vierte Note Extra enthält für den niederländischen Teil indikativ eine Haupttransportachse Schiene über Utrecht und Arnheim Richtung Enschede/Hengelo (nach 2015). Auf deutscher Seite ist allerdings, soweit bekannt, ein Ausbau dieser Bahnstrecke nicht vorgesehen.

Im Zusammenhang mit der erwünschten Raumstruktur und den wirtschaftlichen Entwicklungsmöglichkeiten der Grenzgebiete sind nach Auffassung der niederländischen Regierung ferner die Möglichkeiten zur grenzüberschreitenden Zusammenarbeit zu nutzen und - soweit möglich - zu intensivieren.

Auch in der Vierten Note Extra erhalten einige Grenzgebiete, wie das MHAL-Gebiet und das Städtedreieck Enschede/Hengelo - Münster - Osnabrück, besondere Aufmerksamkeit.

Ferner bleibt die niederländische Regierung auch in der Vierten Note Extra bei der Absicht, das Zustandekommen einer Perspektive für die räumliche Entwicklung von Nordwesteuropa zu fördern. Wie bereits erwähnt, könnte eine solche Perspektive z. B. die Form einer Strukturskizze für Nordwesteuropa haben. Nach unserer Auffassung wäre eine Strukturskizze für Nordwesteuropa vorzugsweise durch die betreffenden Regionen bzw. Länder gemeinsam zu erarbeiten.

Ob allerdings auch international eine Bereitschaft zur Erarbeitung einer solchen Strukturskizze vorhanden ist, sollte zumindest längerfristig deutlich werden.

Diese Bereitschaft könnte sich zum Beispiel zeigen in den Verhandlungen im Rahmen der informellen Konferenzen der für Raumordnung und Regionalentwicklung zuständigen EG-Minister. Wenn ich sehr optimistisch bin, vielleicht schon in der nächsten Konferenz in Den Haag!

Dies führt mich zurück zu der bereits genannten dritten Ministerkonferenz im November in Den Haag und zum dafür erarbeiteten niederländischen Dokument "Städtische Netze in Europa".

Städtische Netze in Europa

Anlaß zur Erarbeitung des Konferenzpapiers "Städtische Netze in Europa" war ein Beschluß der zweiten informellen EG-Ministerkonferenz im vergangenen Jahr in Turin. Vielfaches Ergebnis von Konferenzen, Forschungsberichten usw. ist, daß die Entwicklung städtischer Räume und städtischer Netze umfassende räumliche Analysen und eine integrierte Entwicklungsperspektive erfordert.

Nicht nur für weitere Schritte im Rahmen des Strategiepapiers "Europa 2000" ist die Erarbeitung einer umfassenden Perspektive von großer Bedeutung. Dies gilt auch wegen der Zusammenhänge mit Regionalpolitik, Umweltpolitik, Transportpolitik und anderen Sektoren. Auch die Entwicklung der europäischen Sektorpolitik erfordert eine Abstimmung mit der Raumordnung.

Die zunehmende Bedeutung städtischer Regionen als Motoren für wirtschaftliche und kulturelle Entwicklung, die wachsende Zahl der Beziehungen zwischen den Regionen und die Entwicklung einer Europäischen Gemeinschaft ohne Binnengrenzen erfordern nach unserer Auffassung das schnelle Zustandekommen einer Entwicklungsperspektive für städtische Netze. In den Niederlanden haben wir positive Erfahrungen mit einer umfassenden Entwicklungsperspektive, so wie diese in der Vierten Note über die Raumordnung niedergelegt wurde.

Eine räumliche Entwicklungsperspektive für städtische Gebiete könnte Möglichkeiten bieten zur Analyse, Politikentwicklung und Politikabstimmung: einerseits für städtische Gebiete, die regional nahe liegen (regionale städtische Netze in Europa), andererseits für städtische Gebiete, die auf europäischer Ebene miteinander verbunden sind (das europäische städtische Netz). Ziel des Dokuments "Städtische Netze in Europa" ist nicht eine Art Blueprint oder eine europäische Raumordnungsplanung. Dem würde u. a. das Subsidiaritätsprinzip entgegenstehen.

Das Dokument "Städtische Netze in Europa" will hingegen verdeutlichen, welche Bedeutung städtische Netze haben für regionale, nationale und europäische Entwicklungen, welche Argumente für eine mehr integrale Inangriffnahme des Projekts sprechen, was die Raumordnung dazu beitragen kann, welche Bedingungen zu erfüllen sind und schließlich, was die Mitgliedstaaten und die Europäische Kommission dazu beitragen können.

Im Rahmen der Vorbereitung des Dokuments "Städtische Netze in Europa" wurde von unserem Amt zunächst eine Umfrage unter den EG-Mitgliedstaaten zu diesem Thema durchgeführt. Dabei wurden die EG-Mitgliedstaaten nach der Bedeutung gefragt, welche sie der Entwicklung städtischer Netzwerke auf regionaler, nationaler und europäischer Ebene beimessen. Die Ergebnisse der Umfrage sowie die Ergebnisse einer diesbezüglichen Untersuchung sind niedergelegt im Dokument "Städtische Netze in Europa".

Die im folgenden darzulegenden Ergebnisse des niederländischen Dokumentes "Städtische Netze in Europa" schließen an das Dokument Europa 2000 der Europäischen Kommission an. Zu nennen wären folgende Aspekte:

Städtische Netze auf regionaler, nationaler und europäischer Ebene gewinnen schnell an Bedeutung. Aus dem Dokument Europa 2000 und aus anderen Untersuchungen geht hervor, daß viele Städte und städtische Gebiete Funktionsänderungen erleben. Güter-, Personen- und Informationsströme zwischen städtischen Gebieten nehmen im Umfang stark zu. Gute Verbindungen und organisatorische Formen der Zusammenarbeit werden dabei immer bedeutsamer.

Städtische Gebiete erfüllen eine Motorfunktion in bezug auf Wirtschaftswachstum und Arbeitsmöglichkeiten. Das Zustandekommen eines EG-Binnenmarktes wird diese Entwicklung noch verstärken. Städtische Gebiete innerhalb der Kernzonen werden hiervon mehr profitieren als andere, es sei denn, daß ein Anschluß an andere städtische Gebiete zustande kommt.

Unter der Voraussetzung guter Planung und Verwaltung verstärkt eine polyzentrische Entwicklung großer städtischer Gebiete in Europa die Stellung dieser Gebiete im Europäischen Städtischen Netzwerk. Voraussetzung sind jedoch auch eine funktionale Raumstrukturierung, ein hochwertiges ÖPNV-System, eine effektive städtische Umweltpolitik und eine auf soziale Kohäsion ausgerichtete Verstädterungspolitik.

Mittelgroße Städte innerhalb und außerhalb der Kernzonen haben aussichtsreiche Entwicklungsmöglichkeiten. Aussichtsreich wären vor allem die Städte, die sich um den Erhalt ihrer räumlichen und Umweltqualitäten und um räumliche Konzentration hochwertiger Versorgungseinrichtungen in der zentralen Stadt kümmern. Dadurch sind auch ein Beitrag zur Entwicklung der umliegenden Region und eine aktive Partizipation in regionalen städtischen Netzen möglich.

Eine ausgewogene Entwicklung der Regionen innerhalb der europäischen Gemeinschaft und gute Verbindungen sind für das Funktionieren großer und mittelgroßer Städte in einem europäischen Netz von großer Bedeutung. Durch die Regionalpolitik und die Transportpolitik der Gemeinschaft ist Beeinträchtigungen dieses Gleichgewichts aus der Sicht der Wirtschaft, der Umwelt und der Raumordnung vorzubeugen.

Eine räumliche Entwicklungsperspektive für städtische Netzwerke in Europa würde es schließlich ermöglichen, aus der Integrationsfunktion der Raumordnung gegenseitige Zusammenhänge zwischen städtischen Gebieten aufzuzeigen. Ferner wäre eine Abstimmung möglich mit der Regionalpolitik der Europäischen Gemeinschaft, der Transportpolitik und der Politik in bezug auf die Umweltqualität der Städte.

Perspektiven in Europa

Zum Schluß noch einige Worte zur Studie unseres Reichsamtes für Raumordnung "Perspektiven in Europa". Der vollständige Schlußbericht dieser Studie liegt jetzt gedruckt vor. Morgen im Forum II werden Sie über die Ergebnisse diskutieren können. In der Studie "Perspektiven in Europa" werden Probleme und Chancen der Raumordnung dargestellt anhand von vier Schwerpunkten, und zwar städtische Gebiete, ländliche Räume, regionale Entwicklungspolitik und Verkehr und Transport. "Perspektiven in Europa" enthält zwei Szenarien, zum einen Spezialisierung (der europäischen Städte) und Konzentration (von Funktionen), zum anderen Ketten und Zonen (keine Hierarchie und Spezialisierung der Städte und Verteilung der Funktionen). Für beide Szenarien gelten folgende Hauptzielsetzungen:

- die europäische Raumordnungspolitik muß darauf hinwirken, die räumliche Verschiedenartigkeit auf europäischer Ebene zu erhalten und zu verstärken; vieles ist da bereits verlorengegangen
- ferner muß die europäische Raumordnungspolitik sich darauf richten, den wirtschaftlichen und sozialen Aktivitäten Möglichkeiten zu bieten, damit der Wohlstand in Europa überall zunehmen kann.

Meine Damen und Herren, nicht zufällig habe ich abschließend die Hauptzielsetzungen erwähnt. Nach unserer Auffassung sind die Hauptzielsetzungen für die zwei Szenarien der Studie Perspektiven in Europa wesentliche Ziele. Sie entsprechen den Ausgangspunkten der Vierten Note (Extra), der räumlichen Vielfalt und der Verstärkung wichtiger Entwicklungsansätze, auch für eine künftige Perspektive der räumlichen Entwicklung für Nordwest-Europa. Ich denke, wir sollten sie auf dem Wege zu einer europäischen Raumentwicklung und zu einer europäischen Raumordnungspolitik nicht aus den Augen verlieren.

RÜDIGER GÖB

Neuorientierung der Raumordnungspolitik in Deutschland

These 1: **Raumordnungspolitik stößt mit dem Anspruch auf eine umfassende Harmonisierung der räumlichen Zielerreichungsstrategien an Systemgrenzen**

Die Raumordnungspolitik wird in der Bundesrepublik Deutschland seit jeher heftig kritisiert. Das ist eigentlich nicht verwunderlich, denn Raumordnungspolitik ist Gesellschaftspolitik. Dennoch: Wenn man sich Gedanken um eine Neuorientierung der Raumordnungspolitik macht, muß man sicherlich auch die bisherigen Erfahrungen bedenken.

Der elementare Vorwurf gegen die Effizienz der Raumordnung zielt auf ihre mangelnde Durchsetzbarkeit in Politik und Verwaltung. Die Argumente dazu sind schon so lange und so oft dargestellt worden, daß sie hier nicht wiederholt werden sollen. Sie treffen im wesentlichen auch zu. Doch sind die Ursachen für diese Defizite der Raumordnung nicht etwa bei einem mangelhaften Engagement der Raumordner und -planer zu suchen; sie liegen vielmehr vor allem bei den Rahmenbedingungen, die den Weg dieser Disziplin eingrenzen und die für die Raumordner nicht disponibel, sondern zwingend vorgegeben sind.

Es ist unbestreitbar: Der Stellenwert und damit der Aufmerksamkeitswert der Raumordnung im aktuellen politischen Geschehen sind gering. Politik sucht die aktuelle Entscheidung. Zum Wesen der räumlichen Planung gehört aber ihre mittel- oder im politischen Sinne sogar langfristige Ausrichtung. Das Anliegen der Raumordnung stößt damit an die Grenzen bestehender politischer Verhaltensmuster, die man nach allen Erfahrungen sicherlich als Systemgrenzen bezeichnen kann.

Die Disziplin der im politisch-administrativen Tageswerk tätigen Raumordner hat sich darauf durchaus eingestellt. So hat man nach einigen aussichtslosen Anläufen den Versuch politischer Auseinandersetzung weitgehend aufgegeben und ist den mehr politisch-administrativen Weg gegangen. Bundesraumordner und Landesplaner haben in der Ministerkonferenz für Raumordnung für die Bundesrepublik weitgehend einheitliche Grundlagen für die Implementation des politisch formulierten Leitbildes der Raumordnung geschaffen, die dann wiederum in einem zweiten Schritt auf allen Ebenen des öffentlichen Handelns, also in Bund, Ländern und Gemeinden, zu harmonisierten Vorgaben für die Fachplanungen und vor allem aber für die regionale Wirtschaftsstrukturpolitik wurden. Diese Arbeit beginnt bei der Analyse und Bewertung der räumlichen Entwicklung mit der Aggregation von Gebieten und reicht über die Harmonisierung von Strukturelementen bis zur Beeinflussung von Finanzströmen über alle möglichen Zuweisungsformen. Dies hat nicht überall und auch nicht reibungslos funktioniert. Aber es hat Wirkung gehabt. Ohne diese Arbeit der Raumordnung wäre es nach 1945 nicht gelungen, in der Bundesrepublik bis 1989 eine Raum- und Siedlungsstruktur zu bewahren und weiterzuentwickeln, die unsere Gesellschaft bis zur deutschen Wiedervereinigung eben nicht vor unlösbare Probleme stellte, sondern im großen und ganzen durchaus akzeptabel war. Die Raumordnung in der alten Bundesrepublik war also nicht erfolglos. Sie hat sich ihren eigenen politischen Weg gesucht, und genau diesen gilt es bei einer Neuorientierung der Raumordnungspolitik fortzusetzen.

Ähnliches läßt sich auch im Verwaltungsvollzug sagen. Auch hier stößt Raumordnung mit dem umfassenden Anspruch einer Koordinierung aller raumrelevanten Planungen und Maßnahmen auf ein gemeinsames raumordnerisches Gesamtziel an Systemgrenzen. Unserer hochkomplexen Gesellschaftsstruktur, die sich in ihren Erscheinungsformen bei der Dynamik der gesellschaftlichen Entwicklung ständig verändert, entspricht ein ebenso hochkomplexes, horizontal und vertikal segmentiertes Regierungs- und Verwaltungssystem. Während die Anforderungen an die öffentliche Problemlösungskapazität steigen, bleibt die Steuerungskapazität bei einem zunehmend unübersichtlicher werdenden Regelungsumfeld zurück. Unser Wissen ist über viele Expertensysteme zerstreut. Die Einheit der Staatswillensbildung und die Einheit der Verwaltung werden in einem Prozeß der Ausdifferenzierung und Segmentierung der staatlichen Organe ständig weiter aufgelöst.

In der Vergangenheit hat sich gezeigt, daß es in diesem Umfeld nicht möglich ist, ein Koordinierungssystem zu schaffen, das eine integrierte, zielgerichtete Gesamtaufgabenplanung und ihren Vollzug bewältigen könnte. Alle derartigen Anstrengungen sind gescheitert, und auch die Raumordnung kann eine entsprechend umfassend angelegte Querschnittsaufgabe systemar nicht bewältigen. Zudem werden die Entscheider in Politik und Verwaltung durch die Dynamik der Entwicklung, durch die Trendumbrüche und Tendenzänderungen im realen Entscheidungsprozeß vor die Notwendigkeit kurzfristiger Kompromißentscheidungen gestellt, bei denen eine Vielzahl von Akteuren betroffen ist. Diese Prozesse überfordern die gesellschaftliche und damit die politische Problemverarbeitungskapazität mit der Konsequenz, daß heute Entfeinerung der Planung, Dezentralisierung, Deregulierung und damit eine Verlagerung der Planungsentscheidungen auf kleinräumige, überschaubare Einheiten in einem stärker projektbezogenen Konfliktmanagement angesagt sind. An einer solchen Tendenz des "perspektivischen Inkrementalismus" wird sich eine Neuorientierung der Raumordnung ebenfalls ausrichten müssen.

These 2:   **Der dem gesellschaftlichen Pluralismus immanente Interessengegensatz macht eine umfassende Neuausrichtung der Raumordnungspolitik unwahrscheinlich**

Diese Vorgänge werden durchaus intensiv in der Fachöffentlichkeit der Raumordnung diskutiert. Es hat auch eine Art schleichender Änderungen und Weiterentwicklungen sowohl im Zielbereich als auch im Bereich der Implementation vor allem der Landesplanung und der regionalen Wirtschaftsstrukturpolitik gegeben. Der Durchbruch einer Neuausrichtung der Raumordnungspolitik - dann und wann vor allem literarisch beschworen - ist aber nicht erfolgt.

Auch das kann nicht verwundern: In einer freiheitlichen Demokratie, die den Pluralismus zum Prinzip erhoben hat, stehen umfassende Reformen nicht auf der Tagesordnung. Hier wird Stabilität mehr durch Interessenausgleich und evolutionäre Weiterentwicklung geschaffen. Die Existenz von heterogenen und vielfältig miteinander konkurrierenden und konfligierenden Interessengruppen und -organisationen wird also nicht nur als bloßes soziologisches Faktum konstatiert und hingenommen, sondern als ein freiheitsschaffender und -bewahrender Bestandteil demokratischer Ordnung ganz bewußt bejaht. Die gesellschaftlichen Widersprüche begreifen wir nicht mehr als eine Art Durchgangsstadium zur besseren Gesellschaft: Eine auf das permanente Austragen dieser Widersprüche angelegte Gesellschaft ist bereits die bessere Gesellschaft.

Die Neuausrichtung einer eingefahrenen Politik im Wege eines politischen Konsenses setzt deswegen eine Entwicklung voraus, die das gesellschaftliche Gleichgewicht nachhaltig in Frage stellt und durch den üblichen Kompromiß zwischen widerstreitenden Interessen nicht mehr geregelt werden kann. Die ständigen gesellschaftlichen Trendbrüche und Tendenzänderungen haben sich bisher nicht als ausreichend erwiesen, diesen Prozeß einer Neuausrichtung der Raumordnungspolitik in Gang zu setzen. Die epochalen geschichtlichen Veränderungen in Europa und damit die neuen geo-politischen und geo-wirtschaftlichen Rahmenbedingungen für die Entwicklung unserer Raum- und Siedlungsstruktur erzwingen aber Überlegungen für eine neue Orientierung der Raumordnungspolitik.

Vielleicht gehören zu diesen Rahmenbedingungen auch noch die Wanderungsbewegungen. Die alten Bundesländer haben seit 1988 mehr als 2 Mio. Zuwanderer vor allem aus Ostdeutschland und Osteuropa aufgenommen. Die räumliche Verteilung dieser Menschen führt zu regional sehr unterschiedlichen Problemen der Arbeits- und Wohnungsversorgung. Dieser Zuwanderungsprozeß wurde bisher ohne besondere raumordnungspolitische Konzeption hingenommen. Es ist zur Zeit nicht abzusehen, wie sich die Wanderungsbewegungen in Zukunft entwickeln werden. Hält der Zustrom an, so wird er auch die Raumordnungspolitik vor erhebliche regionale Verteilungsprobleme stellen.

These 3: **Europäische Einigung: Die Auswirkungen der EG-Regionalpolitik und des Binnenmarktes erschweren den räumlichen Disparitätenausgleich in der Bundesrepublik Deutschland**

Die wachsende europäische Integration hat schon seit der Gründung der Europäischen Gemeinschaften in den 50er Jahren mehr oder weniger Einfluß auf die Raumstruktur der Mitgliedsstaaten gehabt, der sich 1975 mit der Einrichtung eines europäischen Fonds für regionale Entwicklung zunehmend verstärkte. Im Laufe der Zeit entwickelte die EG dann eine eigene Regionalpolitik des räumlichen Disparitätenausgleichs, die mit der Einheitlichen Europäischen Akte 1986 auch eine ausdrückliche vertragliche Grundlage fand. Hier setzt sich die Europäische Gemeinschaft das Ziel, den Abstand zwischen den verschiedenen Regionen und den Rückstand der am stärksten benachteiligten Gebiete zu verringern. Mittlerweile betreibt die EG im Rahmen ihrer Regionalpolitik eine umfangreiche Wirtschaftsstrukturpolitik mit weit über 100 verschiedenen Förderprogrammen, die längst über eine additionale regionale Strukturpolitik hinausreichen. Zwar entspricht das Kohärenzziel des wirtschaftlichen und sozialen Zusammenhalts weitgehend dem Oberziel der bisherigen bundesdeutschen Raumordnung, der Schaffung gleichwertiger Lebensverhältnisse in allen Teilen der Bundesrepublik.

Aber: Erst ziemlich spät wurde in der Bundesrepublik wahrgenommen und dann auch beklagt, daß die anwachsende regionalpolitische Aktivität der EG für den Ausgleich der bundesdeutschen Disparitäten kontraproduktiv wirken mußte; besonders seit der Erweiterung der EG liegt die Mehrzahl der bundesdeutschen rückständigen Gebiete (bis zur Wiedervereinigung) deutlich über dem Durchschnitt der wirtschaftsschwachen Räume in anderen Mitgliedstaaten. So wurden denn auch in den vergangenen Jahren die Förderkulisse und die Fördersätze der deutschen Regionalpolitik durch die europäische Ingerenz erheblich zurückgeführt.

Die Erkenntnis von der Einführung des Binnenmarktes als Tatsache hat dann die Diskussion um den Einfluß der europäischen Aktivitäten auf die Entwicklung der bundesdeutschen Raum- und

Siedlungsstruktur zunehmend angeheizt. Schon ziemlich bald ging das überwiegende Ergebnis der Diskussion davon aus, daß die europäische Wirtschaftsunion den Trend der Disparitätenentwicklung zumindest kurz- bis mittelfristig noch weiter verstärken wird, weil die Standortattraktivität von wirtschaftlichen Gravitationszentren einerseits und das Gewicht regionaler Engpaßfaktoren andererseits zunehmen dürften.

Den bisherigen Anstrengungen der EG-Regionalpolitik ist es kaum gelungen, das regionale Disparitätenproblem in den Mitgliedstaaten zu entschärfen. Man wird daher damit rechnen müssen, daß die EG den Einsatz ihrer Mittel aus den Strukturfonds noch stärker konzentriert auf die rückständigsten Regionen einsetzt und daß sie versuchen wird, durch eine inhaltliche Konzentration des Fonds und eine verbesserte Koordinierung mit den sonstigen Instrumenten der Gemeinschaft zu einer integrierten, umfassenden regionalen Entwicklung in diesen Regionen zu kommen.

Schließlich muß man sehen, daß es in den letzten Jahren immer wieder Vorstöße der Kommission z.B. in den Bereichen der Regionalpolitik, der Mittelstandspolitik, des Fremdenverkehrs und des Städtebaus gegeben hat, die beachtenswerte zentralistische Tendenzen in der Kommission erkennen lassen. So reicht die EG-Wirtschaftsförderung mit ihren über 100 Programmen längst über den engeren Rahmen einer regionalen Strukturpolitik mit für die Mitgliedsstaaten additionalem und damit subsidiärem Charakter hinaus.

Man findet zwar erste bundesdeutsche Ansätze zu einem Gegensteuern, wie etwa den Einsatz von 2,45 Mio. DM mit einem Strukturhilfegesetz nach Art. 104 a GG, dessen Maßnahmen weitgehend nicht dem europäischen Eingriffsrecht unterliegen. Doch gibt es noch kein Konzept, wie eine deutsche Regionalpolitik neben oder zusätzlich zu einer europäischen Regionalpolitik aussehen und im europäischen Rahmen geltend gemacht werden könnte. Man kann davon ausgehen, daß die zunehmend zentralistisch ausgerichtete Regionalpolitik der EG mit ihren Eingriffen in die deutsche Regionalpolitik und die sich unter dem Einfluß des Binnenmarktes verschärfenden Entwicklungstendenzen regionaler Disparitäten mit den bisherigen Methoden und Instrumenten deutscher Regionalpolitik nicht mehr einzugrenzen sind.

Damit stellt sich die Frage nach der künftigen deutschen Regionalpolitik, einem der wichtigsten und effektivsten Vollzugsinstrumente der Raumordnung. Diese Frage wird auch nicht etwa dadurch beantwortet, daß die Gremien der EG im Dezember 1990 ein Paket von Anpassungsvorschlägen verabschiedet haben, nach dem die neuen deutschen Bundesländer zusätzliche Hilfen der drei EG-Strukturfonds in Höhe von insgesamt 3 Mrd. ECU in den Jahren 1991 bis 1993 erhalten sollen. Die Einzelheiten dazu sind von der Kommission im Einvernehmen mit der Bundesrepublik Deutschland im März 1991 in einem Gemeinschaftlichen Förderkonzept festgelegt worden. Diesen EG-Fördermaßnahmen liegt der Sachverhalt zugrunde, daß (wenn man den Daten des Statistischen Amtes der früheren DDR folgt) die ehemalige DDR einen Wert von 68 % des EG-Durchschnitts erreichen würde, was etwa dem irischen Niveau (= 65 %) entspricht. Die neuen deutschen Bundesländer liegen damit unterhalb der 75 %-Schwelle, die im Rahmen der EG-Strukturfonds als Abgrenzungskriterium für besonders strukturschwache Regionen herangezogen wird.

These 4: Deutsche Einheit: Der Disparitätenausgleich gefährdet die föderalstaatliche Finanzverfassung

Wenn man also auch davon ausgehen kann, daß die EG-Beihilfensysteme für die neuen deutschen Länder und mithin sicherlich für Deutschland insgesamt zumindest mittelfristig von großer Bedeutung sein werden, so wird damit doch nicht die zurückgehende Kompetenz der deutschen Regionalpolitik zum Disparitätenausgleich in den alten deutschen Ländern aufgehalten. Im Gegenteil: Zum Süd-Nord-Gefälle in der alten Bundesrepublik kommt nunmehr ein erhebliches Ost-West-Gefälle in der neuen Bundesrepublik hinzu, das die finanziellen Möglichkeiten des Bundes und der Länder in ungeahntem Ausmaß strapaziert. Wenn der Bund seine regionalpolitischen Mittel auf die ostdeutschen Länder konzentriert, wie dies etwa die Absicht einer Umleitung der 2,45 Mio. DM Strukturhilfe in die neuen Länder zeigt, dann wird die regionalpolitische Problematik in den alten Ländern noch stärker offenbar, wie dies etwa die jüngsten öffentlichen Reaktionen der Länder Schleswig-Holstein und Niedersachsen auf die Pläne des Bundes und die aktuellen Auseinandersetzungen der alten Bundesländer um den Länderfinanzausgleich bereits deutlich erkennen lassen.

Der Ausgleich dieses Ost-West-Gefälles wird sicherlich nicht auf Dauer aus einem "Fonds für die deutsche Einheit" bestritten werden können. Es gibt Modellrechnungen, die aufzeigen, daß bei einer Überführung der Subventionen für die östlichen Bundesländer in den Rahmen des Länderfinanzausgleichs das Volumen des horizontalen Finanzausgleichs zwischen den Ländern von derzeit etwa 3,5 Mrd. DM jährlich auf fast 21 Mrd. DM steigen müßte und daß dann alle westdeutschen Länder mit Ausnahme von Bremen erhebliche Beiträge im Länderfinanzausgleich zu leisten hätten. Für die relativ finanzschwachen westlichen Bundesländer, in deren Haushalt die gesamten Finanzausgleichsanteile mehr als 10 % ausmachen, würde also die Anwendung des bisherigen Systems der alten Bundesrepublik eine finanzwirtschaftliche und damit im Sinne der Raumordnung auch regionalwirtschaftliche Horrorvision bedeuten.

Es ist derzeit nicht abzusehen, wie dieses Problem gelöst werden wird. Man kann sicherlich davon ausgehen, daß es keine Neugliederung der deutschen Länder geben wird, die zu einer ausgeglicheneren finanzwirtschaftlichen Struktur der Länder führen könnte. Die Erfahrungen aus den 70er Jahren sprechen dagegen. Es gibt aber auch eine Fülle von Argumenten, die gegen eine Neugliederung der deutschen Länder geltend gemacht werden und die vor allem die Stabilität des Föderalismus durch Bewahrung von Identität herausstellen. Auch eine Reform des Länderfinanzausgleiches etwa durch eine Rückführung des an sich föderalismusfeindlichen Verbundsystems dürfte schon aus finanzwirtschaftlichen Gründen die regionalwirtschaftlichen Probleme nicht lösen. Bliebe also eine wahrscheinliche Verlagerung der Finanzierungsverantwortung und damit der Kompetenzen auf den Bund, der aber bei einer umfassenden regionalwirtschaftlichen Zielsetzung im Sinne der bisherigen Raumordnungsziele und ihrer Implementation finanziell überfordert wäre.

Die Frage, ob und wie der deutsche Föderalismus seine Funktionsweise nach der Wiedervereinigung grundlegend ändern wird, muß hier unbeantwortet bleiben. Es bleibt aber auch die Erkenntnis, daß die Fortsetzung der bisherigen Politik des interregionalen Ausgleichs unter dem Dominat der "gleichwertigen Lebensbedingungen" in der bisherigen Form schon aus finanzwirtschaftlichen Gründen fraglich wird. EG-Regionalpolitik und deutsche Einheit werden damit die bisherige bundesdeutsche Raumordnungs- und Raumentwicklungspolitik nachhaltig in Frage stellen.

These 5: Die deutsche Position im Prozeß der Erarbeitung einer europäischen Raumordnungskonzeption muß dringend geklärt werden

Eine deshalb notwendige Neuorientierung der Raumordnungspolitik bedarf einer entsprechenden Konzeption. Diese Raumordnungskonzeption muß auch dazu dienen, die deutsche Position im europäischen Integrationsprozeß zu klären. Es ist kein Geheimnis, daß die EG-Kommission sich um eine europäische Raumordnungskonzeption bemüht. Sie folgt damit den Bestrebungen des Europarates, in dessen Rahmen die Europäische Raumordnungsministerkonferenz im Mai 1983 eine "Europäische Raumordnungscharta" verabschiedet hat. Sie sollte einen Orientierungsrahmen für eine europäische Raumordnungspolitik abgeben und forderte eine ausgewogene soziale und wirtschaftliche Entwicklung der Regionen. Wenn diese Raumordnungscharta auch nur eine für die Mitgliedstaaten empfehlende Wirkung entfalten konnte, so sollte man doch ihre Wirkung zur Verstärkung ohnehin vorhandener Trends nicht unterschätzen. Es hat seither nicht nur immer wieder fachspezifische Bemühungen gegeben, die im Zielbaum hoch angesetzten Formulierungen der Europäischen Raumordnungscharta in ein operationales Raster zu gießen. Den zunächst inoffiziellen und nunmehr offiziellen Bemühungen der EG um ein raumstrukturelles europäisches Ordnungskonzept hat diese Arbeit des Europarates sicherlich den Weg dahin bereitet, daß man heute auch politisch eine Kompetenz der EG für ein europäisches Raumordnungskonzept gewissermaßen aus der "Natur der Sache" kaum noch streitig macht. In der Mitteilung der Kommission an den Rat und das Europäische Parlament "Europa 2000" wird ein vorläufiger Überblick über die Perspektiven der künftigen Raumordnung der Gemeinschaft gegeben, die Notwendigkeit eines kohärenten Gemeinschaftskonzeptes begründet und für das Jahresende 1991 ein Dokument angekündigt, das entsprechende Strategien enthalten soll. Es gibt auch Vorarbeiten der Raumordnungsbehörden einiger Mitgliedsstaaten, die sich klug genug darauf eingerichtet haben.

Auch in der Bundesrepublik Deutschland macht man sich über die europäische Raumordnung Gedanken. Es fehlt aber bisher an einer offiziellen Einstellung. Zwar nimmt die Bundesrepublik an den Konferenzen der Europäischen Raumordnungsminister zu diesem Thema teil, zwar hat sich auch der Hauptausschuß der Ministerkonferenz für Raumordnung mit dieser Frage befaßt, doch mangelt es an einem spezifischen politischen deutschen Konzept, das die Stellung Deutschlands zu diesem europäischen Gemeinschaftskonzept tragen könnte. So ist es sicherlich dankenswert, wenn die Akademie für Raumforschung und Landesplanung in Zusammenarbeit mit der französischen Delegation à l'Aménagement du Territoire et à l'Action Régionale (DATAR) "Perspektiven einer europäischen Raumordnung" vorgelegt hat, die ihre Wirkung auf die deutsche Haltung im europäischen Raumordnungsprozeß und damit auf diesen Prozeß insgesamt nicht verfehlen werden.

These 6: Der europäischen Raumordnungskonzeption sollte nach der deutschen Erfahrung das Modell der kooperierenden Städte zugrunde gelegt werden

Wenn man die hier angesprochene raumordnerisch/regionalwirtschaftliche Problematik auf einen politisch handhabbaren einheitlichen Nenner zusammenfaßt, so ergeben sich drei große Problemfelder:

- Welche Rolle sollen die großen europäischen Zentren weiter spielen?

- Sollen auch regionale Zentren abseits der großen Zentren erhalten, ausgebaut und gestärkt den?, und
- Wie ist die Zukunft der ländlichen Gebiete?, wobei hier unter ländlichen Gebieten die strukturschwachen, peripheren Regionen zu verstehen sind.

In den verschiedenen Szenarien zur möglichen Entwicklung der europäischen Raumstruktur spielt das Verdichtungsband von London über die Rheinschiene, über Basel bis Mailand und Turin, die sogenannte lothringische Achse oder besser bekannt als die "blaue Banane", ergänzt durch eine zentrale europäische Megalopolis im Dreieck London-Paris-Brüssel und evtl. durch große europäische Nebenmetropolen, eine tragende Rolle.

Die zunehmende Internationalisierung und Globalisierung von Dienstleistungen und der Produktion, die vom Binnenmarkt zu erwartende euro-geografische Verschärfung der Standortkonkurrenzen, die Erfahrung, daß die ökonomische Leitfunktion in der Gesellschaftsentwicklung eine Art von Verselbständigung der Großstadtregionen bewirkt, die sich dadurch immer weniger in das Leitbild des Disparitätenabbaus, der staatlichen Lenkung und in ein Maßnahmengeflecht von Strukturpolitik einbinden lassen, führen zu der Annahme, daß dieses mehr monozentrisch-hierarchisch ausgerichtete Szenario die wahrscheinlich tatsächliche Entwicklung sein wird, wenn der Staat nicht gegensteuert. Diese Gegensteuerung ist notwendig, wenn man das alternative Leitbild der Raumentwicklung anstreben will, wie dies die beiden Präsidenten der Akademien im Vorfeld der Raumordnungsministerkonferenz in Nantes schon im November 1989 getan haben. Hier wird das Modell der kooperierenden Städte, also eine Art polyzentrisches System des Städteverbundes gefordert, das der dezentralisiert-föderalistischen Kontinuität etwa Deutschlands, Italiens und der Benelux-Länder entspricht und geholfen hat, die Tendenz eines Gegensatzes Hauptstadt-Provinz wirksam zu überwinden. Eine Strategie des sozialen Ausgleichs zwischen den Regionen Europas ist nach diesen Erfahrungen am besten über diesen Weg möglich. Die Strategie der kooperierenden Städte umfaßt auch eine Art Neuaufwertung der Verkehrs-infrastruktur, die den organisatorischen und logistischen Anforderungen einer weltweit und arbeitsteilig operierenden Wirtschaft entspricht. Daraus ergibt sich eine Renaissance des Zentren-Achsen-Konzeptes, das den Ausbau der Verkehrswege, der eine notwendige Verbesserung der Erreichbarkeit aller Regionszentren als Knotenpunkte in einem gesamtdeutschen und europäischen Verkehrswegenetz ermöglicht, mit Priorität versehen muß.

These 7: **Das "Raumordnerische Konzept für den Aufbau in den neuen Ländern" der für die Raumordnung zuständigen Bundesministerin kann als ein der Situation gemäßes Raumentwicklungskonzept angesehen werden**

In einem kürzlich vorgestellten "Raumordnerischen Konzept für den Aufbau in den neuen Ländern" bekennt sich die für die Raumordnung zuständige Bundesbauministerin zu dem Konzept der Förderung von Entwicklungsschwerpunkten und -regionen nach dem punkt-axialen Entwicklungsmodell. Diese Strategie ist nicht neu; sie entspricht im wesentlichen auch der Praxis einer Förderung von Entwicklungsschwerpunkten in der Regionalpolitik der alten Bundesrepublik. Neu ist aber, daß diese Schwerpunkte auf insgesamt 12 drastisch reduziert sind. Neu ist auch, daß dieses Konzept, also ein Bundeskonzept, die Schwerpunkte als die Entwicklungsregionen und die sich durch ihre Verknüpfung ergebenden Entwicklungsachsen konkret benennt.

Neu ist schließlich auch die Konsequenz für die "ländlichen Räume", die sich aus dieser Strategie der Konzentration ergibt. Hier steht nun nicht mehr die Schaffung von gewerblichen Arbeitsplätzen, sondern der Ausbau der Infrastruktur zur Sicherung der Funktionsfähigkeit ländlicher Siedlungen über ein Netz auszubauender oder zu schaffender zentraler Orte im Mittelpunkt. Ausdrücklich gesprochen wird von der Vorrangfunktion einer Sicherung des Freiraums insbesondere zum Schutz des Grundwassers, für ökologische Funktionen, für landschaftsgebundene Erholung und den Naturschutz; und gefordert werden schließlich entsprechende Ausgleichszahlungen für die betroffenen Gebietskörperschaften, wenn ihnen Beschränkungen in ihrer Eigenentwicklung auferlegt werden. Dies ist im Kern, wenn auch zum Zwecke der besseren politischen Verdaulichkeit leicht verbrämt, eine Art funktionsräumliches Vorrangkonzept. In ähnlich verbrämter Form findet sich dieses Konzept auch in den "Perspektiven einer europäischen Raumordnung" der deutsch-französischen Arbeitsgruppe. Dort wird auch eine Art Städteverbundmodell zugrunde gelegt, wenn nicht nur die Förderung der Leistungsfähigkeit des wirtschaftlichen Kernbereichs und der bestehenden Entwicklungspole, sondern auch die Schaffung neuer Zentren in den peripheren Regionen vorgeschlagen wird. Und für die ländlichen Gebiete wird zwar auch die Erhaltung und Förderung angemessener Lebensverhältnisse angesprochen, aber auch die wichtige Rolle für den Schutz der natürlichen Ressourcen. Die Forderung nach einem erheblich zu verstärkenden interregionalen Finanzausgleich findet sich hier ebenfalls.

Schließlich haben die Sektionen I und III der Akademie für Raumforschung und Landesplanung im Mai 1991 "Entscheidungshilfen für die Raumplanung bei Nutzungskonflikten unter besonderer Berücksichtigung der fünf neuen Bundesländer" vorgelegt, in denen es u.a. heißt, daß eine regionale Strukturpolitik für die ärmeren ländlichen Räume, wie sie auch von den EG-Strukturfonds mitfinanziert wird, langfristig dem Prinzip der Konzentration der Mittel auf die Schwerpunkte entgegensteht, die den größten Nutzen bringen, so daß die Einbeziehung des gesamten Gebietes der neuen Bundesländer in die Regionalförderung nur als Übergangslösung betrachtet werden solle.

These 8: **Das "Raumordnerische Konzept für den Aufbau in den neuen Bundesländern" sollte zu einem Bundesraumordnungskonzept "Deutschland 2000" weiterentwickelt werden**

Nicht nur wegen der bestehenden und weiter zu erwartenden Knappheit der finanziellen Ressourcen, sondern auch wegen der sich verschärfenden Standortkonkurrenzen, die gleichzeitig eine Verschärfung der Konkurrenzsituation zwischen den Bundesländern bedeuten, sollte die Bundesraumordnung in Deutschland das raumordnerische Konzept der schwerpunktmäßigen Förderung von Entwicklungsräumen im Sinne des Modells der kooperierenden Städte und der Vorrangfunktionen für die ländlichen Räume mit einem entsprechenden interregionalen Finanzausgleich zur Erhaltung angemessener Lebensverhältnisse im Prinzip übernehmen. Die Zahl der betrieblichen Neuansiedlungen hat sich in den vergangenen Jahren in den alten Bundesländern um gut zwei Drittel reduziert (von 600 auf 200 Betriebe jährlich) und dürfte wegen der vermehrten Investitionstätigkeit in den neuen Bundesländern noch weiter zurückgehen. Deshalb ist die Notwendigkeit eines schwerpunktmäßigen Disparitätenausgleiches auf der Basis des endogenen Potentials kaum mehr von der Hand zu weisen. Mit einem solchen Raumordnungsleitbild wäre auch in den zu erwartenden Auseinandersetzungen um eine europäische Raumordnungskonzeption eine klare und verhandlungsfähige deutsche Position gegeben, die nach den bestehenden wirtschaftlichen und politischen Rahmenbedingungen in der Gemeinschaft aussichtsreich sein könnte, wie die gemeinsame Ausarbeitung der deutschen Akademie und der französischen DATAR vermuten läßt.

Ein derartiges Raumordnungskonzept wird denn auch im Prinzip vom Bundesrat in seinem Beschluß zum Bundesraumordnungsbericht 1990 vom 14.12.1990 (BR-Drs. 530/90), von der Ministerkonferenz für Raumordnung (Beschluß vom 28.11.1990) und auch von Gremien der Akademie (Sektion III vom Juli 1990) und in der Wissenschaftlichen Plenarsitzung im Juni 1990 gefordert. Schon wegen der engen zeitlichen Notwendigkeiten sollte dieses Leitbild für die gesamträumliche Entwicklung des Bundesgebietes in zwei Schritten erarbeitet werden. Zunächst ist es wichtig, möglichst schnell einen großflächig und überfachlich angelegten Handlungs- und Orientierungsrahmen zu schaffen, der die gewünschte räumliche Orientierung Europas nach 1992 und die Entwicklungsperspektiven nach der Wiedervereinigung definiert. Hier sollten vor allem die Entwicklungsräume, die Verkehrsbänder und die großflächig zu sichernden Vorranggebiete bezeichnet werden. Dieser Orientierungs- und Handlungsrahmen bedarf sicherlich einer Abstimmung mit den Ländern, sollte aber schon aus Zeitgründen in der Verantwortung des Bundes stehen.

Auf dieser Basis könnte dann ein detaillierteres Raumordnungskonzept "Deutschland 2000" in der Ministerkonferenz für Raumordnung erarbeitet werden. Hierzu sagt die Sektion III der Akademie im Vorschlag "Zur Durchsetzung raumordnerischer Erfordernisse in Deutschland" vom Juni 1991: "Generell geht es dabei um ein bundesweites Raumordnungskonzept. Dieses Konzept sollte vom erforderlichen Raumordnungsbedarf, d.h. von der Lösung derzeitiger und potentieller Raumordnungsprobleme ausgehen und nach Möglichkeit die Landes- und Bundesgrenzen konzeptionell außer acht lassen. Bei der Aufstellung einer derartigen Konzeption sollte eine intensive Vorabstimmung mit den neuen deutschen Bundesländern herbeigeführt werden. Dabei muß schon frühzeitig im Gegenstromverfahren zwischen Staat und kommunaler Selbstverwaltung der Wille der Volksvertretungen mit in den Planungsprozeß einbezogen werden. Die landesplanerischen Ziele sollten auf den Zielen der Gebietskörperschaften aufbauen und diese auf der Grundlage der Leitbilder und Grundsätze der Raumordnung sowie der im landesplanerischen Interesse liegenden Ziele koordinieren. Insbesondere in den ostdeutschen, aber auch in den westdeutschen Bundesländern gilt es dabei, den Planungsüberdruß und den Rationalisierungsdruck auf die öffentliche Verwaltung - unter voller Anwendung des Subsidiaritäts-prinzips - durch einfachere, überschaubarere und in der Notwendigkeit nachvollziehbarere Planungsverfahren abzubauen."

Natürlich schlagen die durch den europäischen Einigungsprozeß und die deutsche Einheit veränderten Rahmenbedingungen auch auf die Landesplanung durch. So bekommen die Landesentwicklungsprogramme durch die neuen Schwerpunktbildungen im europäischen Raum in ihren Zielbereichen Zentralität und Achsen neue Aktualität. Auch die ökologische Vorrangsicherung bedarf zunehmender Institutionalisierung, die Einbindung von Umweltökonomie und Umweltleitplanung ist ungelöst, die Regionalisierung der Strukturpolitik und damit auch die Neuorientierung der Regionalplanung stehen dringend an. Die Erkenntnisse von der Notwendigkeit einer flexiblen, prozessual angelegten Raumordnungspolitik sind noch nicht instrumentalisiert. Wenn man alle Handlungsbedarfe für die Landes- und Regionalplanung aufsummiert, wie sie etwa in der wissenschaftlichen Plenarsitzung der Akademie im Juni 1990 aufgelistet worden sind, dann kommt man sicherlich an der Feststellung nicht vorbei, daß auch die Landesplanung eine umfassende Neuorientierung nach Zielen, Methoden und Instrumenten vornehmen muß.

These 9: **Es ist notwendig, auf der Grundlage eines deutschen Raumordnungskonzeptes das Verhältnis der deutschen zur europäischen Regionalpolitik neu zu bestimmen**

Ein Raumordnungskonzept "Deutschland 2000" könnte auch die dringend erforderliche Grundlage für eine Neupositionierung der deutschen "Gemeinschaftsaufgabe zur Verbesserung der regionalen Wirtschaftsstruktur" im Verhältnis zur Regionalpolitik der EG schaffen.

Die EG-Regionalpolitik ist mit ihrem Ausbau seit 1975 immer zentralistischer geworden. Sie wurde von der EG-Kommission seitdem aus der Rolle des subsidiären Mitfinanzierens herausgeführt und hat einen immer größeren Raum zur inhaltlichen Mitwirkung und Koordination erhalten. Eine zentralistische Regionalpolitik trifft aber auf die empirisch belegten Vorbehalte, daß basisferne Planungen und großflächige, zentralformulierte Programme den kleinräumigen raum- und siedlungsstrukturellen Differenzen nicht gerecht werden und deswegen an ihre Handlungsgrenzen und auf Probleme der Akzeptanz und Legitimation stoßen. Deswegen wird in einer Art Gegenströmung die Zentralisierungs- von einer Dezentralisierungstendenz mit einer Erweiterung der Mitwirkungsmöglichkeiten der "regional" Betroffenen begleitet. Diese Entwicklung wird gerade aus dem europäischen Bereich noch ideell aufgewertet, weil man hier in den bisher eigentlich nur idealtypisch definierten Regionen ("Europa der Regionen") besonders kulturnahe Institutionen mit einem entsprechenden autonomen Auftrag sieht. Deswegen sollte die zukünftige EG-Regionalpolitik föderalistisch und subsidiär angelegt sein. Das Initiativ- und Gestaltungsrecht sowie die Verantwortung für regionalpolitische Maßnahmen sollten also bei den Mitgliedsstaaten und ihren Gebietskörperschaften liegen. Darüber hinaus wäre denkbar, daß der Strukturfonds nur auf die Staaten konzentriert wird, die einen besonders hohen Anteil an strukturschwachen Regionen aufweisen, also im Sinne der Erreichung des Konvergenzzieles besonders hilfsbedürftig sind. Einzelne extrem schwache Regionen in sonst wirtschaftsstarken Mitgliedsstaaten könnten dann von diesen allein unterstützt werden.

Freilich setzt eine solche, nach dem Subsidiaritätsprinzip klar definierte Rolle der EG im Bereich der Regionalpolitik voraus, daß die deutsche regionale Planung und Politik aus der gegenwärtigen Umbruchsituation herausfinden. Die Regionalplanung hat sich als Planungsebene in der Vergangenheit sicherlich als besonders wirkungsvoll erwiesen. Hier konnte sich im Gegenstromverfahren die Notwendigkeit einer Beteiligung der kommunalen Planungsadressaten bewähren. So hat die Regionalplanung vor allem in den 70er Jahren wesentliche Grundlagen dafür geschaffen, daß Raumordnung und Landesplanung vor Ort tatsächlich wirksam wurden. Mit ihr wurden die zentralen Planungsgrundsätze entfaltet, mit den regionalen Planungsvorstellungen der Kommunen verknüpft und die Landesplanung damit in operationale Dimensionen gebracht.

Seitdem diese Regionalpläne flächendeckend vorliegen, wird auch diese Planungsebene in die Diskussion um den "Bedeutungsverlust" der Raumordnung miteinbezogen. Doch hat diese Diskussion einen anderen Hintergrund: Es zeigt sich seit einiger Zeit zunehmend, daß die Ebene der "Region" besonders geeignet ist, die verschiedenen raumwirksamen Trends zu bündeln. Hier sind vor allem die sozio-ökonomischen Änderungen am ehesten nachvollziehbar, die sich aus wirtschaftlichen, landwirtschaftlichen, demographischen und kommunikativen Umstrukturierungen ergeben. Diese Auswirkungen werden heute nicht nur gesamtwirtschaftlich, sondern zunehmend auch regionalwirtschaftlich diskutiert und führen schon seit längerem gerade im EG-Rahmen zu einem internationalen Regionenvergleich. Auf regionaler Basis spielen sich aber auch die praktischen Bestrebungen um den Umweltschutz sowie die Freiraum- und Ressourcensicherung ab. Gerade in der jüngeren Vergangenheit wird versucht, die Ökologisierung der Fachplanung zusammenzuführen. Die Zahl der regionalen Pläne sowie Ver- und Entsorgungskonzepte (z.B. Energieversorgungskonzepte, Abwasserentsorgungskonzepte, Abfallbeseitigungskonzepte, Landschaftspläne) nimmt ständig zu. Hier schlägt sich die Erkenntnis nieder, daß großflächige, integrierte Entwicklungsplanung schon technisch, aber auch politisch nicht handhabbar ist. So zieht sich die Landesplanung als übergreifende Ordnungsplanung weitgehend auf wichtige Kernbereiche zurück und überläßt die mehr projektorientierte Lösung raumplanerischer Probleme stärker der regional-räumlichen Nahentscheidung. Damit hat sich der Aufgabenbereich der Regionalplanung um die kritische Auseinandersetzung mit Fachplanungen, projektbezogenen Entwicklungskonzepten, Regionalisierung und Ökologisierung der Fachplanungen im Sinne einer kooperativen Koordinierungsfunktion, um die aktive Wahrnehmung einer regionalen Sanierungs- und Gestaltungsfunktion erweitert. Diese Entwicklung wird durch die Einführung des räumlich-projektbezogenen Raumordnungsverfahrens und der Zuordnung der Umweltverträglichkeitsprüfung zu diesem Verfahren noch nachhaltig gefördert.

Die Regionalplaner konkurrieren bei diesem Aufgabenwechsel mit dem machtvollen Management der Großstädte, mit regionalisierten Fachplanungen, mit Regionalkonferenzen und seit einiger Zeit zunehmend mit öffentlich-privat organisierten Entwicklungsagenturen. Es hat sich nämlich gezeigt, daß an die Stelle autoritativer Umsetzung basisferner Planungen die konkrete Vernetzung von Projekten vor dem Hintergrund einer flexiblen planerischen Rahmenvorstellung getreten ist, eine Art von "perspektivischem Inkrementalismus". Projektbezogenes Konfliktmanagement wird am besten in einem interaktiven Planungsprozeß bewältigt, es entsteht ein Konsensbildungsprozeß zwischen öffentlichen Planungsträgern und privaten Planungsadressaten. Derartige Möglichkeiten eines kooperativen Verwaltungshandelns in der Form einer Öffnung der regionalen Planungsträger zu den gesellschaftlichen Akteuren bei einer fortschreitenden Entbürokratisierung des Operationsmodus werden gelegentlich erörtert. Es gibt aber noch keine anwendungsbezogenen Vorstellungen, schon gar nicht zu reden von einem Konsens für eine Weiterentwicklung der Regionalplanung zu einer projektbezogenen kommunikativen Planungsform. Wenn es sich also bestätigt, daß in absehbarer Zeit der derzeitige Reformzyklus in der Bundesrepublik eine solche Weiterentwicklung nicht zuläßt, auch weil das vorhandene politisch-organisatorische Durchsetzungspotential mit den Problemen der europäischen und der deutschen Einigung bereits über die Maßen strapaziert ist, dürften sich die öffentlich-privaten regionalen Entwicklungsagenturen mit unbürokratischen Managementmethoden und Marketingstrategien sicherlich als Ausweichformen zur Bewältigung einer von der Gesellschaft gestellten Aufgabe weiter vermehren.

These 10: Die deutsche Regionalpolitik bedarf einer Weiterentwicklung zur Förderung des endogenen regionsspezifischen Entwicklungspotentials

Der zweite wichtige Aspekt im Bereich der deutschen Regionalpolitik ergibt sich aus der Weiterentwicklung der regionalen Wirtschaftsstrukturpolitik. Diese Art der Raumentwicklungspolitik wird in Deutschland traditionell mit einem mehr quantitativ-interventionistischen Förderungsansatz betrieben, indem sie von quantitativ ausformulierten Ziel-Mittel-Vorstellungen ausgeht und diese über selektive Interventionen steuert. Das bedeutet also eine Festlegung von Fördergebieten und Bestimmung von Förderansatzpunkten und -intensitäten. Dagegen richtet sich seit einigen Jahren zunehmend die Kritik. Man macht vor allem geltend, daß die traditionelle

Förderstrategie sich an alle Investoren schlechthin wendet, während doch das Potential mobiler Betriebe unter den veränderten wirtschaftlichen Rahmenbedingungen geringer geworden ist und es somit mehr auf eine innovationsorientierte Förderstrategie ankommt, auf die Aktivierung des "endogenen" Entwicklungspotentials der jeweiligen Region. Die Kritik, die sich auch mit den angewandten Diagnose- und Auswahlverfahren, mit dem Instrumenteneinsatz und der Organisation der Regionalförderung befaßt, ist nicht ohne Wirkung geblieben. Die Regeln des Rahmenplans der Gemeinschaftsaufgabe zur Verbesserung der Regionalstruktur werden aktualisiert, das Schwerpunktorte-Prinzip wird überprüft und den Regionen in den neuen Ländern empfohlen, "Regionale Entwicklungskonzepte" unter besonderer Berücksichtigung des Eigenentwicklungspotentials aufzustellen. Diese Arbeiten werden zur Zeit ausgewertet. Die Bundesregierung hat den neuen Bundesländern darüber hinaus empfohlen, regionale Aufbaustäbe einzurichten, die das pragmatische Zusammenwirken aller öffentlichen Stellen und gesellschaftlichen Gruppen ermöglichen.

In der Diskussion um die Neuorientierung der Regionalpolitik spielt der Begriff der endogenen, eigenständigen Regionalentwicklung eine zentrale Rolle. Schon 1983 hat der Beirat für Raumordnung eine Empfehlung für eine selbstverantwortete regionale Entwicklung im Rahmen der Raumordnung gegeben. In einer weiteren Empfehlung des Beirats im Jahr 1990 zu den Perspektiven für die Entwicklung ländlicher Räume taucht die integrierte Regionalentwicklung unter Bezugnahme auf Arbeiten der EG-Kommission aus dem Jahr 1975 wieder auf: "Die Förderung des ländlichen Raumes muß grundsätzlich von einem alle Sektoren umfassenden Ansatz ausgehen, auf den endogenen Potentialen der Teilräume basieren, alle Entwicklungsimpulse unterstützen und versuchen, mögliche Beiträge verschiedener Fachpolitiken zusammenzuführen und bei der Planung und Programmbearbeitung abzustimmen (Konzept der integrierten Regionalentwicklung)". Noch kürzlich haben dies auch die Kommunalen Spitzenverbände und der Deutsche Gewerkschaftsbund gefordert.

Nun gibt es auch einige innovatorische Impulse in dieser Richtung, etwa aus der Arbeit der EG sowie aus österreichischen und schweizerischen Beispielen. Auch in der Bundesrepublik findet man Ansätze, etwa im "Ländlichen Regionalprogramm" in Hessen (1984 eingeführt, 1987 wieder aufgegeben), im "Strukturprogramm Ländlicher Raum" von Baden-Württemberg, in den Regionalkonferenzen in Nordrhein-Westfalen im Rahmen der "Zukunftsinitiative für die Regionen Nordrhein-Westfalens" oder auch im bayerischen Instrument der sogenannten "Inselgutachten". Es gibt aber bis heute kein geschlossenes Konzept der endogenen, eigenständigen und integrierten Regionalentwicklung. Auch fehlt es an operationalen Entwicklungskonzepten und Organisationsvorschlägen, die allgemein akzeptiert wären. In einem 1984 erschienenen Band der Arbeitsmaterialien der Akademie für Raumforschung und Landesplanung werden die Modelle der "autozentrierten Regionalentwicklung" als zusätzliche Strategie dargestellt, aber darauf hingewiesen, daß alle wichtigen Fragen noch ungeklärt seien: Das Defizit reichte vom Regionalbegriff über die kommunale Verankerung dezentraler Strategien, die Weiterführung der Raumentwicklungspolitik für Teilräume im Rahmen einer endogen-orientierten zentralistischen Strategie bis hin zu den Theoriedefiziten bei querschnittorientierten Ansätzen einer zu stark sektoral orientierten regionalen Diskussion.

An diesem Stand der Diskussion hat sich bis heute kaum etwas geändert. Eine damals (1984) angekündigte Arbeit zum Thema "Regionentypisierung als Grundlage von Entwicklungsstrategien" ist vor kurzem als Beitrag 113 der Akademie unter dem Titel "Räumliche Typisierung für die Raumentwicklungspolitik" erschienen und macht deutlich, daß die Theorie der eigenständigen Regionalentwicklung seitdem keine wesentlichen Fortschritte gemacht hat.

Es gibt heute im Bereich der deutschen Raumentwicklungspolitik mehr Fragen zu den Konflikten zwischen der räumlichen Individualisierung und der Typisierung, zwischen den typenspezifischen Siedlungsstrukturkonzepten und der Förderung intraregionaler Potentiale als Antworten. Nicht zuletzt durch die Anstöße aus der europäischen Perspektive und verstärkt durch die krisenhaften Anforderungen aus den neuen Bundesländern befinden sich Raumentwicklungspolitik und Regionalförderung in Deutschland zwar im Umbruch, es ist aber noch kein Ende dieses Zustands abzusehen. Das gilt nicht zuletzt auch für den in der europäischen Diktion zentralen Begriff der "Region", der durch den bestehenden Synkretismus eigentlich inhaltsleer ist und nichts anderes bezeichnet als eine kleinräumigere Zwischenebene. In der sich verschärfenden Spannung zwischen Zentralisierung und Dezentralisierung wird diese räumliche Beziehung gerade unter europäischen Perspektiven eine entscheidende Rolle spielen. Es ist aber kaum zu erwarten, daß die deutsche Raumentwicklungspolitik unter dem Druck der im Wege des Krisenmanagements zu bewältigenden raumwirtschaftlichen Situation der deutschen Einheit Zeit und Kraft für eine schnelle Lösung dieser Probleme finden wird. Krisenmanagement löst kurzfristig aktuelle, drängende Probleme. Die Übereinstimmung dieser Lösungen mit langfristigen Planungsnotwendigkeiten ist dabei eher zufällig.

An dem z.Zt. im Bundestag beratenen Entwurf eines "Verkehrswegeplanungsbeschleunigungs-Gesetzes" zeigt sich dies deutlich. Hier soll das über das Medium der Umweltverträglichkeitsprüfung im Fachplanungsverfahren endlich bedeutsam gewordene regionale Koordinierungsinstrument des Raumordnungsverfahrens aus Gründen der Verkürzung des Planungsverfahrens zur Zeitersparnis wieder abgeschafft werden. Dies wäre für die Raumordnung ein erheblicher Schritt nach rückwärts, der um so bedauerlicher wäre, weil er zudem im Sinne des Gesetzes noch kontraproduktiv wirken müßte. Unterbleibt nämlich eine frühzeitige Abstimmung der bei der Verkehrswegeplanung zu berücksichtigenden fachlichen Interessen, müssen dann im Planfeststellungsverfahren bereits verfestigte fachliche Gegensätze mit bedeutend höherem zeitlichen und personellen Aufwand ausgeglichen werden.

So wird die Bundesrepublik Deutschland in die - im Rahmen der Auseinandersetzung um eine raumordnungspolitische Strategiekonzeption für das Europa 2000 - notwendige Diskussion auch der europäischen Raumentwicklungspolitik kaum eine stabile eigene Position einbringen können. Um so wichtiger wird es, bei den grundsätzlichen raum- und siedlungsstrukturellen Weichenstellungen durch dieses Europäische Raumordnungskonzept mitzuwirken und eine raumordnungspolitische Konzeption einzubringen.

These 11: Die infolge der veränderten geopolitischen Rahmenbedingungen unaufhaltsame Entwicklung der Region Berlin zur internationalen Metropole darf den überkommenen deutschen Städteverbund nicht in Frage stellen

Ein Raumordnungskonzept Deutschland 2000 wird sicherlich auch deswegen erforderlich, weil wir uns darüber klar werden müssen, welche Rolle die Metropole Berlin in Zukunft in der deutschen Raum- und Siedlungsstruktur spielen soll. Berlin ist durch die Öffnung der mittel- und osteuropäischen Grenzen nicht nur aus seiner bisherigen peripheren Isolation herausgetreten. Berlin wird vielmehr in Zukunft im "Europäischen Haus" eine zentrale geo-politische und geoökonomische Position einnehmen, die dieser Stadt den Rang einer internationalen Metropole verschaffen wird. Sicherlich lehrt uns die Erfahrung, daß ein sozio-ökonomisches Gravitationszentrum dieses Ausmaßes durch staatliche Intervention nicht heruntergesteuert werden kann.

Dennoch kann dieser Prozeß durch politisch-planerische Maßnahmen im Verhältnis zur Entwicklung der gesamten Raumstruktur geordnet werden. So entsteht die Frage, ob mit Berlin als Hauptstadt eine in Deutschland nachgeholte Metropolenentwicklung zu Lasten der übrigen großen Städte etwa durch Verlagerung von zentralen Behörden (wie z.B. die Bundesbank) zusätzlich und bewußt gefördert oder aber im Gegenteil zugunsten der bestehenden Städte gebremst werden soll. Hier ist also die Frage der Polarität "Weltmetropole oder Städteverbund" oder "monozentrisch-hierarchische versus polyzentrisch-kooperierende Städtestruktur" mit all ihren Folgen für die deutsche Raum- und Siedlungsstruktur und sicherlich auch für die Sozialstruktur (Polarisierung der Einkommensstruktur) aufgeworfen.

Diese Frage wird streitig diskutiert, von der Mehrheitsmeinung wohl im Sinne der überkommenen deutschen Siedlungsstruktur, also einer polyzentralen räumlichen Struktur beantwortet, die sich in der Vergangenheit als sehr flexibel gegenüber den enormen Anforderungen der Strukturwandlungsprozesse erwiesen hat. Eine Raumordnungskonzeption Deutschland 2000 muß hier für die staatliche und damit im Rahmen des Möglichen auch für die privatwirtschaftliche Raumentwicklungspolitik und schließlich auch für die europäische Entwicklung Signale setzen.

Von Bedeutung für die weitere Entwicklung Berlins wird auch die Organisation dieses Raumes sein. Hier sind Lösungen für vier Bereiche zu finden: den engeren Bereich des Parlaments- und Regierungsviertels, die Einbindung dieser Funktionen in die Gesamtstadtentwicklung, darüber hinaus die Stadt-Umland-Problematik einer Zusammenarbeit zwischen Stadt und Land Berlin, mit dem Land Brandenburg, 8 Landkreisen und mehr als 400 Gemeinden und schließlich die ebenfalls Landesgrenzen überschreitende regionale Zusammenarbeit. Je nachdem, ob hier eine stärker zentralisierende Organisationsform gefunden oder ob etwa ein organisatorisches Netzwerk geschaffen wird, dürfte dies auch Auswirkungen auf die räumliche Gesamtstruktur der Bundesrepublik entfalten.

These 12: Die deutsche und die europäische Raumordnungspolitik müssen sich längerfristig auf die Notwendigkeiten einer räumlichen Ordnung im "Europäischen Haus" einstellen

Zwei für die Entwicklung der deutschen Raumordnungspolitik auf längere Frist sicherlich sehr bedeutsame Fragenkomplexe können hier eigentlich nur der Vollständigkeit halber angedeutet werden. Die Entwicklung liegt noch allzusehr im Bereich des Spekulativen. Es handelt sich um das "Europäische Haus" und um das "Europa der Regionen".

Nach der Öffnung der mittel- und osteuropäischen Grenzen und nach dem Kollaps der RGW-Staaten eröffnen sich für die gesamteuropäische Entwicklung neue Perspektiven, verbunden noch mit vielen Unsicherheiten. Die gesamtdeutsche und die EG-Problematik der regionalen Disparitäten erhalten durch die enormen Ungleichgewichte zwischen der Wirtschaftskraft West- und Osteuropas neue Dimensionen. Drei Viertel der Europäer leben in Westeuropa und produzieren über 92 % des europäischen Sozialprodukts. Alle osteuropäischen Länder liegen im unteren Drittel der Einkommensskala. Die Sowjetunion ist bei diesen Zahlenvergleichen ausgenommen, weil noch nicht klar ist, welche Republiken sich am Ende des Unabhängigkeitsprozesses mehr nach Europa oder nach Asien orientieren werden. Ihre Einbeziehung würde aber das Disparitätenproblem nochmals verschärfen, weil auch dieses Land ein riesiges Wirtschaftsgefälle zwischen den einzelnen Republiken ausweist. Die Herstellung annähernd wertgleicher Lebensverhältnisse ist auch in diesem Raum wegen der notwendigen politisch-sozialen Stabilisierung nötig, und wenn man an die Wanderungsbewegungen mit ihren demographischen und sozialen Destabilisierungswirkungen denkt, auch für Gesamteuropa. Doch wird dieser Prozeß des Disparitätenausgleichs sicherlich Jahrzehnte in Anspruch nehmen. Trotzdem muß man sehen, daß sich bereits in einem fließenden Prozeß Staatengruppen in Mittel- und Osteuropa bilden, die gemeinsame Interessen verfolgen. Es wird deswegen notwendig, wenigstens einen Rahmen für ein europaweites Raumordnungsgefüge zu erarbeiten und abzustimmen, wie dies in einem Versuch in der gemeinsamen Arbeit von Akademie und DATAR enthalten ist.

These 13: **Es läßt sich zur Zeit noch nicht erkennen, welche räumlich-organisatorischen Auswirkungen die Verwirklichung des "Europa der Regionen" in der Bundesrepublik Deutschland haben wird**

Auch die deutsche Antwort auf die Frage nach dem "Europa der Regionen" steht noch aus. Im Februar 1984 hat das Europäische Parlament den Entwurf eines Vertrages der Europäischen Union beschlossen und im November 1988 dazu die "Gemeinschaftscharta der Regionalisierung" vorgelegt. Zum ersten Mal wird damit von einer EG-europäischen Institution das Problem der Zentralisierung mit dem der Regionalisierung gedanklich verknüpft.

In Art. 1 der Gemeinschaftscharta heißt es u.a.:

"1. Im Sinne dieser Charta versteht man unter Region ein Gebiet, das aus geographischer Sicht eine deutliche Einheit bildet oder aber einen gleichartigen Komplex von Gebieten, die ein in sich geschlossenes Gefüge darstellen und deren Bevölkerung durch bestimmte gemeinsame Elemente gekennzeichnet ist, die die daraus resultierenden Eigenheiten bewahren und weiterentwickeln möchte, um den kulturellen, sozialen und wirtschaftlichen Fortschritt voranzutreiben."

Der Hintergrund dieser "Europafähigkeit durch Regionalisierung" ist nicht zuletzt in der Auffassung begründet, daß kollektive europäische Identität nur unter Einbeziehung einer dezentralisierten regionalen Ebene möglich sei. Weiterhin wird hier ein Gegentrend zur fortschreitenden Internationalisierung der Wirtschaft und zur Globalisierung der Lebensformen gesehen, ein Gegentrend, der nach Überschaubarkeit, Identifikation, Heimat verlangt. Als Gegensteuerung gegen die Gefahr der "Konzern-Nationen als neue Träger des europäischen Regionalismus" werden "Regionen" als kulturnah definiert, während weder die europäischen Institutionen noch die Staaten Kultur echt zum Tragen bringen könnten, sondern sie eigentlich nur zu ihrem Objekt machen würden. Nach dem Prinzip der Subsidiarität als einem sozialen Ordnungsprinzip müsse die Kultur als Potenz der regionalen Ebene auf das Geschehen der Staaten und supranationalen Institutionen einwirken. Schließlich schlägt hier noch die Erkenntnis durch, daß großflächige, zentralstaatlich formulierte und gesteuerte Programme nicht zielgenau wirken, regional unterschiedliche Befindlichkeiten und die regionale Initiative vernachlässigen. So wird die "Region" als eine zwischen Staat und Kommune bestehende autonome Zwischenebene angesehen.

In der Bundesrepublik Deutschland haben jetzt die Bundesländer diese autonome Regional-
ebene für sich reklamiert. Die alten Bundesländer fühlen sich bei der Mitwirkung an den EG-
Entscheidungen übergangen und sehen damit ihre Entscheidungskompetenz geschmälert, während sie im Vollzugsbereich zusätzlich belastet werden. Sie verstehen unter einer "Region" nur
eine Gebietskörperschaft mit einem Mindestmaß an eigenen Befugnissen im Bereich von
Gesetzgebung und Verwaltung, wie dies der Bundesrat 1989 erklärt hat (BR-Drs. 279/89). Auf
Initiative Bayerns fand eine erste Konferenz "Europa der Regionen" im Oktober 1989 in München
statt, die dann im April 1990 in Brüssel fortgesetzt wurde. Die hier vertretenen Länder, Provinzen,
Autonomen Gemeinschaften u. dgl. fordern massive Initiativ- und Mitwirkungsrechte an den
Entscheidungen der EG, z.B. die Einrichtung eines mitberatenden Regionalgremiums. Nach
derzeitiger Einschätzung haben sie damit z.Zt. kaum Aussicht auf Erfolg.

Wie wird also der Weg des "Europa der Regionen" weitergehen? In Deutschland muß man
berücksichtigen, daß die Länder Staaten sind, sich also mit dem Bund in die Staatlichkeit teilen.
Ihre Mitwirkungsrechte im europäischen Einigungsprozeß zu sichern, ist damit mehr ein Problem
des deutschen Föderalismus. Hierzu gibt es auch den Versuch von Lösungsansätzen (vgl. BT-Drs.
11/7391 vom 13.6.1990 und die BT-Drs. 12/549 vom 16.5.1991 oder auch die durch die Länder
am 1.3.1991 eingesetzte Verfassungskommission). Zudem geht die deutsche Föderalismusfor-
schung davon aus, daß sich der bundesdeutsche Föderalismus in einer Umbruchphase befindet,
deren Ergebnis sich heute noch nicht bestimmen läßt und genausogut in einer Verstärkung der
Zentralisierungserscheinungen wie in einer Erweiterung der landespolitischen Spielräume liegen
kann. In diesem Zusammenhang wird auch die raumordnungspolitisch hochbedeutsame Frage
einer Neugliederung der Bundesländer oder wenigstens einer Verstärkung der die Ländergrenzen
überschreitenden Kooperation angesprochen.

Noch weniger als die deutsche läßt sich heute die föderalstaatliche Entwicklung in Europa
bestimmen. Man kann z.Zt. wohl kaum von einer Föderalisierung der europäischen Nationalstaaten sprechen, doch lassen sich signifikante Föderalisierungserscheinungen in einigen westeuropäischen Staaten erkennen. Am wahrscheinlichsten erscheint deswegen heute die Durchsetzung
eines auf die Verhältnisse in den einzelnen Nationalstaaten eingehenden flexiblen Drei-Ebenen-
Modells im Bereich der Europäischen Gemeinschaft. Von daher würden also kaum zusätzliche
Impulse für die Weiterentwicklung des deutschen Regionalismus zu erwarten sein. Man muß diese
Ebene des "Europa der Regionen" begrifflich von den Regionen unterscheiden, bei denen es um
die Operationalisierung der regionalen Strukturpolitik geht. Da die einzelnen europäischen
Staaten in diesem Bereich völlig unterschiedlich strukturiert sind, hat die EG-Kommission als
Arbeitsgrundlage für eine Operationalisierung der europäischen Regionalpolitik die "Nomencla-
tur des Unités Territorials Statistiques (NUTS)" eingeführt, was freilich zu vielerlei kritischen
Bemerkungen geführt hat. Hier treffen sich also die Notwendigkeiten einer sachgerechten
Gebietsabgrenzung mit denen der Weiterentwicklung der Regionalplanung nach Inhalt, Metho-
den, Instrumenten und Gebietsabgrenzung, wie sie oben dargestellt wurden. Ob diese "regionale"
Ebene als Verbandsmodell (z.B. zusammengeführt mit einer demokratisierten staatlichen
Mittelinstanz), als Regionalkreis (mit allen Implikationen für eine nochmalige kommunale
Gebietsreform) oder schließlich als flexible, neben der öffentlichen Regelorganisation bestehende
und diese ergänzende Netzwerkorganisation oder in welcher Form auch immer ausgestaltet wird,
das läßt sich im Augenblick noch nicht absehen. Die tatsächliche Entwicklung scheint z.Zt. in
Richtung einer ergänzenden, flexiblen, regionsspezifisch und prozessual angelegten Netzwerkor-
ganisation zu gehen. Es steht zu vermuten, daß die europäische und die deutsche Einigung diesen
Organisationsprozeß antreiben werden.

REIMUT JOCHIMSEN

Finanz- und wirtschaftspolitische Rahmenbedingungen der europäischen Integration und ihrer räumlichen Entwicklung

I.

Der Prozeß der europäischen Integration hat seit den Anfängen der Europäischen Gemeinschaft vor 40 Jahren enorme Fortschritte gemacht. Das Geflecht der wirtschaftlichen und politischen Beziehungen zwischen den Mitgliedstaaten scheint mittlerweile schon so eng, daß es die immer noch bestehenden Grenzen im Gemeinsamen Markt fast vergessen läßt. Mit dem für Anfang 1993 vorgesehenen Start des einheitlichen Binnenmarktes, in dem die physischen, technischen und fiskalischen Grenzen im Innern beseitigt werden und in dem sich Personen, Waren, Dienstleistungen und Kapital frei bewegen können, wird sich der Grad der Verbundenheit und wechselseitigen Verflechtung nochmals erhöhen; denn in diesem Raum ohne Grenzen wird der Wettbewerb durch die Zusammenarbeit der Staaten und die Gemeinschaftspolitik in wichtigen wirtschafts- und umweltpolitischen Feldern ergänzt werden und der wirtschaftliche und soziale Zusammenhalt der Gemeinschaft (Kohäsion) im Sinne einer Chancengleichheit der Mitgliedsstaaten und Regionen gestärkt.

Die Entscheidung des Europäischen Rates, den Integrationsprozeß über den Binnenmarkt 1992 hinaus durch eine Wirtschafts- und Währungsunion und eine Politische Union voranzutreiben, erscheint vor diesem Hintergrund als logische Konsequenz jener Dynamik, die sich vor allem im Hinblick auf alternative historische Versuche als so außerordentlich erfolgreich erwiesen hat. Das gilt für die Europäische Freihandelszone, deren "raison d´être" (als Gegenmodell) sich inzwischen erschöpft hat. Noch viel stärker trifft es seit neuestem auf den endgültig und ohne Rest zerfallenen Rat für gegenseitige Wirtschaftshilfe der kommunistischen Zentralverwaltungswirtschaften zu; beides Vorgänge, die die gesamteuropäische Landkarte vollständig verändert haben. Ihre neue Struktur und deren Wirkungsgefüge kann heute weder europa- und weltpolitisch noch raumwirtschaftsbezogen schon endgültig eingeschätzt werden.

Die neuen Herausforderungen bedeuten für die EG ein "mixed blessing", weil die gleichzeitigen Herausforderungen einer weiteren Vertiefung der Integration und einer raschen Erweiterung ihres Geltungsraumes nicht ohne sehr erhebliche Risiken (nämlich des Verlustes der Finalität oder der Identität oder im schlimmsten Fall beides, ganz zu schweigen von den Gefahren für die Demokratie und Kultur in ganz Europa) gleichzeitig erreichbar und lösbar erscheinen.

Die vertraglichen Grundlagen sowohl für die Wirtschafts- und Währungsunion als auch für die Politische Union werden seit Jahresbeginn auf zwei parallel arbeitenden Regierungskonferenzen entworfen. Zum Jahresende, also in kaum mehr zwei Monaten, sollen die Vertragsentwürfe fertiggestellt und unterschrieben sowie bis Ende 1992 von den Parlamenten der zwölf Mitgliedstaaten der Europäischen Gemeinschaft ratifiziert sein, d.h. noch bevor der einheitliche Binnenmarkt Anfang 1993 Wirklichkeit und danach die neue Runde der Mitgliedschaftserweiterung der EG eingeleitet wird.

II.

Aus ökonomischer Sicht drängt sich der Schluß, jetzt zu entscheiden, freilich keineswegs so zwingend und so drängend auf. Auch ohne den supranationalen Überbau einer Wirtschafts- und Währungsunion funktionieren die bestehenden Mechanismen der Kooperation alles in allem offenbar schon jetzt ganz gut. Es ist allerdings auch zu sehen, daß sich das Europäische Währungssystem als Schönwetterveranstaltung ohne klare Stabilitätsorientierung zugunsten der inneren Geldwerterhaltung, der wirtschaftliche und finanzielle Binnenmarkt ohne gewisse, auch makroökonomische Stabilisierungspolitik im Bereich der Währungs-, Wirtschafts- und Finanz- politik und die politische Struktur der Gemeinschaft ohne die Finalität eines auf demokratische, föderale und regionale Berufung hin angelegten, nach dem Subsidiaritäts- und dem Solidarprinzip effizient aufgebauten Gemeinwesens und ohne gemeinsame Außen- und Sicherheitspolitik sowie ohne gemeinsame Innen- und Justizpolitik für die Zuwanderung von außen als anfällig und labil bei allfälligen Wechselfällen und äußeren Schocks erweisen kann.

Der stabilitätspolitische Anpassungsdruck, der über den Wechselkursmechanismus bisher durch die straffe deutsche Geldpolitik von der Ankerwährung D-Mark ausgeht, ist von einigen Partnern stets kritisiert worden. Ihre Präferenzen gelten erklärtermaßen einem anderen System, in dem die als zu dominant betrachtete D-Mark (Stichwort: "DM-Hegemonie") gleichsam ins Glied zurückgenommen wird. In der Sache geht es dabei, um keine Mißverständnisse aufkommen zu lassen, ganz gezielt um eine Teilhabe an der Formulierung des bislang wesentlich von der deutschen Seite vorgegebenen Stabilitätsstandards, auch um ihre Einbettung in ein weniger einseitiges monetäres Zielraster.

Innerhalb der geplanten Europäischen Wirtschafts- und Währungsunion wäre eine solche Beteiligung gewährleistet. Nicht ausgemacht ist freilich, daß die Vergemeinschaftung der Geldpolitik mindestens gleich gute Stabilitätsergebnisse garantierte wie bislang. Hier ist eher Skepsis angezeigt. Gesichert ist ebensowenig, daß die gesamten Nettoerträge einer Wirtschafts- und Währungsunion positiv ausfielen, zumindest für einen durchaus längeren Zeitraum nicht.

Die EG-Kommission gelangt in ihrer Studie "Ein Markt, eine Währung", in der sie den potentiellen Nutzen und die Kosten der Errichtung einer Wirtschafts- und Währungsunion untersucht, zwar zu einem eindeutig positiven Urteil. Theorien der optimalen Währungsregionen - ein Feld der Währungstheorie im Zusammenhang mit Regimen flexibler bzw. fester Wechsel- kurse - wurden dabei allerdings nicht bemüht. Das Ergebnis beruht ganz wesentlich darauf, daß bei der komparativ-statischen Analyse der Idealzustand des vollendeten Systems im Vordergrund steht, während die erheblichen Probleme des Übergangs und der hier in jedem Moment zu sichernden Glaubwürdigkeit, Funktionsfähigkeit und Effizienz der bereits gemeinsamen bzw. der noch nationalen Währungs- und Geldpolitik vernachlässigt werden. Dem vielfach überschätzten Nutzen, etwa hinsichtlich der Einsparung von Transaktionskosten, müssen jedoch gerade auch die Kosten der Einführung und Umsetzung der Vergemeinschaftung der nationalen Geldpolitik sowie der Umgestaltung des nationalen Kreditwesens gegenübergestellt werden; ein Vorgang, der Zeichen eines gewaltigen, kollektiven Experiments aufweist, das keineswegs bloß legislatorisch oder institutionell vollzogen werden kann, sondern von den Bürgern und Märkten angenommen bzw. von diesen erst aufgebaut und vollzogen werden muß. Der Fortfall des Wechselkurses als Anpassungsparameter z.B. könnte gerade in den wirtschaftlich schwächeren Mitgliedsländern zu ernsthaften Wachstums- und Beschäftigungsproblemen führen, wenn sie gleichsam ungeschützt, aber auch nicht mehr durch Wechselkursveränderungen schützbar, dauerhaft der Konkurrenz von leistungsfähigeren Wirtschaften ausgesetzt würden, ohne daß marktautomatisch Mechanismen zum Ausgleich der nationalen und regionalen Disparitäten wirken. (Schließlich hat der Süden Italiens in den 120 Jahren nationaler Wirtschafts-, Währungs- und Sozialeinheit nicht voll zum Norden oder zum europäischen Niveau aufgeschlossen, eher im Gegenteil.)

Gerade für die Bundesrepublik Deutschland und die Niederlande, die in jedem Fall das Risiko von Stabilitätseinbußen als potentiellen Kostenfaktor ins Kalkül einbeziehen müssen, scheint ein Nettonutzen am wenigsten gesichert. Vom Bundesverband der Deutschen Industrie wird dies offenbar ähnlich gesehen. Jedenfalls hält er die Erwartung für "wirklichkeitsfremd", daß Handelsgeschäfte durch eine wie auch immer definierte Euro-Währung nennenswert erleichtert würden.

Es wäre freilich schon ein arger Krämergeist, würde man die Herausforderung der europäischen Integration und Einigung ausschließlich unter dem Aspekt eines - möglicherweise nur kurzfristigen - ökonomischen Vorteils bewerten. Es geht, wie im Fall der deutschen Vereinigung, ebenso um soziale und vor allem politische Dimensionen. Zweifellos handelt es sich in erster Linie um eine grundsätzliche politische Entscheidung. Ich denke, sie verdient unsere volle Unterstützung, sofern die erforderlichen Voraussetzungen für eine stabile Gemeinschaftswährung in einer funktionsfähigen Union geschaffen werden, selbst wenn der Schritt aus ökonomischer Sicht weder nach Art noch Tempo zwingend wäre.

Der zeitliche Druck, unter dem die Verhandlungen stehen, ist enorm. Die Dimensionen des Vorhabens hätten einen großzügiger bemessenen zeitlichen Rahmen erfordert. Es steht sehr viel auf dem Spiel. Es ist ein "Abenteuer", wie Jaques Delors sagt, "wir müssen es wirklich wollen". Allen Staaten werden substantielle Souveränitätsverzichte abverlangt. Sorgfalt bei der Vertragsgestaltung ist von daher in besonderem Maße geboten, auch wenn der Prozeß der wirtschaftlichen Integration der Märkte durch Handel, durch Direktinvestitionen und personelle Mobilität inzwischen Strukturen einer westeuropäischen Großraumwirtschaft bereits hat entstehen lassen, die ohne Vorbild und ohne Parallele ist. Die Grundlagen einer aus Nationen mit noch immer sehr unterschiedlichen wirtschaftlichen, sozialen, kulturellen und politischen Traditionen gebildeten Union können angesichts der anderswo zu beobachtenden Fliehkräfte und angesichts der vielfältig denkbaren Wechsellagen in Wirtschaft und Politik kaum präzise genug fixiert sein. Andererseits muß der politische Wille des Europäischen Rates, solange er vorhanden ist, auch genutzt werden.

Man kann nur hoffen, daß die Verhandlungspartner nicht unter dem Druck der Zeit zu Kompromissen gelangen, wo es aus wohlerwogenen Gründen des Gemeinwohls der Mitgliedstaaten wie der Europäischen Gemeinschaft insgesamt keine geben kann und es im Gesamtinteresse also auch keine geben darf.

III.

Der Grundstein zur Europäischen Wirtschafts- und Währungsunion wurde bereits vor einem Jahr - am 1. Juli 1990 - mit dem Eintritt in ihre erste Stufe - vor allem durch fast vollständige Liberalisierung des gesamten Kapitalverkehrs - gelegt; diese wirkt inzwischen, in Deutschland durch die zeitgleiche Ausdehnung der Deutschen Mark auf die damalige DDR überdeckt, in weltweit äußerst volatile Geld- und Finanzmärkte hinein. Diese erste Stufe stellt insoweit bereits den vorgezogenen Binnenmarkt dar, ohne daß schon alle Rechtsgrundlagen dafür geschaffen und ohne daß seine Wirkungsweise - bei voller Konvertibilität der Währungen und Liberalisierung des Kapitalverkehrs - sich auf die EG beschränkt, vielmehr alle Industriestaaten umfaßt. Ihr soll nach dem Willen der Regierungschefs, Großbritannien immer noch ausgenommen, bereits zum 1.1.1994 eine zweite Stufe mit verstärkter Kooperation, aber noch verbleibender nationaler Letztverantwortung für die Währungspolitik folgen. Frühestens zum 1. Januar 1997 sollen sodann das Europäische Zentralbanksystem und eine europäische Geld- und Währungspolitik aus einem Guß mit unwiderruflich fixierten Wechselkursen bzw. einer europäischen Gemeinschaftswährung im Rahmen einer Wirtschafts- und Finanzunion geschaffen werden. Dies würde das formale und materielle Ende der nationalstaatlichen Währungssouveränität bedeuten, weshalb zu Recht von deutscher Seite - und nicht nur von ihr - ein Junktim zur Politischen Union hergestellt wird. Dabei geht es nicht einfach um einen machtpolitischen Preis als Ausgleich für das eigene Opfer, sondern vielmehr um entscheidende integrale, politisch-strukturelle Voraussetzungen für die Funktionsfähigkeit der Union: den Abbau des Demokratiedefizits und die Stärkung der Effizienz der europäischen Institutionen und Entscheidungsprozesse, die Verankerung des Subsidiaritätsprinzips einschließlich der Rolle der Regionen bzw. Länder und Gliedstaaten der Mitgliedsländer sowie eine gemeinsame Außen- und Sicherheitspolitik, die zusammen erst eine Wirtschafts- und Währungsunion tragen und rechtfertigen.

IV.

Die Bundesbank hat die ihrer Meinung nach unverzichtbaren Anforderungen an die Wirtschafts- und Währungsunion im Herbst letzten Jahres umfassend dargelegt und weiß sich dabei des Einvernehmens mit der Bundesregierung sicher. Alle teilnehmenden Mitgliedstaaten sollen vom Stand der wirtschaftlichen Konvergenz her eine hinreichende Gewähr für die Stabilität des Geldwertes bieten. Eingefordert wird damit ein stabilitätsgerechtes Verhalten in allen relevanten Politikbereichen, besonders in der Währungs- und Finanzpolitik, aber auch bei der Einkommensentwicklung. Vor dem Übergang in die Endstufe müßten

- die Inflation in allen Ländern weitestgehend beseitigt und die Preisdivergenzen praktisch abgebaut sein.
- Ebenso wären die Haushaltsdefizite der teilnehmenden Staaten auf ein dauerhaft tragbares und stabilitätspolitisch unproblematisches Maß zu reduzieren.
- Und schließlich müßte die Dauerhaftigkeit der erreichten Konvergenz auch in der Beurteilung durch die Märkte, d.h. in einer weitgehenden Annäherung der Zinsen an den Kapitalmärkten zum Ausdruck gekommen sein.

Die Handlungs- und Durchsetzungsfähigkeit der Gemeinschaftsinstitutionen muß durch klare und eindeutige rechtliche Regelungen wie auch institutionelle Vorkehrungen gewährleistet sein. Dies gilt namentlich mit Blick auf das mit voller Unabhängigkeit auszustattende, vorrangig auf das Ziel der Preisniveaustabilität verpflichtete europäische Zentralbanksystem.

Daß stabilen wirtschafts- und finanzpolitischen Rahmenbedingungen und Prozeßergebnissen von der Geldpolitik ein solch hoher Stellenwert beigemessen wird, erklärt sich vor allem daraus, daß eine globale, auf das Ganze hin orientierte Ausrichtung der Geldpolitik unverzichtbar für eine in der ganzen Gemeinschaft erfolgreiche Geldwertsicherung ist.

Denn innerhalb des gemeinsamen Währungsraumes kann es eine national oder regional differenzierte Geldpolitik, die den spezifischen Belangen einzelner Volkswirtschaften und Regionen Rechnung trägt, nicht mehr geben. Bei unwiderruflich festgeschriebenen Wechselkursen (bzw. einer gemeinsamen Währung) und völlig freiem Kapitalverkehr im Innern wäre ein solcher Ansatz aufgrund der Ausgleichskräfte auf diesen Märkten von vornherein zum Scheitern verurteilt. Es widerspricht allen Erfahrungen und Erkenntnissen, daß sich in einem solch entgrenzten Währungsraum unterschiedliche Zinsniveaus für in ihrer spezifischen Bonität vergleichbare Finanzaktiva etablieren ließen. Ein Konzern, etwa in Italien, wäre kaum bereit, vor Ort 12 % Kreditzinsen zu zahlen, wenn eine vergleichbare Finanzierung in Deutschland für 10 % zu haben wäre. Es käme zu Anpassungsreaktionen, die auf eine Nivellierung des Zinsgefälles hinwirkten. Allerdings würde zugleich die Differenzierung der Risikoprämien im Zinssatz eher zunehmen, zumal wenn die Bonität der Schuldner, z.B. der nationale Staatshaushalt, schlecht bliebe oder schlechter würde. (Dann wird sich die Frage stellen, inwieweit neben den Gesamtzahlen nationale Disparitäten im Sinne von statistischen Durchschnitten der einzelnen Volkswirtschaften noch aussagefähig sind bzw. durch tiefergegliederte bzw. neu aggregierte regionale Statistiken abzulösen wären, in denen sich Euroregionen widerspiegeln.)

V.

Eine für den ganzen Währungsraum einheitliche Geldpolitik würde die einzelnen Länder und Regionen keineswegs in gleichem Maße tangieren. Wirtschaftlich schwache Regionen wären z.B. von einem restriktiven geldpolitischen Kurs zweifellos empfindlicher betroffen als prosperierende und leistungsstarke Gebiete. Ohne ein hinreichendes Maß an wirtschaftlicher Konvergenz vor Errichtung der Europäischen Wirtschafts- und Währungsunion drohten von daher sich verschärfende regionale Disparitäten und Spannungen, zumal der Wettbewerb zwischen den Regionen schon durch den Binnenmarkt weiter an Schärfe gewinnen dürfte. Dieser war schon im Gemeinsamen Markt so ausgeprägt, daß der interregionale Handel innerhalb der EG über viele Jahre sehr viel schneller wuchs als der Handel mit Drittländern.

In einem von starken wirtschaftlichen Disparitäten gekennzeichneten und durch die entsprechenden politischen Spannungen geprägten Umfeld der Mitgliedstaaten und Regionen geriete eine europäische Geldpolitik aller Voraussicht nach unter starken Druck, ihre Politik zu Lasten ihres Stabilitätsauftrages an direkten wachstums- und beschäftigungspolitischen Zielen auszurichten. Diese Gefahr drohte um so mehr, als solche Verpflichtungen in vielen EG-Partnerländern tief verwurzelte Tradition haben und den Staaten ohne den Wechselkurs nochmals ein Anpassungsparameter weniger zu Verfügung stünde, nachdem schon zuvor die mengen- und preispolitischen Grenzmaßnahmen (Zölle, Kontingente) und auch die nichttarifären Hindernisse beseitigt worden sind. (Just davon handelt ja der Gemeinsame Markt und seine Steigerung in der sogenannten Vollendung des einheitlichen Binnenmarktes.) Darauf zu setzen, wie es die EG-Kommission tut, daß Lohn- und Preisanpassungen sowie Faktorbewegungen von Kapital und Arbeitskräften im Falle sich verschärfender regionaler Disparitäten die Rolle des Ausgleichsventils übernehmen könnten, widerspricht den praktischen Erfahrungen in Europa. (Nach einer Untersuchung der OECD aus dem Jahr 1989 ist die Lohnrigidität in allen großen EG-Ländern ohnehin bei weitem höher als im Durchschnitt der übrigen OECD-Mitgliedstaaten.) Die deutsche Vereinigung liefert nicht nur uns ein eindrucksvolles Beispiel dafür, welche Konsequenzen bei einer konvergenzmäßig nicht hinreichend abgesicherten Währungsunion für die reale Sphäre besonders durch den Verlust an originärer Wertschöpfung als regionaler Exportbasis drohen, zumal sich hier das Leitbild eines raschen Lohnanstiegs zum Zwecke der Herstellung eines gemeinsamen Lohnniveaus als unwiderstehlich erwiesen hat, angeführt vom öffentlichen Dienst.

Im Hinblick auf die dringend erforderliche Verbesserung der Konvergenzbedingungen in Europa kommt der Tarifpolitik schon heute eine Schlüsselrolle zu. Gerade in denjenigen Partnerländern und Regionen, deren Wettbewerbsfähigkeit eher schwach entwickelt ist, müßten Arbeitgeber und Arbeitnehmer gemeinsam die Chancen nutzen, die eine maßvolle Tarifpolitik erwiesenermaßen zur Stärkung der Konkurrenzfähigkeit und damit letztlich zur Steigerung des Realeinkommens und der Beschäftigung eröffnet. Vernünftig wäre zweifellos eine weitgehend am Produktivitätsfortschritt orientierte national bzw. regional differenzierte Lohnpolitik, wie sie auch vom Delors-Ausschuß empfohlen wurde.

Wegen der Interdependenz zwischen Lohnstückkostenentwicklung und Inflation einerseits sowie Produktivitätsentwicklung und Beschäftigungsstand andererseits können die zur erforderlichen Differenzierung der Tarifpolitik dringlichen Schritte nur dann Aussicht auf Erfolg haben, wenn es den Notenbanken in den betreffenden Ländern gelingt, durch eine straffe Geldpolitik das Vertrauen in die Stabilität des Geldwertes nachhaltig zu festigen. Diese Herausforderung stellt sich gegenwärtig in besonderem Maße, weil sowohl die Inflationsraten als auch die Lohnstückkosten innerhalb der Gemeinschaft seit Beginn dieses Jahrzehnts kräftig angezogen haben, wobei Staaten, die immer noch an einer Lohnindexierung festhalten ("scala mobile"), besonders hervortreten.

Es wäre allerdings fatal, wenn die Schaffung der Europäischen Wirtschafts- und Währungsunion zum Anlaß genommen würde, angesichts der nun unmittelbar vergleichbaren, wenn auch, in Gemeinschaftswährung ausgedrückt, weit auseinanderfallenden Lohnsätze auf einen möglichst raschen Abbau des Lohngefälles in Europa hinzuarbeiten. Einheitliche Löhne und Einheitspreise im Gefolge einer Gemeinschaftswährung brächten die Wirtschaften der schwächeren Mitgliedstaaten bzw. Wirtschaftsregionen um einen entscheidenden Standortvorteil im Wettbewerb um Investitionen aus den stärker industrialisierten Ländern. (So liefert Spanien bisher ein gutes Beispiel für den erfolgreichen Einsatz des Lohnkostenarguments bei der Akquirierung von Investitionen.) In einem künftig gemeinsamen großen Europa wird es, so meine ich, ebenso wie in den USA, ein regionales Lohngefälle geben, zumal die Mobilität bei uns, auch aufgrund der bestehenden Sprachbarrieren und der kulturellen Unterschiede, bisher stets fühlbar beschränkt war. Und wie anders sollen die vorhandenen Produktivitätsunterschiede zwischen den Regionen der Gemeinschaft vermindert werden, wenn erst die interregionalen Austauschrelationen unveränderbar fixiert sind?

VI.

Überdies: Vor welchem raumwirtschaftlichen und regionalstrukturellen Hintergrund sind die Disparitäten in der nationalen und regionalen Entwicklung und die Chancen zu ihrer Überwindung zu sehen? Und welche Folgerungen ergeben sich daraus für die Wirtschafts-, Währungs- und Politische Union?

In seinem Bestreben, zur Wohlstandsmehrung seiner Bürger europaweiten Wettbewerb bei Gütern, Dienstleistungen, Arbeitsplätzen und Kapitalfluß zu schaffen, verliert der demokratisch verfaßte Nationalstaat im Integrationsprozeß an Fähigkeit, direkt für Arbeit und Lebenschancen in seinem Land und gezielt in den Regionen und Sektoren der Industrie und Dienstleistungen zu sorgen. Zwar werden Produktivität, Wertschöpfung und Investitionen durch vermehrte Wettbewerbsfähigkeit indirekt gesteigert und damit auch der Beschäftigungsstand tendenziell gefördert, gleichwohl kann die regionale (wie auch die sektorale) Beschäftigtenbilanz und Einkommenssicherung nicht mehr wie gewohnt weitgehend staatlich-hoheitlich geregelt werden. Statt dessen wird nach internationalen Handelsabsprachen gerufen, "managed trade" angepeilt, europäische Industrie- und Strukturpolitik anvisiert. Dies alles kann jedoch nicht ausgleichen, was an mikroökonomisch orientierter, struktureller Allokationspolitik des Staates für Regionen und Sektoren obsolet geworden ist. Der Wettbewerb der Weltmärkte schiebt beiseite, was nach der internationalen ökonomischen Abrüstung der hoheitlichen Steuerungsinstrumente nicht mehr marktwirksam durchgesetzt bzw. nicht durch die neuen Gemeinschaftsaktionen gewährleistet werden kann.

In diesem neuen Erfahrungsraum der ökonomischen Entgrenzung wächst Ohnmacht und Leere. Politische Verantwortung kann nicht mehr wie bisher wahrgenommen werden. Ein Verweiskartell der Sündenbocksuche und der Politikabdankung bricht sich Bahn, auf "Europa" und den "Markt" wird geschimpft, das Scheitern der nationalen wie der örtlichen und regionalen Lobby- und Druckpolitik in ihrer traditionellen Rolle, Schutz für die Schwachen, wird offenkundig. Die sektorale und die unternehmensgrößenbezogene Strukturpolitik, soweit es sie gibt, wird immer stärker zentralisiert in Brüssel; es verbleibt der nationalen Ebene allein die regionale Strukturpolitik, die jedoch ihre traditionellen Steuerungsinstrumente gleichfalls überwiegend verliert. Wenn es nicht mehr klappt bei der Steuerung der effektiven Nachfrage, muß man es mit "intelligenter" Angebotspolitik versuchen.

Deshalb muß sich die Politik im demokratischen Nationalstaat auf einen neuen, offenen Politikstil orientieren: Mitgestaltung und Mitverantwortung in der Kooperation mit den die regionale Wirtschaft und Gesellschaft tragenden Unternehmen, Verbänden, Parteien, Gewerkschaften, der Wissenschaft usw., die zum wirksamen Konsens, zum Bündnis der Aktivierung der eigenen Potentiale geführt werden müssen. Diese Aufgaben lassen den Staat eher als Moderator eines Prozesses zukunftsorientierter Profilbildung, als Organisator und Garanten einer modernen, leistungsfähigen, breiten regionalen Infrastrukturausstattung, als Partner einer offenen, flexiblen und konstruktiven Kooperation, als Impulsgeber für Innovation, Kreativität und Perspektive wirksam werden denn als machtgewohnten, bürokratischen Exekutor selbst gesetzter Pläne und Ziele.

Es ist keine Frage, daß sich bei einer solchen dramatischen Veränderung in den Anforderungen der Politik und im Politikstil die kleineren Nationalstaaten ebenso wie die föderativ gegliederten großen Nationalstaaten leichter tun als die zentralisierten großen Einheitsstaaten. Muß nicht daraus für den bundesstaatlichen Aufbau Europas frühzeitig die Konsequenz einer systematischen Verankerung der Regionenebene gezogen werden? Ich komme darauf zurück.

VII.

Parallel zu der abnehmenden Fähigkeit des Nationalstaates, die Strukturen seiner Volkswirtschaften festzulegen, jedoch nicht dadurch ausgelöst, ist zu registrieren, daß sich die Bestimmungsfaktoren für die regionale Standortstruktur der Unternehmen in Industrie und Dienstleistungen und der Beschäftigung und Bevölkerung entscheidend verändert haben - und noch weiter verändern. Die Standorttheorie spricht davon, daß neben die sogenannten harten Standortfaktoren - geographische Lage im Naturraum, Bodenqualität, Bodenschätze, Energie-zugang, Verkehrsanbindung u.a.m. - immer stärker sogenannte weiche Standortfaktoren treten bzw. sie ersetzen: Humankapital, institutionelle Infrastruktur z.B. der Hochschulen, der Wissenschaft, Forschung und Entwicklung, Kultur, Lebensqualität und ökologische Situation, aktiver Mittelstand, modernes Handwerk, berufliche Bildung, auf kleine und mittlere Unternehmen und mittlere Fachkräfte ausgerichteter Technologie- und Qualifikationstransfer, außenwirtschafts-bezogene Kooperation auch mit Partnerregionen weltweit, Messe-, Finanzplatz- und Börsenaktivitäten, um nur die in unserer nordrhein-westfälischen Erfahrung wichtigsten Faktoren zu benennen.

Dies bedeutet Standortattraktion für Neuansiedlung und für die Zukunftssicherung bestehender Unternehmen. Diese Faktoren sind allesamt dadurch gekennzeichnet, daß sie "erzeugt" und "entfaltet" werden können - oder eben nicht erzeugt und entfaltet werden. Eine Überschaubarkeit des Bezugsrahmens, Kommunikation der kurzen Wege, Konsensfindung auf einer identifizierbaren Regionalfolie, Nähe zur Forschung und technologischen Entwicklung sowie Beratung, Beteiligung von Unternehmen aller Größenklassen: das gehört hier zu den Erfolgsvoraussetzungen. Keinesfalls sind sie einfach standortmäßig vorzufinden.

Dieser Vorgang wird durch den Rückgang des primären Sektors und mit der immer essentielleren Ergänzung und Verschränkung des sekundären Sektors durch produktions-, entwicklungssowie markt- und finanzierungsbezogene Dienstleistungen und ihre wechselseitige Verflechtung im Zuge von Fühlungsvorteilen mit wachsenden Anteilen der öffentlichen und privaten gemeinnützigen Verwaltungen und Stiftungen sowie der Versorgungsdienstleistungen unterlegt. Die technologischen Basisinnovationen, vor allem die durch die Verknüpfung der modernen Datenverarbeitung mit der Informations- und Telekommunikationstechnologie ausgelöste industrielle und Verwaltungsrevolution, aber auch zahlreiche neue Verfahrenstechnologien und Produktinnovationen wirken in die gleiche Richtung, quer über die gesamte Wirtschaftsstruktur. Die Funktion der vorfindlichen Raumqualität und der Distanz im Raum nimmt als Standortfaktor ab. Beides zusammen läßt die Chancen einer politischen Beeinflussung und Gestaltung der Standortqualität der Regionen steigen; zugleich wird die Effektivität solcher Anstrengungen zweifelhafter, wenn sich viele oder gar alle auf die gleichen Inhalte weicher Standortqualität zu stürzen versuchen: Es klingt paradox - je geringer die direkte hoheitliche Regionalwirksamkeit der Politik, desto wichtiger wird sie indirekt für die Gestaltung attraktiver Räume, durch ihren Konzeptbeitrag zu einem originären Profil ("be different", sei unverwechselbar) als auch durch ihre Ressourcenzuweisung.

Je mehr Standortfaktoren indes ubiquitär geschaffen und bereitgestellt werden können, desto schwieriger ist das Auswahlproblem zu lösen, desto stärker wird die Konkurrenz unter den potentiellen Standorten, desto eher fällt auch die faktische Entscheidung zugunsten historisch bereits herangewachsener und erprobter Standorte. Damit rückt das politische Können, die Kunst, regionale Entwicklungschancen zu erkennen, zu schaffen und zu nutzen, in den Vordergrund.

Dabei handelt es sich um ein politisches Erzeugnis, eine Gemeinschaftsleistung aus dem Zusammenwirken vieler Interessen für die gemeinsame Regionalbasis. Zugleich ist damit jedoch auch die Aufgabe angesprochen, einen grundlegenden Zusammenhalt zwischen den Regionen in ihrer Vielfalt zu schaffen, Erfahrungsaustausch und Kommunikation zu bewahren, ebenso wie die Repräsentation ihrer Interessen auf der nationalen und der Gemeinschaftsebene.

VIII.

Wir konstatieren also eine doppelt verursachte Veränderung der Standortsituation von Regionen im europäischen Wirtschaftsraum, nämlich den Prozeß der politischen Entgrenzung des Nationalstaates, d.h. das Zurückdrängen direkter hoheitlicher Zuweisungen wirtschaftlicher Chancen und die verordnete Marktöffnung für einen europa- bzw. weltweiten Wettbewerb einerseits, und den Prozeß der ökonomischen Entgrenzung der natürlichen Faktorausstattung, d.h. den Wandel der standortbestimmenden Faktoren für erfolgreiches Wirtschaften fort von bloßer Geographie und Geologie hin zu "machbaren" Faktoren andererseits. Dieser säkulare Doppeltrend potenziert die Ambivalenz der wirtschaftlichen Perspektiven jeder einzelnen Region in der Großraumwirtschaft: Je weniger im weltweiten Wettbewerb die Regionalperspektiven und Arbeitsplatzchancen staatlich festgelegt werden können, desto stärker verlangt die zunehmende politische Gestaltbarkeit der Standortfaktoren nach einer starken politischen Rolle für die Regionen, die nur in öffentlich-privater Partnerschaft von Regionalinteressen wirksam wahrgenommen werden kann. Je weniger diese Aufgabe ausgefüllt wird, desto ungewisser, ja gefährdeter wird die Bilanz von Arbeitsplätzen, Produktivität und Wohlstand für die einzelne Region ausfallen. Auch Regionen, denen gleichsam aus dem historischen Erbe und der überkommenen geographisch-geologischen Ausstattung alle Vorteile, zum Beispiel akkumuliert in einer Agglomeration mit Tradition und Namen, zur Verfügung stehen, können darauf nicht sicher setzen, ohne selber kreativ weiter aufzubauen. Im Gegenteil: schon die ökologischen Schäden bloßen mengenmäßigen Wachstums würden hier auf Grenzen stoßen lassen. Die Herstellung einer nachhaltigen, dauerhaften Wirtschaftsentwicklung im Sinne einer auch ökologisch verträglichen Reproduktion auf ständig höherem Niveau ist naturwüchsig nicht mehr erreichbar. Konkurrierende Ansprüche auf die Raum- und Mediennutzung vor Ort erheischen auch unter dem regionalen Aspekt (nicht nur dem kontinentalen und globalen) naturbegrenzende Nutzungsprofile, deren Bestimmung u.a. die regionale Organisationsebene voraussetzt.

Mit anderen Worten: mehr Marktwirtschaft und Wettbewerb bei der Allokation der Produktionsfaktoren im einheitlichen Wirtschaftsraum wird politisch befriedigend für Wohlstand, Arbeit und Lebensqualität nicht ohne eine veränderte, aber gleichwohl aktive Rolle des demokratischen Gemeinwesens auf allen Handlungsebenen gelingen können. So gewiß es ist, daß der Markt nicht das Gemeinwesen herstellt, sondern voraussetzt, so muß die EG die Regionen in ihr Institutionengefüge einordnen, und zwar im ureigenen Legitimierungs- und Überlebensinteresse.

IX.

Vertiefte, stabile Wirtschaftsintegration verlangt neben der Lösung der ordnungspolitischen Aufgabe wettbewerbsorientierter Rahmensetzungen (Binnenmarkt, GATT) das Angehen politischer Gestaltungsaufgaben (Wirtschafts- und Politische Union einschließlich Umwelt-, Sozial-

und Forschungsunion), wozu die Wirtschafts- und Strukturpolitik kontinentweiter oder nationaler Ausprägung gehört. Uns muß die regionale Ebene besondere Sorgen bereiten. Ihre Signifikanz für eine befriedigende künftige europäische Wachstumsgeographie und Raumordnung wird noch immer systematisch unterschätzt bzw. vielfach ausgeblendet. Die regionale Handlungsebene leidet zweifach an Belastungen. Sie wird aus durchsichtigen Interessen "übersehen", denn ihre systematische Einbeziehung würde für einige Mitgliedstaaten ziemliche Änderungen im Aufbau und in der Machtbalance mit sich bringen. Andererseits versucht manche nationale Regierung, sich an den Regionen für den eigenen Kompetenz- und Souveränitätsverlust schadlos zu halten.

Hier droht unverändert eine kopflastige, durchaus machtgeleitete Zentralisierung, vor allem bei den EG-Funktionen. Wer aber glaubt, dies alles ließe sich durch die EG-Institutionen wahrnehmen, der irrt entschieden und verpaßt die Lektion aus dem Scheitern zentralistischer Wirtschaftssysteme mit ihrer Übersteuerung, die in Ineffektivität und Legitimationsverlust endet bzw. abseits von Ad-hoc-Interventionen de facto eine regionalpolitische Laissez-faire-Version marktimmanenter Raumordnung bedeutet. Manche Träumer von einem europäischen Zentral- oder Einheitsstaat halten die Auflösung und Aufhebung des Nationalstaats für möglich, für erstrebenswert und wahrscheinlich. Ich baue darauf nicht; im Gegenteil. Nur eine dezentrale, föderale Finalität Europas kann den unausweichlichen Aufgaben auf regionaler und nationaler Ebene gerecht werden. Übrigens: ohne ausgleichende subsidiäre Stärkung der Regionen und ihrer Potentiale dürfte es wegen der Wirtschafts- und Währungsunion zu sich ständig höher schaukelnden Forderungen nach einem EG-weiten, enormen, zusätzlichen Ressourcentransfer kommen.

Für die räumliche Organisation der bundesstaatlichen Gestalt Europas führt kein Weg am Subsidiaritätsprinzip vorbei, kein Weg an der systematischen Verankerung der Regionenebene, ihrer Nutzung und Stärkung. Weder die Schaffung einer supranationalen Geldbehörde noch die korrespondierenden Regelungen der Rahmenbedingungen nationaler und EG-weiter Wirtschafts-, Finanz- und Umweltpolitik bedingen auch einen Blankoverzicht auf das Handlungspotential der unteren Politikebenen oder seinen Verlust. Man muß sich allerdings neu einrichten lernen, den verbleibenden Spielraum aktiv auszuschöpfen durch die Qualität der Politik und nicht allein durch die Quantität der Finanzmittel oder flankierender hoheitlicher Anordnungen und Interventionen zu wirken. Die Eigenverantwortlichkeit und Handlungsfähigkeit der Regionen, ihre Attraktivität, ihr unverwechselbares Profil, ihr der Raumwirtschaft und Arbeitsteilung strukturgebendes Potential aktivieren die Chance, zu einer ausgeglicheneren räumlichen Gesamtentwicklung zu kommen - statt zu jener kumulativen Verschärfung der regionalstrukturellen Unterschiede, vor allem zu Lasten der peripheren Gebiete und Mitgliedstaaten, die vielen Sorge bereitet, verbunden mit der Gefahr des Verlustes der Legitimität, zumindest der politischen Akzeptanz des wirtschaftspolitischen Prozesses der europäischen Integration.

X.

Dabei kommt es immer stärker auf die Entfaltung der Entwicklungspotentiale in den Regionen selbst an. Auf diese - wie auf die einzelnen Unternehmen - geht die faktische Verantwortlichkeit für Arbeitsplätze und Lebenschancen immer mehr über.

So geht mit dem Einflußverlust des Nationalstaats eine Stärkung des regionalen Bewußtseins einher. Deren Kehrseiten, ein gewisser Egoismus und Immobilismus, sollen nicht verschwiegen werden. Sie dürfen keinesfalls in Separatismus verfallen; die interregionale Kohäsion in Solidarität und die Kongruenz ohne ruinöse Konkurrenz sind dafür äußerst wichtig.

Die Menschen wollen an Heimat, an Tradition, an regionaler Identität und Lebensmitte festhalten. In einer Weltwirtschaft, die sich unternehmerisch, sozial und staatlich als immer grenzenloser darstellt, läßt sich Vertrauen und Sicherheit aus der regionalen Kooperation privater, kommunaler und staatlicher Organisationen und Entscheidungsträger gewinnen - die Fähigkeit der Chancengewährleistung aus der Zusammenarbeit von Wirtschaft, Wissenschaft und Politik vermitteln. Dabei erfahren die Menschen, wie sie sich mit ihrer eigenen Profilierung auch Plusfaktoren und Attraktion über die eigene Region hinaus erarbeiten, in einer Wirtschaftsspezialisierung im europäischen Marktkontext, durch eine Region mit unverwechselbarem Standortprofil, das für Industrieansiedlung, Technologietransfer, kulturelle Identität entwickelt und vertreten wird. (Hier in Aachen befinden wir uns inmitten einer solchen selbstbewußten Region, die mit großer Resonanz sich zu einer weltweit anerkannten Technologieregion entwickelt hat.) Es muß also für die Regionen ein Bezugsrahmen - Abgrenzung, Zuständigkeit und demokratische Verantwortlichkeit - geschaffen werden, der eine eigene Wertschöpfungsbasis für interregionalen und internationalen Leistungsaustausch darstellt. Dazu gehört ein Zuschnitt, der erforderlich ist, die infrastrukturellen Voraussetzungen zu entwickeln, die ein Aufblühen stärken. Versagt die Regionsbildung, oder kommt die Handlungsebene nicht zustande, so kann das Disparität auf lange Sicht bedeuten. Es leuchtet ein, daß die raumwissenschaftliche Bestimmung bzw. Optimierung der Abgrenzungen solcher leistungsfähiger Euroregionen ein lohnendes Feld der Forschung und Politikberatung ist. Die hierbei zu optimierenden Anforderungen sind gewiß komplex, zugleich in der Regel staatspolitisch kontrovers und müssen regionstypologisch auch andere Raumfunktionen als eine regionale, industrielle und dienstleistungsbezogene Exportbasis umfassen.

XI.

Bei einem offenen, entgrenzten Wirtschaftsraum werden sich auch nach der Vollendung des Binnenmarktprogramms weitere neue, die Standortwahl beeinflussende Faktoren im Sog einer formalen Abstimmung wiederfinden. Die Konkurrenz zwischen den Regionen wird sich z.B. immer stärker auch auf die direkten Steuern auf Einkommen und Vermögen erstrecken. Dies ist schon jetzt in bezug auf die offensive Steuersatzsenkung z.B. Luxemburgs oder Großbritanniens festzustellen. Immer mehr und immer engerer Koordinierungsbedarf tut sich auf, der entweder zu einem Wettlauf der Deregulierung führt oder zur Notwendigkeit zusätzlicher Harmonisierung. Jedenfalls bedarf es einer immer umfangreicheren wettbewerblichen Mindestordnung; was zulässige Beihilfen, Steuermittel und Eingriffe zugunsten von Unternehmen angeht, soll eine ruinöse Konkurrenz vermieden werden und eine funktionsfähige regionale Infrastruktur gemeinschaftsweit möglich bleiben.

XII.

Da die Agenda der Wirtschaftsintegration nie abgeschlossen sein, sondern immer breitere Politikbereiche immer tiefer berühren wird, ist es um so wichtiger, jetzt das Subsidiaritätsprinzip im EG-Vertrag systematisch zu verankern und dem Zug zum Zentralismus Einhalt zu gebieten.

Das Subsidiaritätsprinzip ist als Strukturregelung bei der Zuordnung der Zuständigkeiten auf die zentrale, die nationale oder die regionale Handlungsebene und als Maßstab der Verhältnismäßigkeit bei der Ausgestaltung und Durchführung der von der EG ergriffenen Maßnahmen festzulegen. Die Maßnahmen müssen vor dem Europäischen Gerichtshof nachprüfbar sein, den auch die Länder bzw. Regionen anrufen können müssen. Die Regionen sind in den sie berührenden Fragen an der Gesetzgebung durch eine eigene Regionalkammer zu beteiligen. Mit anderen Worten: der Aufgabenerweiterung der Gemeinschaft müssen systematische Mitwirkungsrechte der Regionen, Länder, Gliedstaaten entsprechen.

Die deutschen Länder verlangen ferner das Vertretungs- bzw. Mitwirkungsrecht in der deutschen Delegation des EG-Ministerrates, soweit ihre Zuständigkeiten berührt sind. Die Bundesrepublik Deutschland steht wegen der europäischen Integration, auch über die Verfassungsaufträge aus Artikel 29 und 146 GG hinaus, vor der Aufgabe einer Optimierung der Länderstruktur und der Neuabgrenzung der Kompetenzverteilung zwischen Bund und Ländern.

Exkurs: Zur Neugliederung der Länder und bundesstaatlichen Reform in Deutschland

In der deutschen Verfassungswirklichkeit hat sich eine speziell geartete bundesstaatliche Ordnung mit relativ starker Zentralisierung auf der Ebene des Bundes (bzw. der Gesamtheit aller Länder), aber zugleich ausgeprägter Gewaltenteilung durch Beteiligung der Länder am Willensbildungsprozeß des Bundes herausgebildet. Die Aufgabenverteilung auf die verschiedenen Ebenen, also das Verhältnis zwischen dem Bund (Zentralstaat) und den Ländern (Gliedstaaten) mit den Gemeinden bzw. Gemeindeverbänden, folgt keineswegs durchgehend dem Grundsatz, daß der Bund nur dann tätig wird, wenn das eigene Vermögen der Gliedstaaten der Aufgabe nicht genügt. Es handelt sich eher um einen Beteiligungs- als um einen Kompetenzföderalismus. Die deutschen Länder sind zudem unterschiedlich groß und leistungsfähig, obwohl sie die gleichen Rechte und Pflichten haben.

Das führt dazu, daß bestimmte Aufgabenzuweisungen, die eigentlich die Länder wahrzunehmen hätten, wegen mangelnder Leistungsfähigkeit einzelner beim Bund verbleiben. Das deutsche Verfassungsrecht kennt jedoch keine Bestandsgarantie für die einzelnen Länder. Unter anderem wegen der "Politikverflechtung" (F. Scharpf) stehen seit langem Erörterungen über eine Verfassungsreform einschließlich einer territorialen Neugliederung der Länder an. Sie sind jetzt wegen des Binnenmarktprogramms der EG und wegen des mit der Einigung Deutschlands verbundenen Zentralisierungsschubs zugunsten des Bundes nach meiner Auffassung unausweichlich und unaufschiebbar geworden.

Es geht darum, den wirtschafts-, kultur- und strukturräumlichen wie landsmannschaftlichen Zuschnitt der z.Zt. vorhandenen (jetzt 16) Länder entsprechend den Erfordernissen des Binnenmarktes und der künftigen Wirtschafts- und Währungsunion zu gestalten. Denn die europaweite Standortkonkurrenz wird, wie dargelegt, immer weniger national, immer stärker regional mit ortsnahen Standortfaktoren, vor allem der Infrastrukturausstattung im weitesten Sinne des Begriffs, ausgetragen werden. Dabei werden die kleineren der Mitgliedstaaten bzw. die Länder bzw. Regionen innerhalb der großen Mitgliedstaaten der EG die entscheidenden Kooperationspartner für die Unternehmen und ihre Investitionsentscheidungen sein.

Hinzu kommt, daß die Regelungen in den beiden deutsch-deutschen Einigungsverträgen von 1990 mit ihrem System der gegenseitigen Abschottung der öffentlichen Finanzen bis 1994 befristet sind. Das heißt, die westdeutschen Regelungen des westlichen horizontalen und vertikalen Finanzausgleichs zwischen stärkeren und schwächeren Ländern und die darauf bezogenen Bundesergänzungszuweisungen an die letzteren gelten schlicht nur noch für weitere 3 Jahre fort. Es handelt sich um ein extrem kompliziertes, undurchschaubares Ausgleichssystem der finanziellen Ressourcen, das in zahlreichen Klagen vor dem Bundesverfassungsgericht in Frage gestellt ist. Die "Anschubfinanzierung Ost" sowie der öffentliche Ressourcentransfer für die neuen Länder und Gesamt-Berlin werden z.Zt. davon getrennt finanziert. Diese Summen wachsen noch ständig, anstatt - wie ursprünglich gedacht - alsbald degressiv zu verlaufen, und erzwingen eine Überprüfung der gesamtstaatlichen Prioritäten, die im wesentlichen zu Lasten des Bundes und der westlichen Länder gehen dürfte.

Das heißt aber, das Trennsystem wird keinen Bestand haben. Die sehr unausgewogene Länderstruktur (11 bis 12 der 16 Länder erscheinen strukturell als prädestinierte Dauerempfänger) erzwingt in Kürze einen dramatischen und drastischen Neuzuschnitt des Ausgleichssystems. Weil der Länderebene die echte Einnahmehoheit fehlt, stellt sie maximale Ansprüche an den Bund. Die integrationspolitische Bündelungsaufgabe für eine leistungsfähige Infrastrukturpolitik der Regionen im Binnenmarkt drängt diese aber auf ein je eigenes, unverwechselbares Profil mit europaweiter Wirksamkeit.

Es geht deshalb um eine Entflechtung der vertikalen und horizontalen Abhängigkeiten und Verschränkungen hinsichtlich der Effizienz und Notwendigkeit bundesstaatlich einheitlicher Regelungen bzw. bundesweit ländereinheitlichen Handelns in den verschiedenen Fach- und Sachgebieten einschließlich der Finanzpolitik[1]). Dies gilt besonders für die faktisch voll beim Bundesgesetzgeber konzentrierte Regelung der Steuerarten und Steuersätze für alle staatlichen Ebenen. Es gilt aber auch für die meisten erst 1969 geschaffenen sogenannten Gemeinschaftsaufgaben nach Artikel 91 a und 104 a Abs. 3 und 4 des Grundgesetzes. Bei angemessener Einnahmehoheit bzw. Finanzausstattung (und entsprechender Leistungsfähigkeit der Länder) könnten diese grundsätzlich wieder von den einzelnen Ländern selbständig wahrgenommen werden. Für die neuen Länder müßte dies möglicherweise mit einer etwa ein Jahrzehnt umfassenden Spezialregelung verbunden werden.

Im Falle des Scheiterns der Bundesstaatsreform ist ein wachsendes Verkümmern der föderalistischen Grundlagen des deutschen Staatswesens, aber auch eine fehlende Ausschöpfung seiner Chancen und Beiträge in Europa zu befürchten.

---

1) S. zu diesem Zusammenhang die bemerkenswerten Berichte der Kommission des Landtages Nordrhein-Westfalen "Erhaltung und Fortentwicklung der bundesstaatlichen Ordnung innerhalb der Bundesrepublik Deutschland - auch in einem Vereinten Europa" Band 1 (März 1990), Band 2 (November 1990), Düsseldorf.

XIII.

In einer wettbewerblich organisierten Großraumwirtschaft, einer weltoffenen Zollunion ohne ökonomische Binnengrenzen in Europa, tritt die bisherige staatliche Macht der hoheitlichen Chancenzuteilung für Industrien, Regionen, Städte und Unternehmen mithin systematisch in den Hintergrund. Die internationale Abrüstung der nationalen (und regionalen) Steuerungsinstrumente hinterläßt hier ein soziales, politisches Vakuum, das je länger je mehr offengelegt werden wird und auch durch eine zentrale Industrie- und Beschäftigungspolitik auf der EG-Ebene nicht geschlossen werden kann. Einen wesentlichen Part bei der Verbesserung der Konvergenzbedingungen hat in jedem Fall die regionale Strukturpolitik einschließlich ihrer organisatorischen Verankerung in den Regionen selbst zu spielen.

Um die ärmeren Regionen im Aufholprozeß zu unterstützen und die Anpassung an den schärferen Wettbewerb im entgrenzten, einheitlichen Binnenmarkt zu erleichtern, wurde 1988 vom Europäischen Rat eine Verdoppelung des Umfangs der Strukturfonds der Gemeinschaft bis 1993 beschlossen. Mit der Entscheidung zur Mittelaufstockung und zur Programmreform allein ist es freilich nicht getan. Ihr Erfolg bestimmt sich erst vor Ort. Aufgrund des breiten, von den traditionellen Bereichen der Verkehrs- und Kommunikationspolitik bis hin zum beruflichen Bildungswesen und Technologietransfer reichenden Einsatzspektrums für eine moderne regionale Infrastrukturausstattung kommt es entscheidend darauf an, die Prioritäten richtig zu setzen und die Programme in einer Weise aufeinander abzustimmen, die eine möglichst effiziente Bündelung der Mittel zur Stärkung der Produktivitätsbasis und zur Erweiterung der Beschäftigungsbasis der Regionen gewährleistet. Ich denke, daß die hier in Nordrhein-Westfalen in langjähriger und erfolgreicher Praxis der Strukturpolitik gewonnenen Erfahrungen nutzbar gemacht werden könnten und müßten. Ohne eine Föderalisierung hin auf ein Europa der Regionen, die dieser Handlungsebene den notwendigen potentiellen räumlichen Zuschnitt und die erforderliche Aktivitätschance schafft, wird im Umkehrschluß, ich sagte es bereits, wohl nur die Forderung nach umfangreichen Finanztransfers im Sinne eines europäischen Finanzausgleichssystems übrig bleiben, so wie dies die südlichen und ärmeren Mitgliedstaaten schon postulieren und zur Vorbedingung für ihre Teilnahme in der Wirtschafts- und Währungsunion machen; mit der Gefahr des Fasses ohne Boden oder einer endlosen Geschichte.

Die von der Gemeinschaft bereitgestellten Mittel können jedenfalls nur den Anstoß zu verstärkten Eigenanstrengungen, also Hilfe zur Selbsthilfe geben, sie nicht ersetzen, sollen sie nicht zu konsumptiven Dauersubventionen entarten, deren Transferhöhe sich je länger desto umfänglicher einstellen würde.

XIV.

Auch in der Wirtschafts- und Währungsunion soll die Verantwortung für die Wirtschafts- und Finanzpolitik, föderalen Prinzipien entsprechend, in den Händen der einzelnen Staaten und ihrer Gliedstaaten bzw. Regionen und Kommunen bleiben. Der Haushalt auf Gemeinschaftsebene soll ausdrücklich nicht die relative Größe des Zentralbudgets in den Nationalstaaten erreichen. Da mithin die finanzpolitische Steuerung des Wirtschaftsgeschehens in der EG nicht direkt von den Brüsseler und Straßburger Instanzen veranstaltet werden kann und soll, kommt den gemeinsamen Prinzipien und Regeln in der Finanzpolitik der einzelnen Fisci eine ganz wesentliche Funktion zu.

Es bedarf hier bindender vertraglicher Vorkehrungen, um ein ausreichendes, stabilitätsverträgliches Mindestmaß an Budgetdisziplin der ansonsten unabhängigen staatlichen Entscheidungsebenen und -träger sicherzustellen einschließlich Sanktionsregeln.

Die von Luxemburg vorgelegte Zwischenbilanz der Regierungskonferenzen enthält ein ganzes Bündel an Vorschlägen, die auf die Gewährleistung einer soliden Haushalts- und Verschuldungspolitik abzielen. Neben dem Ausschluß der gegenseitigen Haftung und dem Verbot der Defizitfinanzierung durch die Notenbanken sind Regeln für eine Begrenzung übermäßiger Defizite sowie Sanktionsmöglichkeiten auf der Ebene der EG-Mitfinanzierung nationaler Maßnahmen vorgesehen. Die anzuwendenden Maßstäbe der Defizitbegrenzung bedürfen freilich ebenso noch der Konkretisierung.

Angesichts der stark divergierenden Ausgangsposition in den Mitgliedsländern überrascht es nicht, daß die Auffassungen der Partner über geeignete Maßstäbe noch erheblich auseinanderliegen. Während die Staatsverschuldung in Belgien fast 130 % und in Italien über 100 % des Bruttosozialprodukts erreicht, beläuft sich die entsprechende Quote für fünf Länder, darunter Deutschland, auf unter 50 %. Nimmt man dagegen die Defizitquoten, also die laufenden Fehlbeträge in Prozent des Bruttosozialproduktes zum Maßstab, rangiert Griechenland mit gut 15 % an der Spitze, gefolgt von Italien mit knapp 10 % und Dänemark, vom Sonderfall Luxemburg abgesehen, mit gut 1 % am Ende der Skala. Das heißt, daß z.B. 1989 49 % der gesamten staatlichen Kreditaufnahme in der EG allein auf Italien entfiel. Solche enormen Diskrepanzen lassen kaum einfache Regelungen zu. Neben der vertraglichen Festlegung der in der Bundesrepublik bereits angewendeten sogenannten goldenen Regel, nach der das Defizit des einzelnen Staatshaushalts die Ausgaben für Investitionen nicht überschreiten soll, könnte daran gedacht werden, zusätzlich quantifizierte Obergrenzen für die Staatsverschuldung und die laufenden Defizite in Relation zum Sozialprodukt festzulegen. Auf jeden Fall muß das Risiko eines Konkurses der Haushalte ausgeschlossen werden, d.h. Zins- und Tilgungszahlungen dürfen nicht mittelfristig zu steigenden Anteilen am Budget und im Verhältnis zum Bruttosozialprodukt führen und damit dem Verlust der Zahlungsfähigkeit, sondern müssen sinken, was für die überschuldeten Länder erhebliche, längerfristige Überschüsse im primären Budget (ohne Zins- und Tilgungszahlungen) erforderlich macht. Ein bitterer Weg, aber unausweichlich, soll der Ausweg der Schuldenentledigung durch Inflation, wie alle schwören, tatsächlich ausgeschlossen werden.

In diesem Kontext ausschließlich auf den disziplinierenden Zwang der Märkte - also auf schlechtes oder gutes Rating am Kapitalmarkt je nach Höhe des Defizits und der Verschuldenslage - zu vertrauen, wie von mancher Seite vorgeschlagen, erscheint mir allerdings realitätsfern. Zu vermuten steht eher, daß die Märkte im Vertrauen auf die Solidarität der Gemeinschaft ihre Risikoprämien nicht in einer den Defiziten adäquaten Weise kalkulieren werden, so wie sich dies schon heute, auch im ECU-Markt, beobachten läßt. Letztlich gäbe es damit keinen Riegel gegen eine stabilitätsgefährdende Finanzpolitik der einzelnen Fisci, und die stabilitätsorientierten Länder hätten aufgrund des Zinszusammenhangs die Lasten der weniger stabilitätsbewußten mitzutragen. Um so wichtiger ist also die Durchsetzung verantwortlicher finanzpolitischer Prinzipien für alle einzelnen Budgets einschließlich des Verbots der monetären Finanzierung durch die Zentralbank.

Dieses Verbot der Kreditvergabe des Europäischen Zentralbanksystems an die öffentliche Hand bedarf allerdings noch der abschließenden Klärung. Nachdem es zunächst schien, als bestehe in diesem Punkt Konsens, möchten einige Länder den direkten Zugang zum Notenbankkredit nun doch nicht gänzlich versperrt wissen. Sie wünschen, daß vom EZBS innerhalb festzulegender Grenzen automatisch Kassenkredit gewährt und darüber hinaus die Möglichkeit weitgehender Finanzierungen "auf freiwilliger Basis" eröffnet wird, allerdings ohne Verpflichtung dazu für das Europäische Zentralbanksystem. Angesichts gut entwickelter Geld- und Kapitalmärkte bedarf es solcher Vorkehrungen unseres Erachtens in keiner Weise, sie wären ein Anachronismus. Die mit einer weitreichenden Notenbankfinanzierung des Staates in einigen Ländern gemachten negativen Erfahrungen sollten überdies Grund genug sein, das Europäische Notenbanksystem erst gar nicht mit solchen Finanzierungsverpflichtungen zu befrachten. Der Druck, dem das Europäische Notenbanksystem aufgrund der angespannten Finanzlage vieler Mitgliedstaaten sonst ausgesetzt sein könnte, wäre möglicherweise ein Quell dauernder Konflikte, die nicht nur der Unabhängigkeit, sondern auch dem Stabilitätsauftrag abträglich sein müßten. Dies alles gilt in vergleichbarer Weise auch für die Stabilität des gesamten Finanzsystems, die eine große Mehrheit dem Europäischen Zentralbanksystem gleichfalls als Aufgabe zuweisen will, als lender of last resort notfalls auch ohne Deckung.

XV.

Zu den unbestrittenen Voraussetzungen für die Wirtschafts- und Währungsunion zählt die gemeinschaftsweite Schaffung des einheitlichen Marktes ohne physische, technische und fiskalische Binnengrenzen bis Ende 1992, wie sie die Einheitliche Europäische Akte 1985 festgelegt hat. Zu den knapp 300 zu seiner Verwirklichung erforderlichen Maßnahmen liegen die Kommissionsvorschläge zwar sämtlich vor, und über drei Viertel der Vorlagen wurden bereits endgültig vom Ministerrat verabschiedet. Offen ist aber noch eine ganze Reihe "kniffliger" Komplexe, wie etwa die Liberalisierung des öffentlichen Auftragswesens und die Beseitigung der Grenzkontrollen. Überdies existieren, wie von der Kommission selbst angemahnt, erhebliche Defizite bei der Umsetzung der Richtlinien in das nationale Recht.

Den schwächsten Punkt bei der Realisierung des Binnenmarktprogramms bildet dabei der anvisierte Kompromiß zur Harmonisierung der indirekten Steuern (die direkten Steuern sind im Binnenmarktprogramm nur hinsichtlich gewisser begrifflicher Klärungen und eindeutiger Doppelbesteuerungsregelungen angesprochen). Die vorgesehene bloße Verlagerung der bisherigen Grenzformalitäten (einschließlich des Besteuerungsausgleichs bei der Mehrwertsteuer) von den physischen Grenzen in die Unternehmen (so wie auch die zahlreichen Ausnahmen bei den Verbrauchssteuern) entspricht in keiner Weise dem Konzept eines mehrwertsteuertechnisch wahren Binnenmarktes, in dem ja, wie überall im verabredeten Binnenmarkt sonst, das Ursprungslandprinzip und nicht mehr das Verbrauchs- oder Bestimmungslandprinzip gelten soll.

Es ist noch immer nicht sicher, ob die bei Steuerfragen erforderliche Einstimmigkeit, zumal in bezug auf eine kurze Befristung, bei diesem zweifelhaften, überbürokratischen und kontraproduktiven Kompromiß erreicht werden wird. Ein Binnenmarkt ohne eine konsequente Mehrwertsteuerregelung nach dem Ursprungsland-Prinzip in allen Mitgliedstaaten ist ein Etikettenschwindel.

XVI.

Zur Vollendung eines trag- und dauerfähigen wirtschafts- und finanzpolitischen Fundaments der Wirtschafts- und Währungsunion sind, wie demonstriert, noch zahlreiche Hürden zu meistern und beträchtliche Kräfte im Hinblick auf eine Stärkung der Konvergenz zu mobilisieren. Nicht anders sieht es bezüglich des währungspolitischen Überbaus aus.

In den beiden für die deutsche Haltung zentralen Fragen, der vorrangigen und unzweideutigen Stabilitätsverpflichtung eines künftigen Europäischen Notenbanksystems sowie dessen volle Unabhängigkeit von politischen und anderen Einflußnahmen, sowohl auf nationaler wie auch auf europäischer Ebene, steht eine Einigung nach neunmonatiger Verhandlungsdauer immer noch aus. Nicht etwa, weil hier über einen Sachverhalt besonderer Komplexität zu entscheiden wäre. Es liegt schlicht daran, daß die Mehrheit der Partner bis dato einfach nicht bereit ist, ein auf diesen Prinzipien beruhendes Notenbanksystem zu akzeptieren.

Die Preisgabe politischer Einflußnahme von Regierung, Parlament und Parteien auf die Geldpolitik, die in den meisten EG-Ländern ja über eine alte Tradition verfügt, scheint anderswo noch unvorstellbar. Jedenfalls möchte eine Mehrheit dem Ministerrat die Befugnis einräumen, dem Notenbanksystem das Wechselkursregime und wechselkurspolitische Leitlinien vorgeben zu können. Wichtige Mitgliedstaaten suchen darüber hinaus zusätzlichen Einfluß über den Europäischen Rat zu gewinnen, dem als eine Art "gouvernement économique" die Leitlinienkompetenz nicht nur für die Wirtschafts-, sondern auch für die Währungspolitik zugestanden werden soll, die in der Wechselkurspolitik etwa bestimmte globale industriepolitische Ziele zu verfolgen hätte. Entspräche man solchen Ideen auch nur in Teilen, verkäme die Unabhängigkeit des EZBS leicht zur bloßen Farce. Mit einer derart materiell eingeschränkten Unabhängigkeit könnte letztlich jede formale Stabilitätsverpflichtung des Europäischen Zentralbanksystems unwirksam gemacht werden, sie wäre dann ohne realen Wert.

XVII.

Angesichts der enormen Widerstände gegen eine uneingeschränkte und wirksame Unabhängigkeit der Europäischen Zentralbank, die eine Unterstützung der allgemeinen Wirtschaftspolitik nur im Rahmen ihres Stabilitätsauftrags zuläßt, wird erkennbar, daß für manche allein die Vergemeinschaftung der D-Mark im Vordergrund steht. Sie wird als ein Mittel betrachtet, die ja nicht gerade konfliktscheue deutsche Stabilitätspolitik der in diesem Punkt "übersensiblen Deutschen" durch eine großzügigere und im Zweifel weniger konfliktträchtige europäische zu ersetzen bzw. diese durch jene "einzumauern".

Dies alles verbietet es, bereits in der zweiten Stufe, also noch bevor das endgültige Zustandekommen der geplanten Wirtschafts- und Währungsunion gewährleistet ist, währungs-politische Kompetenzen auf eine gemeinsame Währungsinstitution zu übertragen. Die Versuchung könnte zu groß sein, es auf längere Sicht, wenn nicht gar auf Dauer, bei einer solchen halb-supranationalen Institution eines Währungsregimes zur gesamten Hand zu belassen.

Zu Beginn der zweiten Stufe soll nun ein "Europäisches Währungsinstitut" etabliert werden. Von seinem institutionellen Aufbau wie von seinem Aufgabenkatalog her droht das Institut in

Konflikt mit den nationalen Geldpolitiken zu geraten, zumal seine Initiatoren ihm die Förderung der ECU sowie die Verantwortung für ein reibungsloses Funktionieren des Europäischen Währungssystems übertragen wollen. Es käme zu Grauzonen der Zuständigkeit, welche den nationalen Handlungsspielraum einengten, ohne daß schon eine eindeutige supranationale Kompetenz geschaffen worden wäre. Die dadurch programmierten Kollisionen würden das Vertrauen in die Geldpolitik, ihr wichtigstes Kapital, nur allzu leicht beschädigen.

Der Etablierung dieses Instituts kann nach meinem Dafürhalten nur zugestimmt werden, wenn es von Aufbau und Kompetenz den Rahmen des von der Bundesbank favorisierten Rates der Notenbankgouverneure, der aus dem bisherigen Gouverneursausschuß hervorgehen soll, nicht überschreitet. Es hat sich im wesentlichen auf die Vorbereitung der dritten Stufe in bezug auf Institutionen, Instrumente und Analysen sowie die Förderung der Konvergenz zu beschränken, also keine geldpolitischen Befugnisse auszuüben. Es müßte auch praktisch sichergestellt bleiben, daß die letzte Verantwortung für die Geldpolitiken bis zur Endstufe ungeschmälert bei den nationalen Notenbanken verbleibt, dem Institut nur die Gouverneure der zwölf Notenbanken angehören und in allen Koordinierungsfragen Einstimmigkeit vorgeschrieben ist. Ich halte es darüber hinaus für sofort geboten, die nationalen Notenbanken überall in die Unabhängigkeit zu entlassen, um dem gemeinsamen Gremium auch die notwendige Autorität zur Vorbereitung der dritten Stufe zu verschaffen. Warum will man heute noch verweigern, was morgen ohnehin als Voraussetzung erfüllt sein muß?

Eine institutionelle Aufrüstung der ab 1. Januar 1994 vorgesehenen zweiten Stufe verbietet sich nicht zuletzt auch deshalb, weil die für den Eintritt in die Übergangsphase ursprünglich aufgestellten Bedingungen der Konvergenz bis zum fraglichen Zeitpunkt nicht erfüllt sein dürften. Um den Termin gleichwohl zu retten, soll der Eintritt nun gleichsam zu Minimalbedingungen erfolgen können: Das Konvergenzpostulat ist auf die Aufforderung an die Mitgliedstaaten geschrumpft, baldmöglichst mehrjährige, auf eine Verstärkung der Konvergenz abzielende Programme vorzulegen und in Angriff zu nehmen. Statt konkreter Fakten reicht also die bloße Absicht. Daß es sich angesichts dieser Lage bei der zweiten Stufe um nicht mehr als eine Verlängerung der ersten Stufe handeln kann, jedenfalls um keinen Vorgriff - allenfalls eine Vorbereitung - auf die dritte Stufe handeln darf, sollte eigentlich kaum noch strittig sein.

XVIII.

Wegen der überragenden Bedeutung hinreichender Konvergenz für die Stabilität einer künftigen Wirtschafts- und Währungsunion ist zu gewährleisten, daß die für den Eintritt in die Endstufe zu fordernden Bedingungen nicht gleichfalls erodieren. Jedes Land muß sich darüber im klaren sein, daß es ohne die Erfüllung dieser Qualifikationsvoraussetzungen keine sofortige Teilhabe an der vollen Wirtschafts- und Währungsunion geben kann. Kein Land soll aber den Zug aufhalten oder bestimmen können, wenn es selbst noch nicht will oder kann. Auch darf es keine Pflicht zur Teilnahme im Falle der Erfüllung der Voraussetzungen geben.

Sofern sich in den kommenden fünf Jahren, vielleicht auch mehr, die nötige Konvergenz gewinnen läßt, wird sich auch eine Differenzierung in Europa nach "sofort" und "erst später" eingrenzen lassen. Es wäre im übrigen nicht das erste Mal, daß der europäische Integrationsprozeß mit differenzierten Tempi voranschritte. Zu wünschen ist freilich und sofort daran zu arbeiten, daß alle den Start gemeinsam schaffen können, gegebenenfalls erst zu einem späteren als dem frühest möglichen Zeitpunkt.

Selbst bei hinreichender Konvergenz wird es keine Wirtschafts- und Währungsunion geben, so die eindeutige Position des Bundeskanzlers, wenn es nicht gleichzeitig gelingt, die Politische Union mit Demokratisierung, Subsidiarität, Föderalisierung und gemeinsamer Außen- und Sicherheitspolitik zu realisieren.

Hinzu kommt, daß sich dieses Integrationsvorhaben nicht mehr auf das Europa der Zwölf begrenzen läßt, wir es weder begrenzen können noch dürfen. Die Europäische Gemeinschaft sieht sich durch die geschichtliche Wende vor ein Dilemma gestellt, dessen politische Auflösung unausweichlich ist. Sie wird langfristige Folgen für die Demokratie und die Entwicklung des gesamten Kontinents haben: Die Erfolge der westeuropäischen Wirtschaftsintegration (und auch die Fortschritte der politischen Zusammenarbeit einschließlich der Sicherheitskooperation im Nordatlantikpakt) waren so groß und so überwältigend, die Anziehungskraft der auf Innovation, Wettbewerb, Binnenmarkt und Währungsunion zusteuernden EG so unwiderstehlich, die Alternativen dazu so schwächlich, verkrüppelnd und selbstzerstörerisch, daß sie politisch und ökonomisch ausgeschieden sind.

Es wäre schon eine tragische Ironie, wenn just wegen der großartigen Durchsetzungskraft die Anstrengungen zur Krönung der Integration der Zwölf vermittels der Vollendung der Wirtschafts-, Währungs- und Politischen Union scheiterten, weil die Erweiterung der Gemeinschaft absoluten Vorrang vor ihrer Vertiefung erhielte, weil sich der mühsam gezimmerte und enggefaßte Terminplan deswegen ins Unbestimmte hinausschöbe und weil damit ein Rückfall in eine bloße erweiterte Freihandelszone zu befürchten wäre. Anderseits können weder die Ängste gegen den Ausbau und für das Machtinteresse an der Erhaltung der heutigen Balance der EG der Zwölf noch die bloße Öffnung durch Ausweitung nach dem erreichten Stand der Integration oder gar ihre Abschwächung die richtigen Antworten sein. Sonst erwiese sich der großartige Erfolg der westeuropäischen Integration gewissermaßen als selbstzerstörend, was die gesamteuropäische Einigung zurückwerfen müßte und unabsehbare politische Folgen haben würde. Nein, nach der Öffnung des Ostens zum Westen muß sich jetzt dieser zum Osten öffnen, selbstverständlich nur auf der Grundlage des sogenannten "acquis commun autaire" mit weitreichenden Konsequenzen selbstredend für die bisherige EG.

XIX.

Solche weitreichenden Konsequenzen wird es bei der Raumwirtschaftsstruktur eines großen Europas geben. Schon die durch den Gemeinsamen Markt entstandene Struktur ist nicht durch ausgeglichenere, die historischen Disparitäten zwischen den National- und Regionalwirtschaften generell einebnende Entwicklungstrends bei Beschäftigung und Einkommen gekennzeichnet. Wohl hat es erhebliche Veränderungen gegeben: die Niveaus aller Wirtschaftsräume sind angehoben worden. Auch haben sich die regionalen Disparitäten erheblich verschoben, aber generell gilt doch, daß die bereits entwickelten Regionen besonders stark profitiert haben, vor allem die sogenannte "Banane" und der sogenannte "Sonnengürtel", während die schwächeren, vor allem die peripheren Regionen, sich erheblich schwerer dabei taten aufzuschließen.

Denn Westeuropa durchzieht heute eine Agglomerationsachse in Form einer "Banane", die sich von London über Amsterdam und Paris zum Rhein-Ruhrgebiet, zum Rhein-Maingebiet, über die Schweiz bis zum "Sonnengürtel", Norditalien, die Mittelmeerküste bis Nordostspanien erstreckt. Einige Studien (DATAR, Pirelli) sehen das Wachstumszentrum der EG mittlerweile stärker im südlichen Dreieck Frankfurt-Triest-Valencia, während das nördliche London-Paris-Amsterdam-Ruhrgebiet wegen seiner überholten schwerindustriellen Orientierung und wegen urbaner Verstopfung relativ niedergeht. Bis vor kurzem galt es als feststehend, daß die Vollendung des Binnenmarktes diese Tendenzen nochmals verstärken wird, weshalb ja auch die Verdoppelung der EG-Strukturfonds bis 1993 zugunsten der peripheren (und altindustriellen) Gebiete festgelegt wurde.

Jetzt fällt die Realisierung des Binnenmarktes und des Europäischen Wirtschaftsraumes zeitlich mit der Öffnung der mittel- und osteuropäischen Volkswirtschaften zum Westen zusammen. Dieser doppelte Öffnungsvorgang wird einen wesentlichen Einfluß auf die künftige Wachstums-geographie Europas haben: alle Studien stimmen darin überein, daß die so geschaffene Dynamik Wachstum und Expansion in einigen Bereichen stärker als in anderen fördern wird. Das trägt erneut dazu bei, das Verhältnis von Agglomeration und Peripherie, um es in diese Kurzformel zu komprimieren, in ganz Europa neu zu definieren. In welcher Weise genau, das erscheint nach der Rückkehr Gesamteuropas in seine geopolitische Normallage - mit stärker ausgeprägten West-Ost-als Nord-Süd-Beziehungen, die zuvor im getrennten Westeuropa dominiert hatten - wieder offener.

Das Ende der europäischen und deutschen Teilung dürfte jedenfalls stärkere Impulse für die nördlichen und die östlichen Teile der "Banane" und die östlichen Teile des "Sonnengürtels" bis Triest bringen, die alte Handelsachse London-Benelux-Rheinschiene-Berlin-Warschau(-Moskau) wieder aktiviert werden.

Die tatsächlich eintretende Entwicklung hängt von einer ganzen Reihe von Faktoren ab, deren Wirksamkeit und Zusammenwirken noch nicht wirklich überschaut werden können:

- Kehren die Reformländer zurück in ihre überkommenen Handels- und Industriestrukturen, oder beharren sie auf ihren in der Kommandowirtschaft aufgebauten Strukturen plandiktierter Spezialisierung?

- Werden eher "geschlossene" Volkswirtschaften restauriert - auch zur Verringerung der Abhängigkeit von den früheren Blockstaaten -, oder werden auf Wettbewerbsfähigkeit hin angelegte Wirtschaftsregionen im offenen Marktzugang internationaler Arbeitsteilung mit moderner leistungsfähiger Infrastruktur geschaffen? Ihnen wäre zwar auf Zeit ein nationaler Schutz zu gewähren, sie richteten sich aber auf ein Mitwirken im Weltmarkt und nicht auf eine Rolle im Hinterhof.

- Welche Strategie werden die westlichen Industrienationen, werden die internationalen Wirtschaftsorganisationen, vor allem welches Konzept der Kooperation, Assoziierung und Vorbereitung auf die Mitgliedschaft wird die EG verfolgen? Wie können sie dazu beitragen, daß der Prozeß des Zerfalls der Kommandostrukturen und der Renationalisierung nicht unaufhaltsam zu weiterer wirtschaftlicher und politischer Desintegration führt, sondern in zivilisatorische Reintegration und demokratische Stabilität, auch in der wirtschaftlichen Kooperation und Integration?

Soviel erscheint klar: ein mechanisches Anknüpfen an die Strukturen vor der Spaltung macht keinen Sinn, man müßte schon in die Zeit bis zum 1. Weltkrieg zurückgreifen; und was hat sich nicht alles im letzten halben, dreiviertel Jahrhundert, vor allem im Westen, verändert - in der Technologie, in der wechselseitigen Marktdurchdringung, in der Kommunikation, im mikroökonomischen Netzwerk der Unternehmens- und Technikkooperation, im Gewerkschafts- und Verbandswesen, vor allem in der Erfahrung nicht nur großer, sondern vor allem der Millionen kleiner und mittlerer Unternehmen, auch des Handwerks, die sich in der hocharbeitsteiligen, spezialisierten Industrie- und Dienstleistungsgesellschaft bewährt haben.

Das Modell einer "Weggenossenschaft" für den Osten im Sinne eines mehr oder weniger nachahmenden schematischen Duplizierens der Entwicklungsstufen, die die westeuropäischen Länder durchlaufen haben, dürfte kaum taugen - ebensowenig das Modell einer "Zeitgenossenschaft" im Sinne eines beherzten Sprungs in die heutigen Muster weltwirtschaftlicher Arbeitsteilung, in denen weder technologische Beherrschung noch marktorientierte Effizienz, Qualität, Design und Produktivität über Nacht entstehen. Ein Studium der Erfolgsgeschichte der neuen "Tiger" in Ost- und Südostasien schiene hier ebenso wichtig wie eine nüchterne Analyse des harten und bitteren Strukturwandels in den vom Niedergang betroffenen altindustriellen Problemgebieten in Westeuropa, besonders in den Werft- und Montanregionen Westdeutschlands, und seine Bewältigung. Allerdings muß immer zugleich auch aus der eigenen Erfahrung, der vorhandenen Qualifikation und der kulturellen Identität geschöpft werden.

Dies bedeutet für Westeuropa, daß der Strukturwandel noch schneller und schärfer wird, daß der Wettbewerb sich weiter intensiviert. Es gibt auch keine Kooperation, keine Assoziierung und schon gar keine Mitgliedschaft von mittel- und osteuropäischen Reformstaaten in der EG, ohne daß die EG-Länder sich im Handel, d.h. bei den Einfuhren, und zwar gerade auch in den eigenen sensitiven Bereichen, also bei den Agrarprodukten, Textilien, Stahl und Kohle, weit öffnen. Nur so könnte auch erreicht werden, daß nicht die Menschen selbst dort auswandern und zu uns drängen.

Über die Einfuhröffnung hinaus muß das EG-Programm der Strukturfonds (z.B. im Rahmen eines eigens dafür geschaffenen Sonderfonds) ebenso wie die vielfältige sonstige multi- und bilaterale Hilfestellung systematisch für die neuen prospektiven Mitgliedstaaten zur gezielten, produktiven Unterstützung vor allem beim Aufbau einer leistungsfähigen Infrastruktur für Berufsbildung, Handwerk und mittelständisches Gewerbe und Industrie, für Managementwissen und Technologietransfer im weiten Sinne eingesetzt werden.

XX.

Als Fazit ergibt sich, daß parallel zur Vertiefung der Integration innerhalb der Gemeinschaft ihre Erweiterung praktisch zeitgleich zu betreiben ist. In Maastricht wird es also neben dem Abschluß des Vertragswerks, dessen Textentwürfe sich aus den beiden Regierungskonferenzen speisen, zur Klärung der Perspektive für neue Mitglieder (vor allem aus der EFTA, mit der inzwischen erfreulicherweise der einheitliche europäische Wirtschaftsraum vereinbart werden konnte) und für eine innerhalb etwa eines Jahrzehnts zur vollen Mitgliedschaft führende Assoziierung der mittel- und osteuropäischen Reformstaaten (einschließlich der baltischen Republiken) kommen müssen. Es wäre verhängnisvoll, beitrittswillige Staaten auszugrenzen, die von ihren politischen und wirtschaftlichen Voraussetzungen her die Konvergenz- und Qualifikationsanforderung schon jetzt voll erfüllen, wie Österreich und Schweden; jedenfalls eindeutiger als einzelne Mitgliedstaaten.

Daß wir den mittel- und osteuropäischen Reformstaaten eine klare Perspektive bis zur Mitgliedschaft aufzeigen müssen, gebietet nicht nur die Solidarität und das Ziel eines demokratischen und sozialen Gesamteuropas.

Daß wir dabei den in einem mehr oder weniger lockeren oder engeren konföderalen Verbund in der bisherigen Sowjetunion verbleibenden souveränen Republiken unsere Zusammenarbeit anbieten, versteht sich von selbst, so wie auch unsere Hoffnung, daß sich diese Staaten als eine Wirtschafts- und Währungsgemeinschaft eigenen Typs etablieren werden. Eine Einbeziehung auch dieser Republiken oder der erneuerten Union selbst in die Europäische Gemeinschaft sollte für absehbare Zeit, vor allem aus realwirtschaftlichen Gründen, nicht verfolgt werden.

Die skizzierten Notwendigkeiten zu einer klaren politischen Perspektive für Gesamteuropa zielen auf einen Akt im historischen europäischen Integrationsprozeß, der ebenso in der Logik des eigenen Interesses läge, wie er auch den Weg freimachen könnte für die dringlich notwendige Wahrnehmung der Verantwortung Europas für die Welt, in der Triade der Industrienationen mit Nordamerika und Japan, in der Uruguay-Runde des GATT, in der phantasievollen Verknüpfung von Abrüstung, Konversion, Waffenexportkontrolle und der ökologisch-ökonomischen Hilfe durch Schuldenreduzierung vermittels "debt for nature swaps", im Kampf gegen Hunger, Armut, Gewalt und Drogen, zur Gewinnung und Gestaltung einer konsistenten Handlungsperspektive für dauerfähige Entwicklung in verträglichen und stabilen Raumstrukturen.

Hans-Jürgen von der Heide

Zur zukünftigen räumlichen Entwicklung in Deutschland

I.   Dramatische Veränderung der Ausgangssituation

1. Es ist knapp zwei Jahre her, daß sich zwischen Ungarn und Österreich erstmals für deutsche Flüchtlinge der Eiserne Vorhang öffnete. Es ist noch nicht einmal ganz zwei Jahre her, daß sich in Berlin und entlang der innerdeutschen Grenze die Deutschen wieder gegenseitig ohne Reisebeschränkungen begegnen können.

Innerhalb dieses Zeitraums haben sich die politischen und die gesellschaftlichen Verhältnisse in Europa und inzwischen auch in weiten Teilen Mittel- und Nordasiens in einer Weise verändert, die noch vor zwei Jahren unvorstellbar war. Diese Veränderungen gehen wohl noch über die Veränderungen hinaus, die die französische Revolution, Napoleons Reichsdeputationshauptschluß in Deutschland und der Wiener Kongreß für ganz Europa und erneut einschließlich Deutschlands bewirkten. Damals entstand zu Anfang des 19. Jahrhunderts in Europa eine neue Staatenordnung, jetzt geht diese Neuordnung weit über die europäischen Grenzen hinaus. Noch ist nicht abzusehen, wohin dieser Änderungsprozeß noch führen wird. Er hat inzwischen auf Afrika (Angola, Mozambique, Abessinien), auf Amerika (Kuba und Nicaragua) und Südostasien (das ehemalige Indochina) übergegriffen.

Diese Veränderungen gehen in ihren Auswirkungen weit über die inzwischen erfolgte Vereinigung der bisherigen beiden deutschen Teilstaaten hinaus. Die Wiedervereinigung der Deutschen zu einem Staatswesen ist also nur als Teil - und zwar ein politisch hoch bedeutsamer - dieses Gesamtprozesses zu begreifen.

2. Gewichtiger noch als die Veränderung der Grenzen und das Entstehen oder Wiederentstehen vieler neuer Staaten ist für die Welt der Zerfall der zweiten Weltmacht, der Sowjetunion. Mit ihr ist eine Weltanschauung - ja wohl mehr eine Ersatzreligion - im Untergehen, die die letzten 150 Jahre entscheidend mitgeprägt hat. Überall werden die Denkmale von Wladimir Iljitsch Uljanow, genannt Lenin, der dieses Jahrhundert als Einzelperson wohl am meisten geprägt hat, gestürzt. Mit der Auflösung der kommunistischen Partei der Sowjetunion hat "realer Sozialismus" im Sinne des Marxismus/Leninismus sein Ende gefunden.

Manche Menschen werden dieses abrupte und völlig unvorhersehbare Ende dieser Weltanschauung nicht nur mit Freude, sondern auch mit einer gewissen Schadenfreude zur Kenntnis nehmen. Da ist dann in manchen Presseorganen vom Sieg des Kapitalismus über den Sozialismus die Rede. Sie sollten sich nicht zu früh freuen.

Die Ideen der französischen Revolution: Freiheit, Gleichheit, Brüderlichkeit haben trotz der lange währenden Restaurationsepoche unter Fürst Metternich nach noch nicht einmal 100 Jahren ganz Europa beherrscht. Sie wurden zum Fundament unserer durch die Menschenrechte geprägten

Weltordnung. Ich will nicht ausschließen, daß Reste marxistisch/leninistischen Denkens in den Generationen unserer Kinder und Kindeskinder dazu führen können, daß sie die Schlagworte Gleichheit und Brüderlichkeit anders verstehen werden als wir. Für die Brüderlichkeit schiene mir dies nicht abwegig zu sein, denn hier gibt es in unserer Generation wohl noch immer ein beachtliches Defizit.

3. Von dem Zusammenbruch der marxistisch/leninistischen Ideologie wird auch unser Weltbild berührt. Wie alle Ideologien hat auch unser Weltbild des demokratischen Rechtsstaats und der sozialen Marktwirtschaft mit vom Gegensatz gegenüber dem Sozialismus gelebt. Vieles davon läßt sich als Gegenposition besonders einleuchtend und überzeugend definieren. Wir wissen aus der Weltgeschichte nur zu genau, daß der Untergang des geistigen Feindbilds sehr oft und manchmal schon sehr schnell zur Pervertierung der anderen Ideen geführt hat. Hier gilt es, auf der Hut zu sein. Hüten wir uns davor, daß unser Weltbild von einem solchen Prozeß des Zerbröckelns erfaßt wird. So, wie der Sozialismus in seinem Endstadium zu einem menschenfeindlichen System des Bürokratismus erstarrte, so kann auch unser System auf ähnliche Weise zugrunde gehen, wenn die geistigen Kräfte ständiger Erneuerung nicht mehr gefragt sind.

4. Beides - die neue Staatenordnung und das Scheitern des kommunistischen Systems - wird die weitere Entwicklung unseres Landes und Europas entscheidend prägen. Wir leben in einer neuen Zeit, ohne dies allerdings schon wirklich begriffen zu haben. Wenigstens im Westen Deutschlands bewegt sich unser Leben bisher in den gewohnten Bahnen.

Politiker dagegen begreifen Veränderungen des Lebensklimas meist sehr schnell, denn davon hängt letzten Endes ihr Erfolg ab. Sie haben auch jetzt begriffen, daß sich unsere Welt in einem unerhörten Umbruch befindet. Aber jetzt läßt sich nicht einmal mehr erahnen, wohin die Reise gehen wird. Hier, scheint mir, liegt die Ursache für die Verunsicherung, die zunehmend die deutsche Politik - innen und außen - zu bestimmen scheint. Selbst unser erfahrener und schlachtenerprobter Außenminister strahlt nicht mehr die Sicherheit aus, die sonst sein Auftreten beherrscht hat. Die alten abgedroschenen Schlagworte ziehen immer weniger, auch wenn noch die alten Konflikte das politische Tagesgeschehen beherrschen.

Das, was für die Politik gilt, gilt wohl auch für unsere Wissenschaft. Auch für die zukünftige räumliche Entwicklung lassen sich heute viel schwieriger als bisher einigermaßen zuverlässige Vorhersagen treffen. Auch wir Raumplaner wissen nur beschränkt, wohin in Geschichte und Wirtschaft der weitere Weg führen wird. Wir können vor allem auch die künftige gesellschaftliche Entwicklung nur schwer einschätzen.

5. Mit dem Untergang der marxistisch/leninistischen Ideologie und der machtpolitischen Vorherrschaft der Sowjetunion über Osteuropa brechen in Mittel- und in Osteuropa alle jene uralten Konflikte wieder auf, die die Geschichte Europas über Jahrhunderte bestimmt haben. Dort, wo diese Konflikte den Lebensnerv von Völkern berühren, dort wird heute bereits geschossen. Im sich auflösenden Jugoslawien geht es um eine Grenzziehung, die schon zwischen dem oströmischen und dem weströmischen Reich heiß umstritten war. Durch Jahrhunderte schieden sich hier Katholizismus und Orthodoxie, später Christentum und der Islam türkischer Prägung. Hier wurden die Weichen gestellt, die zum 1. Weltkrieg führten, hier ist im 2. Weltkrieg mit besonderer Erbitterung gekämpft worden. Andere Konflikte bahnen sich an, nicht nur im Osten Europas, sondern auch in Asien. Es kriselt zwischen Tschechen und Slowaken, Feindschaft besteht

zwischen Ungarn und Rumänen, die Bulgaren verfolgen ihre türkische Minderheit. Für uns Deutsche muß es eine Beruhigung sein, daß die Wiederherstellung der baltischen Staaten, an deren Untergang Deutschland so maßgeblich beteiligt war, ohne das große Blutvergießen möglich wurde, das so lange zu befürchten war.

6. Für die weitere Entwicklung der Welt wird besonders wichtig werden, was sich nun in der Sowjetunion ereignet. Neben Moskau und St. Petersburg wird es in Zukunft neue zusätzliche Schwerpunkte der Macht geben, deren Namen wir erst werden lernen müssen. Namen wie Kiew, Baku, Tiflis, Eriwan und Alma Ata werden in Zukunft in der Weltpolitik Gewicht haben. Im Süden der Sowjetunion dürfte sich eine Kette vorwiegend islamisch bestimmter Staaten bilden, denen Europa fern sein wird.

7. Eines wird in diesen Monaten immer deutlicher: In der alten Bundesrepublik haben wir durch Jahrzehnte hindurch auf einer Insel der Seeligen gelebt, behütet durch unsere Verbündeten, deren Feinde wir waren, und von ihnen vor den neuen Feinden geschützt. Beide deutschen Staaten blockierten sich gegenseitig. So waren wir in der Politik ein Zwerg, aber zugleich eine der führenden Mächte in der Weltwirtschaft.

Wir spüren, daß es diese Sicherheit in der Abgeschiedenheit nun nicht mehr gibt. Wir wissen oder wir ahnen, daß wir nun wieder neu und voll gefordert werden. Die Rolle Deutschlands in Europa und in der Welt ist neu zu definieren.

Erst jetzt ist der 2. Weltkrieg, erst jetzt ist die Epoche, die vor dem 1. Weltkrieg begann, wirklich zu Ende gegangen. Erst jetzt müssen alle Deutschen die Kriegslasten bezahlen, auf die unsere Landsleute im Osten durch vier Jahrzehnte schon so große Vorleistungen erbringen mußten.

Die meisten von uns wollen dies noch immer nicht recht wahrhaben. Sie verschließen lieber die Augen vor der neuen Wirklichkeit. Aber damit kommen wir nicht weiter.

II. Die neue Lage hat nachhaltige Auswirkungen auf die räumliche Entwicklung in Deutschland und in Europa

1. Dies ist der Horizont, vor dem heute die Raumordnung steht. Vor diesem Hintergrund muß sie die räumliche Entwicklung des ganzen Deutschlands in einem sich neu formenden Europa ganz neu definieren. Raumordnung als Staatsaufgabe ist noch nie so wichtig gewesen wie jetzt. Nur selten kam es bisher in ähnlich dramatischer Weise darauf an, Einfluß auf die räumliche Entwicklung zu nehmen. Es drohen jetzt Fehlentwicklungen, die nicht nur unendlich viel Geld verschlingen, sondern für Teilräume auch die Lebensgrundlagen bedrohen können.

Vor wenigen Wochen führte der Bundeskanzler mit den Präsidenten und den leitenden Mitarbeitern der Geschäftsstellen der kommunalen Spitzenverbände ein Gespräch, in dem es zunächst um Fragen der Tagespolitik ging. Der Kanzler bezeichnete es dann aber als eine der wichtigsten Aufgaben des Regierungschefs, sich Klarheit darüber zu verschaffen, wie in 20 oder 25 Jahren Deutschlands und Europas Stellung in der Weltwirtschaft aussehen könnte. Denn wenn wir unseren jetzigen Status erhalten wollten, dann müßten für die Zukunft jetzt die Weichen richtig gestellt werden. Er bat die kommunalen Spitzenverbände, darüber mit nachzudenken. Er wolle mit ihnen darüber ein weiteres Gespräch führen.

2. In der Tat, jetzt müssen die Weichen gestellt werden, wenn Deutschland auch in Zukunft in Europa und in der Welt seine Rolle spielen soll. Dabei kommt der räumlichen Ordnung unseres Landes, seiner Nachbarländer, in der EG und in der EFTA eine ausschlaggebende Rolle zu. Wie schnell dabei die politische Entwicklung fortschreiten kann, das hat in diesen Tagen die Einigung zwischen der EG und der EFTA bewiesen. Dem Binnenmarkt werden also nun nicht nur die 12 EG-Mitglieder angehören, sondern zusätzlich die sieben EFTA-Staaten, sechs Länder und der Zwergstaat Liechtenstein. Mit 380 Millionen Einwohnern wird es der größte Binnenmarkt der Welt sein.

3. Die Akademie für Raumforschung und Landesplanung hatte schon im Frühjahr 1990 einen Ad-hoc-Arbeitskreis mit dem Auftrag gebildet, Leitlinien für die zukünftige räumliche Entwicklung in Deutschland zu erarbeiten. Es war schon damals klar geworden, daß die Schaffung der inneren Einheit Deutschlands und die zu erwartende engere Zusammenarbeit in Europa Anlaß zu einer Neuorientierung der Raumordnungspolitik für Deutschland geben mußten. Denn ihr übergreifender Ansatz umfaßt gleichermaßen die Förderung der wirtschaftlichen und sozialen Entwicklung wie die Sicherung der natürlichen Lebensverhältnisse. Aus der Sicht der Akademie haben die bewährten Leitziele der Raumordnungspolitik auch für die Zukunft Gültigkeit. Sie wurden deshalb den Überlegungen der Arbeitsgruppe zugrunde gelegt, aber im Verlauf der Arbeit auch entschieden weiterentwickelt.

Im Spätsommer 1991 konnte die Arbeitsgruppe ihre Beratungen abschließen. Das Präsidium der Akademie billigte die gefundenen Ergebnisse Ende Oktober 1991. Sie wurden auf der Wissenschaftlichen Plenarsitzung der Akademie vom 24. bis 26. Oktober in Aachen der Öffentlichkeit vorgestellt. Das Präsidium hat sie der Bundesraumordnungsministerin vorgelegt und die Grundzüge der Arbeit den Mitgliedern des Bundestagsausschusses für Raumordnung, Bauwesen und Städtebau vorgestellt.

Zeitgleich zur Vorlage der Leitlinien übergab die Akademie weitere Untersuchungen zu Perspektiven einer europäischen Raumordnung - ein Ergebnis ihrer Deutsch-Französischen Arbeitsgemeinschaft -, zur Entwicklung der großen Städte in Deutschland und zum Ausbau der Verkehrsinfrastruktur wie auch eine Verwaltungshilfe zum Aufbau in den neuen Bundesländern der Öffentlichkeit. Der Akademie war dieses enorme Arbeitspensum nur möglich, weil sie ihre Arbeiten auf diese aktuellen Fragen konzentrieren konnte und sich eine große Anzahl der Mitglieder und die Mitarbeiter des Sekretariats in einem ungewöhnlichen Einsatz daran beteiligten.

Der Arbeitsgruppe waren besonders hilfreich auch die Arbeiten des Rijksplanologischen Dienstes der Niederlande (Den Haag) zur zukünftigen räumlichen Entwicklung in Nordwest-Europa.

4. Eines sei vorab bemerkt. In Frage gestellt ist nicht nur die räumliche Ordnung in den neuen Bundesländern, sondern ebenso auch die in der alten Bundesrepublik. Ganz Deutschland muß sich neu orientieren, alle deutschen Teilräume sind von der sich ändernden Ausgangslage betroffen. Als erste haben dies die Bonner schmerzlich bemerkt, als die Mehrheit des Deutschen Bundestages in der Hauptstadtfrage anders entschied, als sie es sich vorgestellt hatten. Die Verlagerung des Bundestages und des Kernbereiches der Bundesregierung von Bonn nach Berlin ist nur ein Teil eines viel weiterreichenden Prozesses. Zahlreiche Bundeseinrichtungen (Behörden und Gerichte)

werden aus der alten Bundesrepublik in die neuen Länder verlegt werden. Bei Zollbehörden, Bundesgrenzschutzbehörden und manchen anderen Bundeseinrichtungen ist dies schon geschehen. Besonders nachhaltige Auswirkungen werden sich aus der Abrüstung ergeben. Alliierte Streitkräfte und die Einheiten der Westarmee der Sowjetunion werden Deutschland in absehbarer Zeit verlassen. Die Bundeswehr wird ihrerseits mit der angekündigten Herabsetzung der Truppenstärke zahlreiche Standorte aufgeben. Davon werden mehr als 100 000 Menschen berührt sein. Die Verringerung der in Deutschland stationierten Streitkräfte wird insgesamt ein Vielfaches der Truppenstärke umfassen, die Deutschland nach dem Versailler Vertrag mit der Hunderttausend-Mann-Reichswehr haben durfte. Das macht die Größenordnung deutlich, um die es bei der Abrüstung geht.

5. Die zentralistische Politik in der ehemaligen DDR hat in Ostdeutschland zu einer unausgewogenen Raumstruktur und zu großen Disparitäten geführt. Zwischen West- und Ostdeutschland besteht ein enormes Gefälle in der wirtschaftlichen Leistungskraft. In den beiden schmalen Staatsgebilden der deutschen Teilstaaten war die Nord-Süd-Richtung die bestimmende. Jetzt gewinnen in Deutschland wieder die Ost-West-Verbindungen an Gewicht, denn nur so lassen sich West- und Ost-Deutschland ausreichend miteinander verzahnen.

Diese ganz neuartige Ausgangslage zwingt zu einem Überdenken auch der Fachpolitiken. Auf der Grundlage des Gebots nach gleichwertigen Lebensverhältnissen in allen Teilräumen Deutschlands ergibt sich aus der Sicht der Raumordnung für alle Fachpolitiken ein klarer Vorrang für Maßnahmen in den neuen Bundesländern. Das wird zu einer Raumordnungspolitik des mittleren Wegs und zu einer Struktur- und Förderpolitik unterschiedlicher Geschwindigkeit führen. Allerdings muß beim Einsatz der knappen Finanzmittel darauf geachtet werden, daß die notwendigen Anpassungsmaßnahmen in den alten Bundesländern nicht gänzlich unterbleiben, denn der positive Effekt der inneren Einheit Deutschlands ergibt sich nur aus dem Zusammenwirken der Entwicklung in den neuen und in den alten Ländern. Für den Aufschwung im Osten werden vielfach neue Instrumente zu entwickeln sein. Immer deutlicher zeigt sich, daß das zum Teil doch recht schwerfällig gewordene Instrumentarium westdeutscher Entwicklungspolitik nicht ohne weiteres auf die ganz andersartige Situation in den neuen Bundesländern übertragen werden kann. Dort macht sich noch immer das Fehlen leistungsfähiger Landesverwaltungen bemerkbar, die sich erst im Aufbau befinden.

6. Namhafte Wissenschaftler aus den unterschiedlichsten Bereichen haben am Entstehen der Leitlinien mitgewirkt und ihre Erkenntnisse und Erfahrungen beigetragen. So ist ein eindrucksvolles Werk entstanden, daß den politisch Verantwortlichen Rat und Hilfe bieten kann, wenn es jetzt darum geht, Grundsatzentscheidungen für die zukünftige räumliche Ordnung in Deutschland zu treffen. Dabei ist zunächst die für die Raumordnung zuständige Bundesministerin angesprochen, die bereits mit ihrer Konzeption für die räumliche Ordnung in den neuen Ländern einen mutigen Schritt voran getan hat. Ebenso angesprochen sind die Landesplanungsminister und die Ministerkonferenz für Raumordnung, denn die Umorientierung der Raumordnung kann nur als Gemeinschaftswerk von Bund und Ländern gelingen. Angesprochen werden aber auch alle Fachminister, die Investitionen mit räumlichen Wirkungen zu verantworten haben.

Mögen die Leitlinien ihren Zweck erfüllen. Mögen sie möglichst bald in ein gemeinsames Entwicklungskonzept von Bund und Ländern umgesetzt werden.

HANS-DIETER FREY

Die Rolle der Regionen in Deutschland und Europa

1. Begriff

Bereits aus der Systematik der Gebietseinheiten für die EG-Abgrenzung zeigt sich die Unterschiedlichkeit des Begriffs Regionen auf der europäischen und der nationalen Ebene.

Regionen können reine Verwaltungseinheiten ohne eigenständige Aufgaben- und Finanzkompetenz sein, Regionen können aber auch, wie die deutschen Bundesländer, die Qualität eigener demokratisch verfaßter Staatlichkeit haben.

Allein diese Bandbreite im Kontext mit der Rolle des Nationalstaates im europäischen Entwicklungsprozeß würde ausreichend Diskussionsstoff bieten. Die Rolle der Regionen sollte jedoch auch auf der Grundlage ihrer heutigen Entwicklungssituation gesehen werden, sie muß außerdem im Rahmen der Zielvorstellung für dieses künftige Europa definiert werden.

2. Trends in Europa

Die äußere Situation läßt sich kurz wie folgt umschreiben:

Der europäische Raum ist Schauplatz revolutionärer Umbrüche. Stichworte hierfür sind:

- die deutsche Vereinigung,
- die innere und äußere Umstrukturierung der Länder Ost- und Südosteuropas,
- der Drang der EFTA-Länder zur EG-Mitgliedschaft,
- zum Nord-Süd-Gefälle kommt nun ein West-Ost-Gefälle hinzu,
- die Anstrengungen zur Neudefinition der politischen Rolle Europas,
- die Realisierung des Binnenmarktprogrammes und die
- Ausdehnung internationaler Wirtschaftsbeziehungen und Strategien.

Die europäische wirtschaftsgeographische Entwicklung seit dem Zweiten Weltkrieg wird dadurch für uns neue - aber historisch gesehen auch teilweise alte - Trends aufnehmen.

Innerhalb Europas sind die Unterschiede zwischen den Regionen hinsichtlich der Lebensbedingungen und der Produktionsergebnisse gewaltig. Dabei ist selbst diese Feststellung bei weiterer Betrachtung und unter Berücksichtigung verschiedener Kriterien nicht immer eindeutig, wenn man die ökonomischen Entwicklungsfaktoren verläßt und die Lebensqualität, die Umwelt und die Ressourcen in die Betrachtung miteinbezieht.

Weit größere Unsicherheiten treten aber dann auf, wenn wir prognostizieren wollen.

Trotzdem kann sich ein erster Hinweis aus der Trendfortschreibung ergeben. Ist man mit dieser Perspektive nicht einverstanden, so lassen sich hieraus auf jeden Fall politische Strategien ableiten, sofern andere Zielvorstellungen vorliegen.

Folgende Trends zeichnen sich ab:

- Neben der sogenannten "Banane" als Entwicklungsband aus den klassischen wirtschaftsstarken Regionen Europas bis zu den wohlhabenden Regionen in Süddeutschland und Norditalien ergibt sich eine zweite Entwicklungslinie über die sich rasch entwickelnden Regionen Südfrankreichs bis nach Spanien. Gleichzeitig bildet sich durch die Öffnung Osteuropas ein Entwicklungsband aus den klassischen europäischen Regionen in die neuen Bundesländer und die südosteuropäischen Staaten.

- Die Gesamtentwicklung wird stark von den demographischen Bedingungen abhängig sein. Trotz aller Diskussionen über die Wanderungsbewegungen zwischen den Ländern der Gemeinschaft und den Ländern in Südosteuropa sowie Nordafrika dürfte die Einwohnerzahl der Gemeinschaft - ohne weitere Mitglieder - in den 90er Jahren bei etwa 340 Mio. stagnieren, da die internen langfristigen Trends niedriger Geburtenraten weiterbestehen werden.

Deshalb wird insbesondere in den Regionen im Zentrum der Gemeinschaft eine weitere Zunahme der Altersquotienten feststellbar sein. Andererseits wird das Bevölkerungswachstum außerhalb der Gemeinschaft weiter anhalten.

Der davon ausgehende Druck wird sich in verstärkten Zuwanderströmen in die Gemeinschaft widerspiegeln. Die Abwanderung gilt für die Nicht-EG-Länder des Mittelmeerbereichs, aber auch für Länder Mittel- und Osteuropas, wo aller Wahrscheinlichkeit nach zumindest auf kurze Sicht nicht genügend Arbeitsplätze geschaffen werden können.

Mit der Freizügigkeit einerseits in Europa und der Außenwanderung andererseits werden die weniger begünstigen Gebiete der Gemeinschaft von Abwanderungen betroffen und die Zuwanderung vor allem in verdichtete Wachstumsregionen erfolgen.

- Auch in den kommenden Jahren wird die große Anziehungskraft der Ballungsräume dazu führen, daß sich neue Wirtschaftätigkeiten in den Bevölkerungsschwerpunkten bilden. Insbesondere die Tertiarisierung der Produktion und die Auslagerung von Dienstleistungen ist ein besonderes Entwicklungsmerkmal verdichteter Räume mit Entwicklungspotential.

Regionen, die von der Deindustrialisierung aufgrund von Produktionsverlagerungen betroffen sind, können dagegen kaum durch die Dienstleistungsorientierung Kompensation erreichen.

- Auf dem Gebiet der Telekommunikation werden die neuen Entwicklungen der Informationstechnologien zu neuen Raum-Zeit-Dimensionen führen, da unabhängig von der Entfernung Informationen in Sekundenschnelle ausgetauscht werden können. Es ist jedoch auch hier eine Frage der räumlichen Netzgestaltung, ob die bisherigen Zentren der Gemeinschaft hiervon profitieren oder ob es dadurch möglich wird, daß schwächere Gebiete der Gemeinschaft daraus Entwicklungschancen erhalten.

- Die Entwicklung der Infrastrukturen in den Bereichen Verkehr und Energiewirtschaft hat weitreichende Auswirkungen auf die Nutzung des Gemeinschaftsraumes. Angesichts der zu erwartenden Zunahme des Personen- und Güterverkehrs werden sich die Probleme auf mittlere Sicht weiter verschärfen. Dies gilt insbesondere für den Straßenverkehr, auch wenn der Ausbau des Eisenbahnnetzes den unmittelbaren Druck etwas verringern dürfte.

Sowohl durch die weiter zunehmende Ballungstendenz als auch durch die Zunahme des Verkehrs wird sich die Lösung des Problems der Verkehrsüberlastung als immer schwieriger erweisen, und es wird hier sicherlich nicht ausreichen, Maßnahmen zur Verbesserung des Verkehrsflusses, neue Techniken der Verkehrslenkung einzusetzen oder die überregionalen Netze zu verstärken.

Es muß eine Strategie entwickelt werden, die gerade auch im Hinblick auf die Unternehmens-strategien Möglichkeiten eröffnet, sich an kostengünstigeren, weniger überlasteten Standorten niederzulassen und gleichzeitig einen engen Kontakt zu den Märkten zu pflegen.

- Die 90er Jahre werden einen entscheidenden Sprung bei der Einstellung zum Umweltschutz bringen. In vielen Regionen werden die gesellschaftlichen Kosten in unannehmbare Höhen steigen, die weniger entwickelten peripheren Regionen werden im Hinblick auf ihre intakte Umwelt bei der Entwicklung dafür Sorge tragen, daß diese Potentiale nicht zerstört werden.

- Die Grenzgebiete sowohl an den Binnengrenzen der Gemeinschaft als auch an den Außengren-zen werden von der zunehmenden Integration am stärksten betroffen sein. Die meisten Grenzge-biete zählen tendenziell zu den schwächeren Regionen des betreffenden Mitgliedstaates. Dies ist nicht nur auf die periphere Lage zurückzuführen, sondern resultiert auch daraus, daß hier aufgrund der unterschiedlichen Rechts- und Verwaltungssysteme die Entwicklungschancen eingeschränkt waren, was sich zusätzlich durch reduzierte grenzüberschreitende Infrastrukturen noch verstärkt hat. Diese Situation kann man an den Binnengrenzen rasch verbessern, während die Regionen an den Außengrenzen weiterhin mit Problemen zu kämpfen haben werden.

- Die Flexibilisierung der Produktion durch strategische Vernetzung eigener Betriebseinheiten und der Zulieferer nach Verteilerbereichen führt zu gravierenden Verschiebungen der regionalen Standortfaktoren. Die Externalisierung früherer betriebsinterner Kosten (z. B. Just-in-time statt Lagerhaltung) sowie der Einsatz mikroelektronischer Steuerungselemente und der Informations- und Kommunikationstechnik reduzieren den Einfluß traditioneller "bodenständiger", res-sourcenabhängiger, aber auch nachfrageorientierter Standortfaktoren.

3.   Folgerungen

Vor dem Hintergrund des Binnenmarktes einerseits und der internationalen Strategien der Unternehmen andererseits wird sich ein verstärkter regionaler Wettbewerb ergeben. Die bishe-rigen, durch die jeweiligen nationalen Regelungen geprägten Wettbewerbsvor- bzw. -nachteile werden wegfallen, so daß der Betätigungsraum für die Unternehmen eine neue Dimension bekommt. Insofern wird nicht allein der Wettbewerb zwischen den Unternehmen zunehmen, vielmehr wird sich der regionale Wettbewerb verstärken.

Neben der raumwirtschaftlichen Neuorientierung ergibt sich auf der vertikalen Ebene aus dem politischen Prozeß eine neue Rollenverteilung für die Regionen. Die Reduzierung des national-staatlichen Einflusses durch Verlagerung von Kompetenzen auf die Ebene Brüssels bringt nicht nur Hoffnungen, sondern auch Befürchtungen mit sich. In dieser Perspektive für die National-staaten melden sich die europäischen Regionen verstärkt zu Wort.

- Mit der zunehmenden Globalisierung und Internationalisierung einerseits und der Verlagerung von Kompetenzen auf die europäische Ebene wachsen den Regionen in der Umsetzung von Vorgaben und der Herstellung der Rahmenbedingungen neue Aufgaben zu. Es kann auf Dauer keine tragfähige Lösung sein, daß die politischen Entscheidungen über vier Ebenen vorbereitet werden: Kommunen, Länder/Regionen, Nationalstaat und EG, ohne daß die Rollenverteilung neu definiert wird. Regionale Einheiten werden erweiterte Aufgaben einer koordinierenden Kommu-nalpolitik und einer regionalisierten Politik des Landes bzw. Staates übernehmen müssen.

Daß dies so sein muß, zeigt eine einfache Relation:

Bei 10 Mio. Einwohnern Baden-Württembergs wird das bevölkerungsmäßige Gewicht Baden-Württembergs innerhalb der Europäischen Gemeinschaft nur rund 3 % betragen. Vergleicht man diese Relation mit der Bedeutung der Region Stuttgart für das Land Baden-Württemberg (20 %), so wird deutlich, daß die Regionen zur Kooperation und zur Koordination gezwungen sind, wenn sie in Europa mitsprechen wollen.

- Mit der einheitlichen Europäischen Akte begannen zunächst die großen Unternehmen ihre eigenen Standort-, Investitions- und Akquisitionsplanungen auf das Datum des 1. Januar 1993 und die Chance des großen Europäischen Marktes einzurichten. Daraus hat sich inzwischen eine angeregte Diskussion um die Standortfaktoren entwickelt.

Gleichzeitig haben die Kommunen und die Bundesländer ihre Lage im europäischen Raum neu zu bestimmen versucht. Länder und Städte knüpfen neue Partnerschaften mit ähnlichen oder komplementär strukturierten Regionen.

- Mit dem Binnenmarkt verändern sich die bisher gültigen Grundbedingungen im Verhältnis zwischen Wirtschaft, Staat und den gesellschaftlichen Gruppen in Europa. Unsere Wirtschafts-ordnung steht grundsätzlich unter dem Primat des Wettbewerbs. Diesem verdanken wir den technischen Fortschritt, die Steigerung des Wohlstands, aber auch die Tendenz zur Beeinträch-tigung unseres Lebensraumes, die Auflösung gewachsener sozialer Ordnungen.

Deshalb erfordert die Liberalisierung des Marktes rasch die Entwicklung entsprechender politischer und gesellschaftlicher Strukturen auf der europäischen Ebene, so daß hier sowohl das horizontale als auch das vertikale Gleichgewicht wieder hergestellt wird. Wenn diese Regelungen nicht zustande kommen, wird die Konkurrenz zwischen den Unternehmen zu einem Wettbewerb zwischen den Standortbedingungen der Produktion, bei denen am Ende der jeweilige Markt entscheidet.

Ich möchte deshalb wie folgt formulieren:

These 1

Es gibt zahllose Anzeichen einer Renaissance der Regionen, in Politik und Gesellschaft, in Wirtschaft und Kultur.

Begriffe wie Dezentralisierung, small is beautiful, regionale Autonomie signalisieren diese Tendenz. Der Umbruch in Osteuropa scheint die Renaissance des Regionalen noch verstärkt zu haben.

Auch die neuen Bundesländer haben sich entlang historischer Vorbilder ausgeformt. Auch die Entwicklungen in der Tschechoslowakei, ganz zu schweigen von den Abläufen in Jugoslawien oder der Sowjetunion, dokumentieren diesen Effekt.

Diese Anzeichen bedeuten, daß sich Europa zunehmend von seinen Regionen her definiert. Die Frage, die sich damit stellt, lautet, ob sich langfristig die Regionen als politische Ebene stärker artikulieren werden. Ich behaupte ja, zum einen aus der historischen Tradition vieler Länder, zum anderen bedingt durch die Übergabe nationaler Zuständigkeiten an die Gemeinschaft ist ein stabiles regionales Pendant zur Sicherung der Entwicklung Europas notwendig.

These 2

Der große Europäische Binnenmarkt '93 war und ist die Antwort des alten Kontinents auf die japanische und amerikanische ökonomische Herausforderung. Und diese Antwort kann wirtschaftlich und zu einem kleinen Teil politisch als Erfolg gewertet werden: die Eurosklerose wurde durch neue ökonomische Impulse und Dynamik überwunden, der Wirtschaftsstandort Europa wurde in den globalen Strategien der Weltkonzerne wieder attraktiver.

Politisch löste der Binnenmarkt über die Einheitliche Europäische Akte (EEA) und die Regierungskonferenzen zur WWU und EPU eine Reformdynamik aus, die jetzt auch noch eine scheinbar unwiderstehliche Sogwirkung auf EFTA- und die osteuropäischen Staaten ausübt.

Politisch und ökonomisch führt dieser Prozeß zu einem tendenziellen Eurozentrismus. Die europäisch großräumigen Strategien der Unternehmen nehmen keine Rücksicht auf teilräumliche, regionale Empfindlichkeiten; ebenso behandelt die Gesetzgebung der EG die Regionen allenfalls als Zaungäste.

Bleiben die Regionen also in einer eurozentralistischen EG, was sie in den meisten der EG-Staaten heute sind: nachrangige Verwaltungsprovinzen? Und wird dann nicht voraussichtlich der Weg der deutschen Bundesländer in die gleiche Richtung gehen müssen? Wird der Föderalismus in der EG also zu einem Föderalismus der Nationalstaaten?

Ich behaupte nein: Weder die politische Ebene in Brüssel noch die verbleibende Kompetenz der Nationalstaaten ist geeignet, den besonderen Wünschen und Aufgaben der regionalen Ebene gerecht zu werden.

Europäische Regionalpolitik wäre dann auch nur der nachträgliche Versuch, selbsterzeugte Fehlentwicklung zu korrigieren. Nur starke Regionen, politisch und wirtschaftlich, sind in der Lage, dem Zentralismus zu widerstehen. Insofern bedarf es auch einer Solidarität der Regionen untereinander.

These 3

Der ökonomische Erfolg Europas hängt vom Erfolg in den besonders dynamischen Teilräumen ab. So entstand die wirtschaftsgeographische Theorie von den zwei bogenförmigen europäischen Entwicklungsachsen. Die Öffnung Osteuropas und die europäische Wirtschaftsgeschichte legen nach Nord- bzw. Südosten des Kontinents eine weitere "doppelte Banane" nahe.

Der letzte, neueste Text des Dokuments "Europa 2000" der EG-Kommission jedenfalls legt nahe, daß spezifische ökonomische und politische Bedingungen der Regionen über die positive Entwicklung ganz Europas entscheiden. Neben wirtschaftsnahen (klassischen) Standortfaktoren (Verkehrs- und Kommunikationsinfrastruktur, Finanzdienstleistungen, Erwerbsbevölkerung) werden als regionale Standortvorteile zunehmend "weiche" Faktoren genannt: kulturelle und soziale Einrichtungen, saubere Umwelt, Wohnqualität in Mittel- und Kleinstädten, Freizeit und Naherholung, Forschungseinrichtungen und Bildungswesen.

Das EG-Dokument weist ausdrücklich darauf hin, daß "die Regionen selbst entscheidend zu der Nutzung dieser neuen Entwicklungsmöglichkeiten beitragen können" (S. 86, Europa 2000).

Deutsche und europäische Regionen also doch wesentliche Akteure des Wirtschaftsraumes Europa? Mit einem grundsätzlichen Ja beginnen die eigentlichen Fragen erst:

- Welche Größe ("kritische Masse") brauchen Länder/Regionen, um sich dieser Aufgabe zu stellen?

- Welche Kompetenz brauchen Regionen im Europa der Zukunft, insbesondere auch an den Binnengrenzen der EG? (Innerdeutsch: Bundesländer im Zuschnitt des Vorschlags für die Neuordnung der LZBs?; Grenzüberschreitend: etwa der Vorschlag der "Neuen HANSE" oder eine "Oberrhein-Region" mit Teilen der Schweiz, dem Elsaß, Bodensee und der Südpfalz?).

- Setzt regionale, autonome Aktivität nicht eine eigene solide Finanzausstattung der Regionen/ Länder voraus? Ausreichende Verwaltungskraft und demokratische Legitimierung der regionalen Ebene erscheinen unabdingbar, wenn sie dem europäischen Wettbewerb der Marktkräfte gewachsen sein und die politischen und gesellschaftlichen Rahmenbedingungen bzw. Standortfaktoren bereitstellen sollen.

- Welche Rolle müssen europäische Regionen als wesentliche Akteure des Wirtschaftsraums Europa im Entscheidungsprozeß der EG spielen? Ist eine Mitwirkung in den EG-Ministerräten (wie sie von Belgien in die EPU-Konferenz eingebracht wird und die Europakommission der deutschen Bundesländer sie fordert) nicht logische Konsequenz? Die Form eines beratenden Regionalrates kann nur eine Stufe sein.

Wie wir festgestellt haben, werden die zu erwartenden wirtschaftlichen und demographischen Entwicklungen überwiegend die Ballungsräume weiter wachsen lassen. Andererseits werden damit die Ordnungsprobleme in diesen Räumen in verkehrlicher und ökologischer Sicht weiter zunehmen.

Die künftige Politik muß deshalb darauf ausgerichtet sein, eine polyzentrische Raumstruktur zu stärken, wobei neben den bestehenden Metropolen mit internationalem und europäischem Charakter insbesondere ein "Netzwerk Europäischer Räume" entstehen muß.

Die Gestaltung der Pole in diesen Netzwerken erfordert, daß viele Städte und Gemeinden ihre Rolle neu überdenken müssen. Es muß darum gehen, eine Landschaft, einen Wirtschaftsraum europäischer Dimension abzustecken. Das erfordert vermehrte Kooperation im eigenen städtischen Umfeld und die Abkehr von Egoismen.

Dabei darf auch die bestehende Unterschiedlichkeit nationaler institutioneller Strukturen kein Hindernis für die Entwicklung "europäischer Räume" sein.

Das Euro-Netz muß ein regionales Netz sein!

Hierzu gilt es, die Vernetzung durch europadimensionierte Infrastrukturverbindungen herzustellen, z. B.: Schiene, Straße, Luftverkehr.

Diese Vernetzung muß für die jeweilige Region durch ein inneres "lokales" Netz der Zuführung zu den übergeordneten Anschlüssen gestärkt werden (Potentialbindung und Potentialentwicklung).

Um Europa zu gestalten, müssen deshalb die regionalen Einheiten eine eigene Entwicklungskonzeption nicht nur für die Gestaltung der Infrastruktur, sondern auch für die innere Kooperation (Ausgleichs-, Solidaritäts-, Verteilungsfunktion) auf allen Politikfeldern von der Kultur bis zur Wirtschaft entwickeln.

Dies kann nur gelingen über den Aufbau der Beziehungen untereinander und durch die Kompetenzzuordnung auf europäischer Ebene.

Schlußthese

Die ökonomische Einsicht, daß europäische Regionen mit ihrer Entwicklungsdynamik den Gesamterfolg Europas bestimmen, muß politisch umgesetzt werden: Regionen müssen nach innen in der Lage sein, finanziell, administrativ und politisch die "Kritische Masse" zu besitzen, um im europäischen Maßstab den Wettbewerb um die günstigen Standortfaktoren zu gestalten.

Nach außen, d. h. gegenüber ihrem jeweiligen Zentralstaat und der EG, müssen die Regionen fähig sein zur Bündelung ihrer Interessen und dadurch zur indirekten echten Mitwirkung im nationalen und europäischen Entscheidungsprozeß. Ein ungebündelter, separatistischer Regionalismus (mit über 150 völlig unterschiedlich strukturierten Akteuren) würde einen europäischen Immobilismus produzieren.

Die Vorschläge der Europakommission der Bundesländer zur Kompetenzabgrenzung zwischen EG, Mitgliedstaaten und Regionen; zur Subsidiarität, zum Klagerecht etc. im Rahmen der EPU entwickeln den "Kooperativen Föderalismus" aus der bundesdeutschen Erfahrung folgerichtig weiter.

Die Aufgabe der Regionen in Europa, spezifische regionale Standortfaktoren zu sichern bzw. zu entwickeln, um im Wettbewerb die ökonomische Dynamik des Wirtschaftsraums Europa zu erhalten und die politische Union zu gestalten, erfordert also:

1. Regionen mit ausreichender Bevölkerung und Wirtschaftskraft,
2. Regionen mit ausreichenden europäischen sozio-ökonomischen Verflechtungen,
3. Regionen mit genügend Finanz- und Verwaltungskraft,
4. Regionen mit eigener Identität und demokratischer Legitimität,
5. Regionen mit der Fähigkeit zur Interessensbündelung auf regionaler Ebene, aber auch zur nationalen Interessenvertretung und Mitwirkung auf europäischer Ebene.

Horst Zimmermann

Der Einfluß der öffentlichen Finanzen im Zusammenwirken und Wettbewerb der Regionen

Im Vergleich zum vorangehenden Beitrag steht jetzt ein eher enges Thema zur Diskussion. Wegen des begrenzten Raums sollen die Ausführungen sich auf zwei Fragen konzentrieren. Zum einen wird die Rolle der Finanzautonomie untergeordneter Gebietskörperschaften im Wettbewerb der Regionen betrachtet. Hier handelt es sich um eine Fragestellung aus dem vertikalen Finanzausgleich, also aus der Aufteilung von Aufgaben, Ausgaben und Einnahmen zwischen Gebietskörperschaftsebenen, und damit um die Frage: Wer darf wieviel? Der zweite Gedankengang bezieht sich auf den möglichen Ausgleich der Regionen untereinander unter Finanzaspekten. Dieser Problemkreis gehört zum horizontalen Finanzausgleich, also zu den Beziehungen auf einer Gebietskörperschaftsebene. Hierbei handelt es sich zwar überwiegend um regional-distributive Fragestellungen, doch haben sie auch Wettbewerbsrelevanz, weil sie die Wettbewerbsfähigkeit für Regionen z.T. erst schaffen.

Als Region gilt unter dieser Fragestellung ein Bundesland oder eine Gemeinde (bzw. ein Kreis), weil nur sie finanzpolitische Akteure sind.

I.   Die Rolle der Finanzautonomie im Wettbewerb der Regionen

a.   Notwendigkeit und Voraussetzung eines Wettbewerbs der Regionen

Im vorangegangenen Beitrag wurde deutlich, daß die Region als Entscheidungselement ab 1993 wichtiger wird. Mit dem EG-Binnenmarkt 1993 entfallen Grenzen vielfacher Art und verringern sich die nationalen Handlungsspielräume, so daß dezentrale Einheiten (Regionen) wirtschaftlich relativ bedeutender werden. Zahlreiche nationale Unterschiede werden in der Zwischenzeit "wegharmonisiert", so daß beispielsweise der Wettbewerb zwischen Banken oder Versicherungen jetzt international zunehmen kann. Dadurch wird die einzelne Region innerhalb eines Mitgliedslandes relativ bedeutender. Beispielsweise kann die Versicherungszentrale eines Mitgliedslandes in einer Region mit einem günstigen Verhältnis von öffentlichen Leistungen zu öffentlichen Abgaben[1] ihren Platz finden, während dezentrale Einheiten des Unternehmens auch in fiskalisch weniger günstigen Regionen notwendig sind. Aber auch im internationalen Wettbewerb ist wichtig, daß deutsche Regionen die Fähigkeit haben bzw. erhalten, Unternehmen einen vorteilhaften Standort zu bieten.

Voraussetzung für diesen Wettbewerb der Regionen ist die regionale Handlungsfähigkeit. Sie setzt Handlungsmöglichkeiten auf der regionalen Ebene voraus. Hier hat die Bundesrepublik eine gute Ausgangsposition, weil sie als einziges der bisherigen EG-Länder ein föderatives System aufweist, in dem - neben den in allen Mitgliedsländern bestehenden - Gemeinden auch Bundesländer als Akteure tätig sind. Obendrein sind in der Bundesrepublik Deutschland die Gemeinden auch noch vergleichsweise stark, wenn man sie etwa mit England oder Italien vergleicht.

Einen wesentlichen Ausschnitt dieser regionalen Handlungsfähigkeit bildet die Finanzautonomie. Nur wer über Aufgaben, Ausgaben und Einnahmen in eigenverantwortlicher Weise verfügen kann, ist als regionaler Verhandlungspartner für Unternehmen und als Träger von wichtigen Wohnortfunktionen für Arbeitnehmer ernstzunehmen.

b. Elemente der regionalen Finanzautonomie

Im Sinne der Theorie des Föderalismus kommt es darauf an, daß die Kompetenzen für die Aufgaben und die daraus entstehenden Ausgaben einerseits und deren Finanzierung durch eigene Einnahmen andererseits bei der gleichen Gebietskörperschaft vereinigt sind.

Über eigene Aufgabenerfüllung und die damit zusammenhängenden Ausgaben entscheiden zu dürfen, ist für Gebietskörperschaften die erfreuliche Seite dieses Kompetenzbündels. Mit Blick auf diese Kompetenzen liegt auf der Ebene der Länder, insbesondere aber auch der Gemeinden in der Bundesrepublik Deutschland ein im Prinzip wohl ausreichender Ausgabenbestand vor. Hierzu zählen die kommunale Planungshoheit für Wohn- und Gewerbeflächen, aber auch die - wenngleich von der Innenministerkonferenz beargwöhnte[2]) - direkte Wirtschaftsförderung der Gemeinden. Sie sollte seitens des Landes nicht zu eng gesehen werden, denn es ist wichtig, daß auf kommunaler Ebene die Möglichkeit und der Anreiz bestehen, sich um Unternehmen zu kümmern, also geeignete Grundstücke bereitzustellen, die Sorgen der vorhandenen Unternehmen ernstzunehmen (Bestandspflege) usw. Auch bei den Bundesländern ist hierfür viel Möglichkeit gegeben und wird entsprechend genutzt. Daß dieser interregionale Wettbewerb nicht aus dem Ruder läuft, dafür sollte die Gemeinschaftsaufgabe "Verbesserung der regionalen Wirtschaftsstruktur" sorgen, was vielleicht ihre wichtigste Aufgabe ist. Eine andere Frage ist die, ob die EG dies auf Dauer zuläßt. Doch wenn sie hier stark restriktiv wirkt, wird dies nur dazu führen, daß die Konkurrenz zwischen Ländern bzw. zwischen Gemeinden mit solchen Instrumenten betrieben wird, die eben nicht unter die EG-Einflußnahme fallen, insbesondere mit Infrastrukturmaßnahmen.

Der für Länder bzw. Gemeinden unangenehmere Teil des genannten Kompetenzbündels besteht darin, daß sie gezwungen sein müssen, besonders hohe Leistungen durch höhere Steuern zu finanzieren. Die als Kernelement einer ökonomischen Begründung des Föderalismus anzusehende Forderung nach "fiskalischer Äquivalenz" (M. Olson) besagt eben dies: Die - immer angenehmen - Ausgaben müssen durch die - immer unangenehmen - Steuern auf die eigene Wählerschaft finanziert werden. Nur dann kann in der Region das Abwägen der zusätzlichen Ausgaben mit deren zusätzlichen Kosten gelingen.

Hier sieht es in der Bundesrepublik Deutschland weniger gut aus. Die Bundesländer sind auf dem Gebiet der Steuerpolitik völlig "unbeweglich", weil sie kein Recht haben, Steuern der Höhe nach zu variieren oder gar einzuführen oder abzuschaffen. Und dies gilt, obwohl die Länder nach dem Grundgesetz eigentlich die Allzuständigkeit haben und der Bund nur das tun darf, was ihm im Rahmen des Grundgesetzes zugestanden ist. Für einen Amerikaner oder Schweizer beispielsweise ist dieses Mißverhältnis zwischen Aufgaben- und Steuerkompetenz absolut unverständlich.

Erfreulich ist, daß in jüngster Zeit eine breite Front für ein Steuersatzrecht der Länder entstanden ist. Sie reicht vom Sachverständigenrat zur Begutachtung der gesamtwirtschaftlichen Entwicklung[3]) über eine kürzliche Äußerung von K. v. Dohnanyi[4]) bis zum Beitrag von R. Jochimsen in diesem Band. Als praktische Möglichkeit könnte man hier an ein Hebesatzrecht für den Einkommensteueranteil der Länder denken.

Auf der Gemeindeebene sind Entgelte (Gebühren, Beiträge, Erwerbseinkünfte) von großem Gewicht, die per se dieser Forderung entsprechen. Außerdem haben die Gemeinden für Grundsteuer und Gewerbesteuer ein Hebesatzrecht, das aber stark ausgehöhlt ist. Die Gewerbesteuer weist einen zu geringen Zensitenkreis auf (der beispielsweise die freien Berufe nicht einschließt) und ist durch große Freibeträge zu einer Steuer auf Mittel- und Großbetriebe geworden; die Grundsteuer ist wegen ihrer extrem veralteten Bemessungsgrundlage kaum steigerungsfähig. Daher wäre auch hier eine Erweiterung des Steuersatzrechts wünschenswert. Das Grundgesetz sieht die Möglichkeit vor (Art. 106, Abs. 5 GG), daß den Gemeinden ein Hebesatzrecht auf ihren Einkommensteueranteil gewährt wird, und es wäre wohl an der Zeit, diese Möglichkeit nach mehr als zwei Jahrzehnten nun doch auszunutzen.[5])

Wenn durch diese Erweiterung der Besteuerungsmöglichkeiten auf regionaler Ebene zu große Unterschiede in den Finanzierungsmöglichkeiten entstehen, so werden sie ohnehin über das System des Länderfinanzausgleichs bzw. des Kommunalfinanzausgleichs zu einem großen Teil aufgefangen.[6]) In schwachen Regionen wird auf diese Weise die Wettbewerbsfähigkeit gestärkt. Allerdings sind mögliche Gründe für einen schwachen Willen, im Wettbewerb zu bestehen, auf diese Weise nicht beeinflußbar. - Zugleich sollte aber dieser Ausgleichsmechanismus des horizontalen Finanzausgleichs allokativ verbessert werden. Insbesondere sind dazu die Ausgleichssätze zweifellos erheblich zu senken, um deutlich unter einer möglichen Gleichverteilung zu bleiben. Außerdem sollten nicht zu viele Bedarfselemente hineingenommen werden, sonst wird im einzelnen subventionierten Aufgabenbereich möglicherweise strategisches Verhalten induziert, das sich darauf richtet, in den Genuß zusätzlicher Finanzausgleichsleistungen zu kommen, statt eigene Anstrengungen zu unternehmen.

Wenn mittels einer Stärkung der regionalen Finanzautonomie und einer flankierenden Bereinigung des horizontalen Finanzausgleichs die regionale Handlungsfähigkeit gestärkt worden ist, dann sind einige wünschenswerte Folgen zu erwarten:

- Die Bundesländer untereinander und die Gemeinden untereinander "halten sich gegenseitig auf Trab". Eine Grenze für den Wettbewerb sollte lediglich dort liegen, wo funktionslose Transfers in Form von gezahlten Subventionen oder gewährten Steuererleichterungen eingesetzt würden.
- Wenn Wachstumskräfte an einer Stelle nachlassen, wirkt das Vorhandensein einer anderen aufnahmebereiten Stelle als "exit" (A.O. Hirschman). Ein föderatives System kann man als die regionale Dimension dieses "exit" bezeichnen[7]): Wenn beispielsweise ein Bundesland sich eine "ökologische Pause" verordnet, können die wirtschaftlichen Entwicklungskräfte sich in andere Bundesländer verlagern.
- Auf diese Weise entstehen unterschiedlich strukturierte und ambitionierte deutsche Regionen. Insgesamt kann die Bundesrepublik Deutschland auf diese Weise unterschiedliche regionale Anforderungsprofile für die Zeit nach 1992 abdecken.

Ein Problem auf internationaler Ebene sollte aber nicht übersehen werden: Im internationalen Wettbewerb sind oft auch größere Handlungseinheiten erforderlich, als die Gemeinden sie darstellen. Hier tritt, etwa bei Verhandlungen mit multinationalen Unternehmen, oft ein Mitgliedsland als solches in Erscheinung. In der Bundesrepublik sind zusätzlich die Bundesländer vorhanden, doch ist zu befürchten, daß deren Position durch das Zusammenspiel von EG und Mitgliedsland eher geschwächt wird.[8])

II.   Welche Ausgleichstendenzen unter den Regionen sind abzusehen?

Beim Zusammenwirken und Wettbewerb der Regionen gibt es neben der Grundfrage eines föderativen Systems, auf welcher Ebene die finanzpolitischen Kompetenzen liegen sollen, eine zweite, ganz anders geartete Fragestellung. Sie betrifft nicht den Vergleich der Ebenen, sondern die Verhältnisse auf einer Ebene, also der der Bundesländer oder der Gemeinden. Hierbei sind Einflüsse aus dem EG-Binnenmarkt, aber auch aus der Herstellung der deutschen Einheit und aus den Entwicklungen im Osten zu berücksichtigen.

a.   Auswirkungen des EG-Binnenmarktes auf die regionale Finanzsituation

In einem derzeit bearbeiteten Forschungsprojekt der Akademie für Raumforschung und Landesplanung[9]) wird der Frage nachgegangen, wieweit die absehbaren wirtschaftlichen Effekte der Herstellung des Binnenmarktes sich auf die Finanzausstattung und den Finanzbedarf der Regionen der Bundesrepublik Deutschland auswirken werden. Als Ausgangspunkt kann die vor zwei Jahren auf der Wissenschaftlichen Plenarsitzung in Bonn vorgetragene Annahme dienen, daß die Entwicklung für einige Jahre die jetzt schon guten Regionen bevorteilen wird, ehe dann auch die schlecht strukturierten Regionen in gleicher Weise profitieren. Das erhöht in dieser Zwischenphase den Bedarf an interregionalem Finanzausgleich (Länderfinanzausgleich bzw. Kommunalfinanzausgleich) in Deutschland. Durch dieses Instrument werden zum einen die Finanzkraftunterschiede zwischen den Gebietskörperschaften einer Ebene ermittelt und zum anderen die Unterschiede im Finanzbedarf, und daraufhin wird dann entschieden, in welchem Maße diese Unterschiede zwischen "fiskalisch arm" und "fiskalisch reich" ausgeglichen werden sollen.

b.   Die Rolle der Bundesrepublik Deutschland in verschiedenen interregionalen Dimensionen des Finanzausgleichs

Zum Abschluß soll die Perspektive etwas erweitert werden. Bisher wurde unter dem Aspekt der regionalen Finanzausgleichsvorgänge nur die Einwirkung des Binnenmarktes betrachtet. Sie ist vorhanden, im Vergleich mit den anderen ablaufenden und zu erwartenden Finanzausgleichsvorgängen aber eher von geringerem Gewicht.

Im Vordergrund der Betrachtungen stehen vielmehr die im Zuge der Herstellung der deutschen Einheit erforderlich gewordenen Transfers aus dem Gebiet der alten Bundesrepublik in das Gebiet der neuen Bundesländer. Ein Transfer von etwa 150 Mrd.DM für 1991[10]) wäre noch vor wenigen Jahren als eine extreme Überforderung der Wirtschaft in den alten Bundesländern erschienen. Die Prognose der weiteren Entwicklung ist schwer absehbar, denn der Transferbedarf in den Jahren etwa nach 1994/95 wird stark davon abhängen, wieweit die Wirtschaft in den neuen Bundesländern selbst zusätzliche finanzielle Leistungskraft erwirbt und dadurch den Transferbedarf vermindert.

Ein derzeit noch völlig offener Posten ergibt sich aus dem möglicherweise entstehenden Transferbedarf der ehemaligen Ostblockländer, insbesondere der Sowjetunion.

Aus dieser Problemauflistung sollen hier keine institutionellen Folgerungen gezogen werden, beispielsweise zur Reform des Länderfinanzausgleichs. Dies wäre ein völlig eigenes Thema, wie schon die wenigen Bemerkungen von R. Jochimsen in seinem Beitrag in diesem Band zeigen. Vielmehr sei abschließend nur festgehalten:

- Die aufgelisteten finanziellen Ausgleichserfordernisse stellen eine extreme Beanspruchung der deutschen Volkswirtschaft dar, insbesondere im Gebiet der alten Bundesländer. Die Gesamthöhe für etwa 1993 oder 1996 abzuschätzen, vermag heute niemand; gerade erst hat der Weltwährungsfonds eine realistische Kostenschätzung für die Kosten der deutschen Einheit angemahnt[11]). Diese gesamthafte Beanspruchung begrenzt zunächst die Transferfähigkeit, aber auch die Transferwilligkeit für jeden einzelnen dieser Zwecke.

- Daraus folgt, daß die Leistungsfähigkeit der Volkswirtschaft als ganzer - bei Einhaltung entsprechender Rahmenbedingungen, etwa im Umwelt- und Sozialbereich - ungewöhnlich hoch gehalten werden muß, um diese Transfers zu ermöglichen.

- Dazu wiederum muß jede Region in die Lage versetzt werden, ihren eigenständigen Beitrag leisten zu können.

- Und dazu sind nicht zuletzt die finanzpolitischen Handlungsspielräume zu erweitern, wie zuvor unter I. ausgeführt.

Anmerkungen

1) Auf die Bedeutung dieses Vergleichs hat James Buchanan hingewiesen; Buchanan, J.M., Federalism and Fiscal equity, in: American Economic Review, Bd. 40, 1950, S. 583 ff.

2) Empfehlungen der Innenministerkonferenz vom 12. März 1981.

3) Sachverständigenrat zur Begutachtung der gesamtwirtschaftlichen Entwicklung, Jahresgutachten 1987/88, Tz. 297, und Jahresgutachten 1990/91, Tz. 438 ff.

4) Dohnanyi, K. v., Wirtschaften in richtiger Verfassung, in: "Die Zeit" vom 3.10.91, S. 13.

5) Als konkreten Vorschlag siehe Hansmeyer, K.H. und Zimmermann, H., "Bewegliche Einkommensbesteuerung durch die Gemeinden" und "Möglichkeiten der Einführung eines Hebesatzrechts beim gemeindlichen Einkommensteueranteil", in: Wirtschaftsdienst, 71. Jg. 1991, S. 639 ff. und 72. Jg. 1992.

6) Eine Rolle spielen hierbei beim kommunalen Finanzausgleich die Nivellierungshebesätze. Vgl. dazu Grimme, L., Neuberechnung der Steuerkraft im kommunalen Finanzausgleich - dargestellt am Beispiel des Landes Bayern, in: Räumliche Aspekte des kommunalen Finanzausgleichs, Forschungs- und Sitzungsberichte der Akademie für Raumforschung und Landesplanung, Bd. 159, Hannover 1985, S. 159 ff.

7) Zimmermann, H., Die regionale Dimension des europäischen Binnenmarktes, in: Europäische Integration - Aufgaben für Raumforschung und Raumplanung, Forschungs- und Sitzungsberichte der

Akademie für Raumforschung und Landesplanung, Bd. 184, Hannover 1990, S. 28. Auf diesen Beitrag wird im folgenden an mehreren Stellen zurückgegriffen.

8) Ebenda, S. 9 ff, Teil B II b; dieser Teil wurde in veränderter Form auch veröffentlicht als: ders., Gewichtsverlagerungen im föderativen Staatsaufbau unter EG-Einfluß?, in: Wirtschaftsdienst, 70. Jg., 1990, S. 451 ff.

9) Auswirkungen des europäischen Binnenmarktes auf die regionale Finanzstruktur und finanzpolitischer Handlungsbedarf in den Mitgliedsstaaten und Regionen, bearbeitet in der Abteilung für Finanzwissenschaft der Universität Marburg.

10) iwd-Informationsdienst des Instituts der deutschen Wirtschaft, Nr. 26, Jg. 17, vom 27. Juni 1991, S. 4.

11) IWF ist "ernsthaft besorgt", in: Börsenzeitung vom 10.10.1991.

GERD ALBERS

Großstadtregionen in Deutschland vor dem Hintergrund europäischer Entwicklungen

Mein Bericht gilt einem Thema, das aus der Arbeit eines gemeinsamen Arbeitskreises beider Akademien erwachsen ist. Die Aufgabenstellung dieses Arbeitskreises richtete sich zunächst auf Probleme großstädtischer Verdichtungsräume in der alten Bundesrepublik, in Österreich und in der Schweiz und auf die mit der Schaffung des europäischen Binnenmarktes erwartete schärfere Konkurrenz zwischen ihnen.

Bereits bei der zweiten Sitzung ergab sich indessen eine Ad-hoc-Aufgabe für den Arbeitskreis: es galt für die im November 1989 angesetzte Sitzung der europäischen Raumordnungsminister eine Art Feuerwehrarbeit zu leisten. Da die Einladung von Frankreich ausging und kurz zuvor eine französische Studie starke Konzentrationstendenzen auf die dicht besiedelte Zone zwischen London, der Randstadt, der Rheinschiene und Oberitalien vorausgesagt hatte - die berühmte "blaue Banane" oder auch die "lotharingische Achse -, bestand Anlaß zu der Befürchtung, diese Sitzung solle dazu genutzt werden, die europäischen Minister auf dieses Modell einzuschwören, gegen das natürlich unter den Gesichtspunkten ausgewogener Raumentwicklung und gleichwertiger Lebensverhältnisse schwerste Vorbehalte anzumelden waren. So wurde ein "Thesenpapier" erarbeitet, das die Zielvorstellung eines großräumigen arbeitsteiligen Städtenetzwerks in den Vordergrund rückte; es wurde der Bundesbauministerin und dem Bundeswirtschaftsminister vorher an die Hand gegeben und hat wohl auch im gewünschten Sinne gewirkt.

Um die gleiche Zeit schufen die sich abzeichnende deutsche Einheit und die Öffnung der Grenzen nach Osten raumordnungspolitische Voraussetzungen, die sich mit den Auswirkungen des bevorstehenden Binnenmarktes überlagerten und damit neue Chancen sichtbar machten: neue Perspektiven für Berlin wie auch für Leipzig und Dresden - dank neuer Standortgunst und neuer Entwicklungsmöglichkeiten. Aber auch für die Verdichtungsräume in den alten Bundesländern ergeben sich neue Ausgangssituationen: ihre Lage im europäischen Netz verändert sich; besonders deutlich beispielsweise die Hamburgs, dessen altes Hinterland, der Elbraum, sich wieder öffnet.

Gewiß wird der Binnenmarkt Zentralisierungstendenzen zumindest in vielen Bereichen der Wirtschaft auslösen, aber ein Konzept funktionaler Arbeitsteilung über Staatsgrenzen hinweg könnte ihm entgegenwirken - eine zielbewußte europäische Raumordnungspolitik vorausgesetzt. Zu diesem Aspekt hat die gemeinsame Arbeitsgruppe der Akademie für Raumforschung und Landesplanung und der "Délégation á l'Aménagement du Territoire et à l'Action Régionale" (DATAR) wichtige Grundlagen erarbeitet, auf die an anderer Stelle eingegangen wird. Inwieweit daraus konkretes Handeln folgen wird, ist heute noch nicht vorauszusehen.

Vielleicht lag es gerade an solcher Unsicherheit hinsichtlich der künftigen Gesamtperspektiven, daß sich die weitere Tätigkeit des Arbeitskreises stärker auf die Entwicklungstendenzen innerhalb der Großstadtregionen konzentrierte und sich hier insbesondere mit der Notwendigkeit auseinandersetzte, über die Stadtgrenzen hinaus "regional" zu denken und zu handeln. Ergebnis dieser

Auseinandersetzung ist die jetzt vorliegende Schrift über "Großstadtregionen in Deutschland vor dem Hintergrund europäischer Entwicklungen", deren Grundgedanken hier kurz zusammengefaßt werden sollen.

In einem einleitenden Kapitel - von Viktor Frhr. von Malchus - wird zunächst in Anlehnung an die erwähnte deutsch-französische Ausarbeitung der europäische Kontext dargestellt. Die zunehmende Verstädterung seit dem Zweiten Weltkrieg hat dazu geführt, daß es zu Beginn der achtziger Jahre in der EG rund 230 Verdichtungsräume mit jeweils mehr als 330 000 Einwohnern gab, in denen etwa 53 % der Gesamtbevölkerung wohnten. "Auffällig ist dabei die unterschiedliche Siedlungsstruktur als Ergebnis verschiedenartiger politischer und wirtschaftlicher Entwicklungen in der Vergangenheit. Während England, Belgien, Deutschland und Oberitalien - abgesehen von den ganz großen Metropolen - über eine verhältnismäßig ausgeglichene Siedlungsstruktur mit zahlreichen mittleren und kleineren Städten verfügen, fällt bei anderen Ländern, wie z. B. Frankreich und Dänemark, auf, daß sich neben den Hauptstädten nur einige größere Städte in den weiten ländlichen Räumen entwickeln konnten und die Anziehungskraft der großen Metropolen hier auch in jüngster Zeit noch große Bedeutung hat. Diese Tendenz zu einer zunehmenden Verstädterung oder verstärkten Ballungskonzentration trifft aber auch für die Länder mit bisher weitgehend dezentraler Besiedlung zu."

"Der europäische Binnenmarkt und die weltweite wirtschaftliche Integration lassen in Verbindung mit zunehmendem, sich verschärfendem Wettbewerb bei den europäischen Regionen und Städten den Wunsch nach Betonung der Identität, nach Spezialisierung und Arbeitsteilung entstehen. Regionen und Städte schließen sich überregional in der EG zu Interessenverbänden, Problemlösungsgemeinschaften und Netzen sowie zu neuen Partnerschaften zusammen, vor allem, um die Entwicklungen der Großstadträume besser zu steuern und um Innovationen und technische Neuerungen besser bewältigen und eventuell gemeinsam nutzen zu können. Generell lassen sich derzeit in Europa drei Bereiche der verstärkten Zusammenarbeit erkennen:

- Zusammenarbeit von Regionen mit gleichen Problemlagen, wie etwa "Altindustrialisierte Gebiete", "Grenzregionen" und "Küstenregionen" in ganz Europa;
- Kooperationen von Stadtregionen und Städten zur Lösung einzelner Fachprobleme,
- Zusammenarbeit von Städten und Gemeinden zur Lösung spezieller Planungs-, Organisations- und Entwicklungsprobleme in staatsgrenzenübergreifenden Ballungsgebieten."

In einem weiteren Abschnitt werden die Entwicklungstendenzen deutscher Verdichtungsräume behandelt, die 1990 etwa 26 % der Gesamtfläche und 53 % der Bevölkerung umfaßten. "Die Verdichtungsräume in den alten Ländern sind in den letzten 20 Jahren umfassend und durchgreifend modernisiert worden. In vielen Stadtzentren wurden Wohn- und Geschäftsviertel verkehrsberuhigt, das Wohnumfeld verbessert. Ökologischer Stadtumbau hat sich zu einem wichtigen Schwerpunkt der Stadtentwicklung herausgebildet. Dennoch gibt es gerade in den Großstädten noch eine Fülle von Problemen als Folge der Wohlstandsgesellschaft und des Wohlstandsgefälles (Verkehrskollaps, Arbeitslosigkeit, Armut, Sozialhilfebedürftigkeit etc.)." Demgegenüber sind die ostdeutschen Städte durch punktuelle Konzentrationen des Wohnungsneubaus am Großstadtrand gekennzeichnet, was mit einem Verfall der Zentren einherging, aber auch die im Westen übliche Suburbanisierung verhinderte. Zudem hemmte die zentralistische Planwirtschaft der DDR durch einseitige Bevorzugung der damaligen Hauptstadt Ost-Berlin eine ausgewogene räumliche Siedlungsentwicklung. Angesichts der großen Strukturumbrüche in den neuen Bundesländern lassen sich noch keine verläßlichen Aussagen über Entwicklungsmöglichkeiten und -tendenzen der großen Verdichtungsräume machen.

An diesen Überblick schließt sich eine pointierte Problemanalyse aus der Feder von Heinrich Ganseforth an, die den Handlungsbedarf deutlich macht: "Heute bestimmen Dienstleistungen und Tätigkeiten, die im Rahmen von Erfindung, Planung und Organisation der eigentlichen Produktion vorgelagert sind, im Zuge einer weltweiten Arbeitsteilung die spezifische Rolle der wichtigsten deutschen Verdichtungsräume. Maßgebliche Entwicklungsimpulse gehen von diesen Zentren hoher kommunikativer Dichte, qualifizierter und flexibler Arbeitsmärkte sowie innovativer Produktion aus. Dies stellt an die Funktionsfähigkeit und an die infrastrukturelle Ausstattung sowie an eine flexible Flächen- und Entwicklungspolitik in allen Sektoren immer höhere Anforderungen." Zuwanderung von Bewohnern, Arbeitskräften und Kapital, steigende spezifische Flächenansprüche für alle Nutzungen sowie innere Veränderungsprozesse im Nutzungs- und Baugefüge führen zu verschärften Nutzungskonflikten und zur Überbeanspruchung natürlicher Ressourcen, aber auch zu Gesundheitsgefährdungen und zu Beeinträchtigungen des gesellschaftlichen Zusammenlebens.

"Im Verhältnis zu Bund und Ländern haben die Großstadtregionen eine Art eigener Außenpolitik entwickelt, die sich in Teilen nicht mehr an den staatlichen Grenzen orientiert. Dies mag seinen tieferen Grund auch darin haben, daß die staatliche Politik vom Bürger in ihrer Problemlösungskompetenz für seine eigenen wichtigsten Lebensbereiche zunehmend angezweifelt und als parteipolitische Veranstaltung angesehen wird ..." Der Bürger richtet also seine Ansprüche an die Bewältigung sozialer Probleme und an die Sicherung der Umwelt in erster Linie an die örtlichen Instanzen. Demgegenüber hat staatliches Handeln gegenüber lokalen Widerständen wenig Durchsetzungsmöglichkeiten; auch staatliche Fördermittel werden nur dann in Anspruch genommen, wenn sie in die örtlichen und regionalen Konzepte passen. "Diese Entwicklung wird verstärkt durch eigenständige örtliche Wirtschafts- und Standortverflechtungen, zunehmendes Engagement der örtlichen Industrie für standortbezogene Entwicklungsfragen, zunehmende unmittelbare örtliche und regionale Fühlungskontakte der kommunalen Wirtschaftsförderung mit international agierenden Wirtschaftsinteressen sowie durch die politische Konkurrenz der Metropolen zu ihren Bundesländern und die länderübergreifende Standortkonkurrenz der Regionen untereinander (...). Großstädte haben unter diesen Voraussetzungen begonnen, neue Formen der Planung und der Aufgabenwahrnehmung zu suchen, um Hierarchien, bürokratische Unbeweglichkeit und starre Gebiets- und Kompetenzgrenzen zu überwinden ..."

Als Beispiele hierfür werden genannt:
- bilaterale/multilaterale Kooperationsvereinbarungen
- sektorale Zweckverbände
- Entwicklungs- und Fördergesellschaften, -vereine und -stiftungen
- staatlich/kommunale Förderkonferenzen
- Raumordnungsverbände
- mittelbar oder unmittelbar demokratisch legitimierte Regionalverbände.

Zwar haben in Planungsprogrammen langfristige ökologische Erwägungen einen hohen Stellenwert; in der Wirklichkeit werden sie aber - zu ihrem Schaden - überlagert "einerseits von einer allgemeinen Deregulierungstendenz im Geiste des europäischen Binnenmarktes und andererseits von Folgewirkungen des erfolgsorientierten Zugriffs auf Großereignisse wie Weltausstellungen, Olympische Spiele, internationale Messen, Kongresse, Kulturveranstaltungen, Stadtjubiläen und Megaprojekte in Forschung und Technologie, deren Zuschlag und Realisierung nicht mehr Gegenstand einer im klassischen Sinne planvollen Entwicklung sein kann. Die Entwicklung der Großstadtregionen ist daher nicht nur von analysierbaren und berechenbaren Faktoren abhängig, sondern immer mehr vom Aufgreifen von Chancen, vom Ergreifen von Initiativen, von regionaler Diplomatie, innerer Dynamik und nach außen gerichteter Kreativität. Auch insoweit geht es weniger um den Vollzug von Planung als um flexible Steuerung."

Muß die Großstadt als politische Körperschaft dabei im Interesse regionalen Zusammenwirkens gewisse Beschränkungen ihres Handlungsspielraums "nach außen" hinnehmen, so wird sie andererseits vielerorts durch ein wachsendes Stadtteilbewußtsein mit entsprechender Interessenvertretung in ihrer Handlungsfreiheit "nach innen" eingeschränkt. Ein zusammenfassender Überblick zeigt

- wachsende Eigenständigkeit gegenüber staatlicher Steuerung,
- wachsende Bedeutung regionaler Zusammenarbeit in verschiedenen Institutionsformen,
- Anspruch an Umlandgemeinden zum Mittragen regionaler Entwicklungspolitik,
- Differenzierung der Stadtpolitik durch Stadtteilpolitiken,
- Tendenz zur Übertragung von Verwaltungsleistungen auf andere Organisationsformen.

Sucht man nach einer tragfähigen politischen Grundlage regionalen Handelns, um dessen Akzeptanz zu sichern, so kommt die Frage nach einem "Regionalbewußtsein" ins Blickfeld. Es wird - so Erika Spiegel - in mehreren Dimensionen wirksam, als deren wichtigste sie nennt:

- die zeitliche oder auch historische Dimension, insbesondere die kollektive Geschichte der Region und die individuelle Lebensgeschichte der Regionsbewohner;
- die räumliche Dimension, insbesondere geographische oder topographische Eigenheiten der Region, ihre innere Struktur und die Ablesbarkeit ihrer Grenzen;
- die kulturelle Dimension, insbesondere gemeinsame Sitten, Gebräuche, Sprechgewohnheiten, Feste;
- die soziale Dimension, insbesondere eine regionstypische Zusammensetzung und ein dichtes Netz von Sozialbeziehungen innerhalb der Bevölkerung;
- die wirtschaftliche Dimension, insbesondere gemeinsame wirtschaftliche Existenzbedingungen und die wirtschaftlichen Chancen, die die Region bietet;
- die politisch-institutionelle Dimension, insbesondere das Vorhandensein eigenständiger regionaler Vertretungs- und Entscheidungsgremien und die Beteiligungsmöglichkeiten an regional relevanten Entscheidungen;
- die psychische Dimension, insbesondere die Wahrnehmung, affektive Besetzung und handlungsbezogene "Aneignung" der Region: die Region als Wahrnehmungsraum, als Orientierungsraum und als Identifikationsraum.

Zweifellos läßt sich ein solches Regionalbewußtsein auch gezielt fördern - etwa durch wiederkehrende werbewirksame Veranstaltungen, durch die Medien oder andere Veröffentlichungen; eine Frage von besonderer Bedeutung ist die nach "regionalen Eliten", von denen Anstöße zur Identifizierung mit der Region ausgehen könnten.

Alle derartigen Überlegungen münden in die Frage nach geeigneten Organisationsformen für die so umrissene Großstadtregion, und hierzu hat Lorenz Rautenstrauch einen Beitrag geliefert, der verschiedenen möglichen Ansätzen nachgeht. Ihnen liegt die Überzeugung zugrunde, daß "klare Regionsgrenzen (im Sinne von Einzugs-, Versorgungs- und Verflechtungsbereichen) weniger denn je zu definieren sind"; sie ändern sich im Zeitablauf und decken sich auch nicht für die verschiedenen möglichen Abgrenzungskriterien.

Die Gebietsreform der sechziger und siebziger Jahre hat wenig zur Lösung der spezifischen Großstadt-Umland-Probleme beigetragen; dennoch wird es nicht für sinnvoll gehalten, gänzlich neue Entwürfe für die Verwaltungsräume und -ebenen oder eine grundsätzliche Neuverteilung von Funktionen und Besitzständen ins Auge zu fassen - am allerwenigsten Veränderungen mit zentralisierender Tendenz, etwa nach dem Muster des früher propagierten "Regionalstadt"-Modells. Ein Grund dafür sind die negativen Erfahrungen aus der damaligen Gebietsreform, ein wichtigerer ist die Auffassung, daß zentralisierende und hierarchisierende Organisationsmodelle den sich jetzt stellenden Aufgaben nicht gerecht zu werden vermögen. Nötig sind vielmehr "Lösungen, die der enormen Komplexität und Vielfalt, den schnellen Veränderungen und dem Zwang zur Anpassung und Innovation entsprechen", für die offene und dezentrale Strukturen besser geeignet sind.

Zu den eingangs erwähnten vielfältigen Kooperationsmodellen in der Region ist anzumerken, daß die Kommunen tendenziell "solche Kooperationsbeziehungen um so mehr unter Ausklammerung der Regionalplanung ... knüpfen, je 'staatlicher' sie organisiert und je mehr sie formalisiert, landesweit vereinheitlicht und flächendeckend aufgebaut ist." Den Vorteilen solcher sektoralen Einzellösungen - Ortsbezogenheit, Flexibilität, Raum für Initiative - stehen jedoch erhebliche Nachteile gegenüber:

- mangelnde Funktionsfähigkeit bei unpopulären Themen wie der Verteilung von Lasten,
- auf Dauer Tendenz zur Verfestigung mit Flexibilitätsverlust und zur Bildung von "Fachseilschaften ... bis zur Bundesebene hinauf",
- Aussparung des Querbezugs, Doppelarbeit, mögliche Synergieeffekte bleiben unausgeschöpft,
- wachsende Undurchschaubarkeit des Verwaltungsgeflechts für Bürger und Parlamentarier mit Legitimitätsproblemen der verschiedenen Institutionen.

Das alles spricht dafür, der Regionalplanung und den sonstigen querschnittsorientierten Regionalorganisationen der Stadt-Umlandverbände in den Verdichtungsräumen mehr Gewicht zu geben und sie mit mehr Kompetenzen - auch im Vollzugsbereich - auszustatten.

Auch wenn kein im einzelnen durchstrukturiertes Organisationssystem formuliert werden kann, das in den Ballungsräumen allgemein anwendbar wäre, lassen sich einige Konstruktionsprinzipien für eine Art Organisationsmodell entwickeln; für dieses wird hier der Begriff des "Netzwerks" verwendet. Mit diesem Bild soll ein (dreidimensionales) Gespinst mit Knoten und unterschiedlichen Netzverknüpfungen veranschaulicht werden; die Netzknoten werden von den Kommunen gebildet; die Netzverknüpfungen entsprechen den verschiedenartigen Organisations- und Kooperationsformen - auch den privatwirtschaftlich organisierten.

Die querschnittsorientierten "Regionalverwaltungen" (regionalplanende Zweckverbände, Stadt-Umland-Verbände) übernehmen dabei die Funktion von "Hauptknoten" mit besonders zahlreichen Verknüpfungen und besonderer Kontaktdichte. Sie müssen dafür sorgen, daß aus der quasi naturwüchsigen, einzelzweckorientierten Vernetzung von Kommunen und privaten Institutionen eine unter regionalen Gesichtspunkten einigermaßen vernünftige Zusammenarbeit im Netzwerk wird. Sie müssen Anstöße für regional bedeutsame Aktivitäten geben, als Anlaufstelle für Außenstehende dienen, aber zugleich auch Forum und runder Tisch sein, an dem das Bedürfnis nach öffentlicher politischer Diskussion über Zukunft und Ziele der Region erfüllt und Legitimation für Regionalpolitik geschaffen werden kann.

Gerade diese letztgenannten Aufgaben lassen es nicht sinnvoll erscheinen, eine solche regionale Institution der staatlichen Mittelbehörde zuzuordnen. Die Querschnittsplanungen, die jene mit Vorrang zu betreiben hat, sollen und können nicht gleichzeitig Vollzugsinstrument hoheitlich betriebener Landespolitik sein. Es ist vielmehr eine kommunale Organisationsform geboten. Dabei muß die Abgrenzung des Planungsraumes weit genug sein - gegebenenfalls auch über Ländergrenzen hinweg -, um das Netz in seiner Grundsubstanz zu erfassen, aber eng genug, um regionalpolitische Gemeinsamkeiten für die Mitwirkenden erkennbar zu machen.

Es würde dem Grundprinzip der dezentralen Aufgabenerledigung im Netzwerk widersprechen, wenn eine große Zahl von regionalen Durchführungsaufgaben auf eine solche "Regionalstelle" übertragen würde; andererseits sollte sie mit gewissen Kompetenzen ausgestattet werden - auch um das nötige Gewicht gegenüber den Gesprächspartnern zu sichern. Zu ihnen könnten neben verbindlichen Planungszuständigkeiten auch die Möglichkeit zur Gewährung finanzieller Anreize gehören, ebenso wie die Berechtigung, fachplanerische Initiativen zu ergreifen und gewisse regionale Gemeinschaftsaufgaben selbst wahrzunehmen.

Die Sachprobleme räumlicher Entwicklung, die durch intensivere regionale Zusammenarbeit einer Lösung nähergebracht werden könnten, sind im letzten Abschnitt der Untersuchung zusammengestellt und im einzelnen erläutert. Sie können in Fachkreisen als bekannt vorausgesetzt werden, so daß hier eine stichwortartige Reihung genügen möge:

- Pflege der natürlichen Lebensgrundlagen durch Freiflächensicherung unter Abwägung von ökologischen Anforderungen gegen Erholungsnutzungen,
- Steuerung der regionalen Siedlungsstruktur unter dem Gesichtswinkel der zentralen Standorte, der "sperrigen Infrastruktur", der Gewerbe- und Wohnflächen; dabei ist den quantitativen (Dichte-)Aspekten unter ökologischen wie strukturökonomischen Gesichtspunkten großes Gewicht beizumessen.
- Verkehrssysteme unter Betonung der Schiene und eines Verkehrssystem-Managements zur minimalen Umweltbelastung und optimalen Nutzung der notwendigerweise begrenzten Verkehrsflächen. Güterverkehrszentren zum Umschlag von überregionalem Güterverkehr auf ortsverträgliche Fahrzeuge.
- Ver- und Entsorgung, Infrastruktureinrichtungen dienen und nützen der gesamten Region - also müssen auch Standorte außerhalb der Kernstadt möglich sein.
- Das kulturelle Angebot kann von einer Mitwirkung der Umlandgemeinden durchaus profitieren.
- Die wirtschaftliche Entwicklung verlangt den Abbau interkommunaler Konkurrenz und eine bessere Auslastung regionaler Infrastruktur durch ein gebündeltes Gewerbeflächenangebot.

Schon diese knappe Auflistung genügt, um ein Kernproblem der heutigen Planung anschaulich zu machen: während der "Zeitgeist" offenbar nach Deregulierung und individueller Wahlfreiheit ruft, macht es die wachsende Einsicht in die "Vernetztheit" des räumlichen Wirkungsgefüges immer schwerer, nach traditionellem Muster Teilentscheidungen sektoral oder kleinräumig treffen zu lassen. Andererseits würde eine Zentralisierung solcher Entscheidungen auf einer hohen politischen Ebene diese nicht nur überfordern, sondern auch zu schematischen, der realen Vielfalt unangemessenen Strukturen führen. Diese Überlegung macht noch einmal das Gewicht der vorher erörterten organisatorischen Fragen deutlich.

Die Untersuchung schließt mit dem Hinweis darauf, daß viele den Raum und die Umwelt belastende Entwicklungen nicht allein durch räumliche Planung zu steuern sind, sondern flankierender Maßnahmen, z.B. in der Verkehrspolitik und in Richtlinien für Fahrzeugbau, Schadstoffausstoß und Abfallvermeidung, bedürfen. Gleichwohl ist eine übergreifende raumbezogene Planung in der Großstadtregion eine unerläßliche Voraussetzung dafür, daß in den großstädtischen Verdichtungsräumen die technische, soziale und kulturelle Infrastruktur ebenso wie die hier besonders knappen Flächenressourcen entsprechend den gesellschaftlichen Ziel- und Wertvorstellungen sinnvoll genutzt werden.

WALDEMAR KLEINSCHMIDT

Infrastrukturausstattung, Standortqualität, Standortvorsorge

Meine sehr verehrten Damen und Herren!

Gestatten Sie mir zu Beginn meines Statements ein Dankeschön an den Veranstalter, daß in meiner Person ein Kommunalpolitiker aus den neuen Bundesländern auf dieser wissenschaftlichen Konferenz das Wort nehmen kann, um aus der Sicht einer Stadt bzw. des Bundeslandes Brandenburg hier zum Thema zu sprechen.

Es ist Ihnen bekannt, daß nach der Vereinigung unseres Vaterlandes nun die Herstellung gleicher Lebensbedingungen auf der Tagesordnung ganz oben steht. Wie schwierig das ist, erleben wir in Ost und West jeden Tag. Gibt es in Anbetracht dessen nichts Wichtigeres für den Oberbürgermeister einer ostdeutschen Stadt, als sich um "Perspektiven der Raumentwicklung in Europa" zu kümmern? Die Antwort könnte natürlich ein klares Ja sein, denn für uns Kommunalpolitiker in Ostdeutschland ist zur Zeit alles wichtig, und das wird auch noch eine Weile so sein. Ich denke aber, daß diese Beratung mithelfen kann, räumliche Fehlentwicklungen beim Zusammenwachsen der beiden ehemaligen Staaten zu erkennen und vor allem zu vermeiden. Hinzu kommt noch, daß gerade für Cottbus aufgrund der geografischen Lage das Hineinwachsen Deutschlands in den Europäischen Binnenmarkt von Bedeutung sein sollte.

Wo befindet sich Cottbus?

Die Stadt, in der rund 126.000 deutsche und sorbische Menschen wohnen, liegt im Süden des Bundeslandes Brandenburg. Als Oberzentrum ist es rund 120 km von Berlin entfernt, bis zur polnischen Grenze sind es ca. 30 km. Nach Potsdam ist Cottbus die zweitgrößte Stadt in Brandenburg, das bekanntlich mit etwa 29.000 km² das flächenmäßig größte neue Bundesland ist, in dem aber nur etwa 2,6 Mio. Menschen leben, so daß die Bevölkerungsdichte sehr gering ist. Brandenburg umschließt die Metropole Berlin, die übrigens 1920 aus der Provinz Brandenburg herausgelöst und als "Groß-Berlin" selbständig wurde. Es ist zu erwarten, daß die künftige Metropole Berlin wegen der geringen Entfernung Einfluß auf die Entwicklung von Cottbus nehmen wird. Ein anderer Einflußfaktor wird die Nähe zu Polen sein.

Meine Damen und Herren,

welche Stärken und Schwächen gibt es in der Infrastrukturversorgung der Stadt Cottbus? Man darf davon ausgehen, daß die Situation, wie sie sich in dieser Stadt darstellt, ähnlich auch in den anderen Orten im Land Brandenburg ist.

Es ist hinlänglich bekannt, daß die Voraussetzung für das Funktionieren eines Gemeinwesens eine qualifizierte Verwaltung ist. Ich meine, hier sind die Unterschiede in den einzelnen Kommunen Brandenburgs sehr groß. Besonders in kleineren Gemeinden - in unserem Bundesland gibt es 1787 Gemeinden, von denen 80% unter 1000 Einwohner haben - kann die Verwaltungsarbeit nicht so geleistet werden, wie das nötig ist.

In Cottbus sind von dem Stammpersonal der Stadtverwaltung ca. 30% neue Mitarbeiter, so daß das Rathaus auch unter den Bedingungen der kommunalen Selbstverwaltung funktioniert, was ich mit aller Bescheidenheit sagen möchte.

Mit großen Anstrengungen haben wir innerhalb kurzer Zeit unser Schulkonzept realisiert, so daß wir mit Grund-, Gesamt-, Realschulen, Gymnasien und Oberstufenzentren für die berufliche Bildung ein relativ gegliedertes Schulsystem besitzen. Große Probleme gibt es mit der Ausstattung, und in einem Stadtteil fehlt es an Unterrichtsräumen.

Ich will aber auch nicht verschweigen, daß es uns gelungen ist, innerhalb von 5 Monaten einen Schulneubau - übrigens den ersten nach DIN im Land Brandenburg - zu realisieren. Auch wenn man uns nun respektvoll als "Weltmeister im Schulbau" bezeichnet, ist uns klar, daß man so etwas nur einmal machen kann. Stolz sind wir, daß ausschließlich lokale Baubetriebe das "Meisterstück" vollbrachten.

Im Bereich von Kultur, Kunst und Sport ist die Infrastrukturversorgung in Cottbus relativ gut. Neben dem Landestheater als Dreispartentheater in zwei Spielstätten gibt es das größte Konservatorium des Landes, die Brandenburgischen Kunstsammlungen, ein Apothekenmuseum als besonderes Kleinod, das Niederlausitzer und das Niedersorbische Museum, den Landschaftspark Branitz mit dem Schloß Branitz, angelegt durch den Fürsten Pückler, den Tierpark, drei Kinos, ein kommunales Kino, Bibliotheken u.a. Wir freuen uns darüber, daß es uns auch in der stürmischen Zeit der "Wende" gelungen ist, die Freizeiteinrichtungen für die Kinder zu erhalten. So existieren nach wie vor die Puppenbühne "Regenbogen", das Kindertheater "Piccolo", das Haus der Freizeit, die ehemalige Pioniereisenbahn, die jetzt Parkeisenbahn heißt, das Kindermusical und Jugendklubs. In der Stadthalle finden Kultur- und Sportveranstaltungen statt. Überhaupt kann man sagen, daß in Cottbus nach wie vor attraktive Sportveranstaltungen durchgeführt werden. Die Sportanlagen befinden sich zum größten Teil in kommunalem Besitz oder wurden bei der Treuhand zur Überführung in städtisches Eigentum beantragt.

Im sozialen Bereich sieht es so aus, daß die medizinische Versorgung gesichert ist. Das Carl-Thiem-Klinikum, das in kommunalen Besitz überging und über ca. 1400 Betten verfügt, wird zum Schwerpunktkrankenhaus mit Maximalversorgung ausgebaut. Die Ärzte und Zahnärzte in Cottbus sind fast alle in freier Niederlassung tätig. Nachholbedarf gibt es bei dem Zustand und der Ausstattung der Feierabend- und Pflege- sowie Kinderheime. Wir sind dabei, den größten Teil in freie Trägerschaft zu überführen.

Obwohl Cottbus über einen relativ großen Teil von Neubauwohnungen, allerdings nach DDR-Standard errichtet, verfügt, gibt es vor allem im Stadtzentrum und im Stadtteil Ströbitz viele Gebäude, die saniert werden müssen. Ähnliches gilt für die Straßen und Verkehrsanlagen. Was die Neubauwohnungen betrifft, hebt sich Cottbus gegenüber anderen Städten positiv hervor.

In dem Kohle- und Energiezentrum der ehemaligen DDR - zwei Drittel der Energie sind in unserem Bezirk erzeugt worden - wurden für die aus anderen Regionen nach Cottbus gekommenen Arbeitskräfte Wohnungen gebaut, so daß sich das jetzt zunächst positiv auswirkt. Als Mängel müssen allerdings die Umweltschäden, die mit dem Kohleabbau und der Energieerzeugung in Zusammenhang stehen, genannt werden. Sie schaden natürlich auch dem Image der Stadt. Dieses soll in unterschiedlicher Hinsicht erweitert werden. Bekanntlich ist Cottbus die größte Stadt in der Nähe des Spreewalds. Es zeichnet sich jetzt schon ab, daß in dieses einzigartige Erholungsgebiet mit den mehr als 300 verästelten Wasserstraßen, in dem auch heute noch mit den Sorben die einzige nationale Minderheit Brandenburgs lebt, viele Touristen kommen werden. Es bietet sich an, daß ein Teil von ihnen in Cottbus übernachtet. Außerdem hat sich die Stadt in letzter Zeit als Veranstaltungsort für Messen und Ausstellungen, auch mit überregionalem Charakter, einen Namen gemacht. Das trifft ebenfalls auf Konferenzen und Beratungen zu, wobei im Hinblick auf eine engere Zusammenarbeit mit polnischen und anderen osteuropäischen Institutionen die Nachfrage steigen wird. Hierzu reichen die zwei größten Hotels, über die Cottbus zur Zeit verfügt, nicht aus. Es war deshalb eine der ersten Maßnahmen der Stadtverwaltung nach ihrer Amtsübernahme, ein Hotelkonzept auszuarbeiten.

Ende 1993 soll ein 3- bis 4-Sterne-Hotel mit ca. 400 Betten fertiggestellt sein. Im Zentrum sind zwei Hotels mit jeweils 70 Betten geplant, und in Verantwortung der Bundesbahn wird ein Interregio-Hotel gebaut.

Dazu kommt selbstverständlich, daß die bestehenden Hotels und Gaststätten auf westlichen Standard gebracht werden müssen. Alle diese Maßnahmen sollen dazu beitragen, auch Investoren aus dem Fremdenverkehrsgewerbe anzulocken. Das Zauberwort soll heißen - "sanfter Tourismus".

Zur Wasserversorgung und zum Abwasserbereich werde ich an anderer Stelle etwas sagen.

Wenn auch hier nicht das gesamte Spektrum der Infrastruktur beleuchtet werden kann, so kann man sagen, daß im Freizeitbereich zumindest quantitativ die Situation relativ gut ist.

Auf allen anderen Gebieten gibt es mehr oder weniger großen Handlungsbedarf. Der Vollständigkeit halber sei gesagt, daß von den Oberzentren im Land Brandenburg in Cottbus die Arbeitslosenquote per 30. September mit 7,9% am niedrigsten war. Entwicklungsbedarf gibt es im Dienstleistungssektor sowie bei den kleinen und mittleren Betrieben, wobei im Handwerk ein Trend nach oben zu erkennen ist.

Es ist auch uns Cottbuser Stadtvätern klar, daß die Stadt für Investoren jeglicher Art nur dann interessant wird, wenn das Umfeld stimmt. So sehen wir uns zum einen als Tor zum Osten, weil wir der Auffassung sind, daß sich für Investoren im Hinblick auf die zu erwartende Entwicklung in Richtung geeintes Europa und den zu erschließenden europäischen Markt die Ansiedlung lohnt. Wir müssen den Menschen aber auch eine dem normalen bundesdeutschen Standard entsprechende Lebensqualität bieten.

Hier muß schnell gehandelt werden, um in dem Wettbewerb der Städte und Regionen möglichst nicht nur 2. bzw. 3. Sieger zu sein oder noch weiter hinten anzukommen. Es ist deshalb nötig, Prioritäten zu setzen.

Nach der Kommunalwahl im Mai 1990 stellten wir mit der Aufnahme der Arbeit der Stadtverwaltung erste Überlegungen an und entwickelten Teilkonzepte zur mittelfristigen Arbeit, so zum Bau von Tankstellen, Hotels und zu Handelseinrichtungen. Ab dem 4. Quartal 1990 wurden diese zum Anfang notwendigerweise nur sporadischen Aktivitäten kanalisiert im Konzept "Cottbus 2000". Dieses kommunalpolitische Handlungskonzept bis zum Jahr 2000 mit den Schwerpunkten Wirtschaft, Bauen, technische und soziale Infrastruktur, Umwelt und Zusammenarbeit zwischen der kreisfreien Stadt und dem gleichnamigen Landkreis Cottbus soll am Ende dieses Jahres in 2 Lesungen im Stadtparlament behandelt und im 1. Quartal 1992 beschlossen werden.

Ein Schwerpunkt unserer Arbeit ist die Erschließung von Gewerbegebieten für produzierende/dienstleistende Unternehmen. Nach ca. 1 1/4 Jahren können nun etwa 45 Unternehmern erschlossene Flächen zum Kauf angeboten werden. Wir sehen auch einen weiteren Schwerpunkt darin, und das ist meines Erachtens sehr wichtig, daß die Arbeit der Treuhandanstalt bei Privatisierungs- und Sanierungskonzepten aktiv begleitet wird, vor allem zur Berücksichtigung von Unternehmensgründern.

Unser Kontakt zur Niederlassung Cottbus ist recht gut, und beide Seiten profitieren davon. Neben diesem Aufbau wirtschaftlicher Infrastrukturen sind wir bemüht, das Problem Wasser/Abwasser in den Griff zu bekommen. Bekanntlich sind durch die Entscheidung der Treuhandanstalt, daß die Anteilseigner zu 90% die Kommunen und zu 10% die Länder sind, die Würfel gefallen. Trotzdem gibt es Probleme. Die Kompromißlösung, Zweckverbänden und Stadtwerken die Aufnahme der Tätigkeit dieser originären Aufgabe durch Überlassungsverträge zu gestatten, ist sicherlich ein Lichtblick. Für Cottbus prüfen wir die Einbeziehung der Wasserversorgung in die Stadtwerke. Auch den Synergieeffekt Wasser/Abwasser per Geschäftsversorgungsvertrag für die Stadtwerke auf der Abwasserseite wollen wir erhalten. Zur Zeit gibt es in Cottbus sehr viele Baustellen. Das ist, trotz aller unausbleiblichen Einschränkungen, gut so. So sind wir dabei, den Hauptsammler zu sanieren. Vielleicht ist es für Sie von Interesse, daß wir dabei, nach Hamburg übrigens als zweite deutsche Stadt, eine Technologie anwenden, die uns das Aufgraben erspart, weil die Sanierung unterirdisch erfolgt. Damit können die Einschränkungen für den Straßenverkehr in Grenzen gehalten werden. Daneben erweitern wir das Wasserwerk und erschließen neue Wasserfassungen (Brunnen). Wir legen Wert auf eine komplexe Sammlersanierung. Weiterhin sind wir dabei, den Anschlußgrad in den Randlagen der Stadt zu erhöhen. Es sei noch vermerkt, daß wir die Kläranlage erweitern bzw. neu bauen und somit alles auf den neuesten technischen Standard bringen.

Meine Damen und Herren,

von ebenso wichtiger Bedeutung für Investoren sind Kommunikationsmöglichkeiten. Hier gibt es sicherlich mit den höchsten Nachholbedarf. Es wurde also in Cottbus mit der Digitalisierung der Fern- und Knotenämter in Zuständigkeit von Telekom begonnen. Das gleiche trifft auf die Breitbandverkabelung zu, wobei die Bundespost für die Netzebenen 1 und 2 sowie Kabelgesellschaften für 3 und 4 zuständig sind. Es ist geplant, die Arbeiten bis 1993 abzuschließen. Ich möchte noch hinzufügen, daß nur die Kabelgesellschaften den Zuschlag erhalten, welche die Telefon- und Breitbandkabel in einem Arbeitstakt verlegen. Trotz aller Bemühungen geht das alles nach Meinung vieler zu langsam, obwohl das Tempo hoch ist. Aber das ist eben das Problem nicht nur der Kommunalpolitiker in den neuen Bundesländern: An die höhere Lebensqualität können sich die Menschen sehr schnell gewöhnen, und oftmals wird die Realität, wenn es um die Umsetzung geht, verkannt. Aufgrund der Zeitfrage, aber auch aus finanziellen Erwägungen wurde als

Pilotprojekt für das Land Brandenburg, vor allem für klein- und mittelständische Unternehmen, das "Telehaus Cottbus" eröffnet. Diese Firmen finden hier alles, was auf dem Gebiet der Telekommunikation und Computertechnik für sie von Wichtigkeit ist, vor, so daß diese Dienstleistungseinrichtung sehr gut angenommen wird. Von ähnlicher Bedeutung ist für die Investoren ebenso wie für Besucher und natürlich die Bewohner das Verkehrsnetz. Notwendig ist der vierspurige Ausbau der Autobahn A 15, der B 97 und wesentlicher Stadtmagistralen.

Im Bereich des ÖPNV werden zur Zeit Studien erarbeitet, um zu untersuchen, wie die öffentlichen Verkehrsmittel schneller gegenüber dem Individualverkehr und insgesamt attraktiver werden können. Fest steht, daß in Cottbus an der guten alten Straßenbahn festgehalten wird. In diesem Jahr nutzen wir Fördermittel in Höhe von 9,9 Mio. DM zur Gleisrekonstruktion. 1,9 Mio. DM werden für die Anschaffung von MAN-Niederflurbussen ausgegeben, um mit dem Ersatz des alten Bestandes zu beginnen. In der Planung befindet sich ein neuer Straßenbahn-Bus-Betriebshof. Hier werden wir nach der Fertigstellung mit weniger Personal auskommen, was in diesem Bereich von immenser Wichtigkeit ist, und vor allem auch bundesdeutschen Standard durchsetzen. Der Vollständigkeit halber sei erwähnt, daß der "Engpaß Taxi", wie wir ihn aus der ehemaligen DDR kennen, mit Beginn der sozialen Marktwirtschaft schlagartig beendet wurde. Zur Zeit gibt es 159 Taxen, so daß etwas mehr als eines dieser nützlichen Autos auf 1000 Einwohner kommt.

Der Bahnhof in unserer Stadt soll als "Erlebnisbereich mit Gleisanschluß", wie die Fachleute sagen, ausgebaut werden. Nicht mehr wegzudenken ist aus dem Verkehrskonzept der Flugverkehr. Für Cottbus, das im Moment zugegebenermaßen noch etwas "weit vom Schuß" liegt, gibt es deshalb in dieser Richtung besonderen Handlungsbedarf. Auf der Grundlage eines Mitbenutzungsvertrages zwischen der Stadtverwaltung bzw. Flugplatzgesellschaft und der Bundeswehr ist die Möglichkeit der Abwicklung von zivilem Flugverkehr auf dem Flugplatz Cottbus vorgesehen und zum Teil schon möglich.

Dies betrifft den höherwertigen Regional- und Werksflugverkehr bis 14 t Fluggewicht. Damit sollen die technischen und organisatorischen Voraussetzungen zur Anbindung der Stadt und der Region an das nationale und internationale Luftverkehrsnetz mit möglichst geringem Aufwand und vertretbaren Lösungen geschaffen werden. Dieser Weg ist als Interimslösung bis zu einer Entscheidung für einen Regionalflughafen gedacht.

Daneben ist für die allgemeine Luftfahrt, insbesondere den privaten Geschäfts-, Reise- und Sportflugverkehr bis zu einer Gewichtsklasse von 5,7 t, der Flugplatz Neuhaus, ca. 15 km von der Stadt entfernt, nutzbar. Er soll entsprechend seiner Bedeutung im Luftverkehrskonzept des Landes Brandenburg und der Region zu einem Verkehrslandeplatz der Kategorie II ausgebaut werden. Außerdem wird er ein Zentrum für Freizeit und Erholung sein, wo z.B. Segel- und Motorflug, Fallschirmspringen, Drachenfliegen möglich sind und in dessen Nähe u.a. ein Golfplatz entstehen soll.

Ein Problem in den neuen Bundesländern ist die Abfallentsorgung. Auch in Cottbus war durch den Wegfall des ehemaligen Sero-Annahmesystems und den fast 100%igen Anstieg des Hausmüllanfalls eine äußerst kritische Situation entstanden. Seit geraumer Zeit beherrschen wir das Problem. Dazu trug bei, daß durch die Costar GmbH, eine Eigengesellschaft der Stadt, die maschinelle Ausrüstung und das Behältersystem sowie die Deponieverdichtungstechnik schrittweise auf das Niveau vergleichbarer Städte der Altbundesländer gebracht wurden.

Hervorzuheben ist, daß diese GmbH sowohl lokal als auch regional tätig ist und eine der wenigen Firmen ist, die ohne Stammkapital aus den westlichen Ländern auf die Füße kam. Durch Zusammenarbeit mit einem Unternehmen aus dem Saarland wurde in Cottbus eine der modernsten Bauschuttrecyclinganlagen Europas errichtet. Sie wird die städtische Deponie wesentlich entlasten und bildet die erste Ausbaustufe eines Recycling-Zentrums.

Zusammenfassend ist zu sagen, daß in Cottbus bei der Verbesserung der Infrastrukturausstattung Prioritäten gesetzt werden. Zunächst ist alles zu unternehmen, um die Ansiedlung von klein- und mittelständischen sowie Handwerksbetrieben zu unterstützen. Das schließt auch ein, den Menschen eine zufriedenstellende Lebensqualität zu ermöglichen. Gleichzeitig wird daran gearbeitet, das Image der Stadt zu verbessern.

Uns allen ist klar, daß diese Vorhaben sehr viel Geld kosten. Eine große Hilfe ist hierbei das "Gemeinschaftswerk Aufschwung-Ost". Auch an dieser Stelle ein großes Dankeschön an die Adresse der Bundesregierung, die das Geld zur Verfügung stellt. Es muß aber leider kritisch gesagt werden, daß die Bearbeitung in der Landesregierung zu lange dauert und teilweise zu bürokratisch vonstatten geht. Am effektivsten konnten in Cottbus die rund 40 Mio. DM verwendet werden, die uns direkt für die Sanierung der Schulen und Heime zur Verfügung gestellt wurden. So war es uns z.B. möglich, die Dächer in den Schulen zu sanieren - eine Aufgabe, die schon seit langem dringend notwendig war.

Erschwerend für das Abfließen der Mittel ist auch, daß zum Teil die Eigentumsverhältnisse nicht geklärt sind. Es gibt auch Städte im Land Brandenburg, denen die Fachleute fehlen, die die Industriegebiete vorbereiten. Und oftmals sind die Gemeinden überfordert, wenn sie zwar 80% der Kosten für förderungsfähige Projekte erhalten, sie aber die Komplementärmittel nicht aufbringen können. Die wenigen Beispiele zeigen, daß die Wirksamkeit des Programms "Aufschwung-Ost" sehr differenziert von Gemeinde zu Gemeinde zu sehen ist, was aber auf keinen Fall Kritik an dem Vorhandensein des Projekts bedeutet.

Meine Damen und Herren, gestatten Sie mir als letztes anzusprechen, welche spezifischen Organisationsformen und -strukturen sich in den neuen Bundesländern, in denen der kommunale Umstrukturierungsprozeß noch nicht abgeschlossen ist, anbieten könnten. Ich möchte mich hier auf das Beispiel von Cottbus beschränken.

Es wurde vor kurzem die "Regionale Entwicklungsgesellschaft Brandenburg-Süd" gegründet, der neben der Stadt Cottbus, die, wie man so schön sagt, "den Hut auf hat", die Landkreise Forst, Spremberg, Senftenberg und Cottbus-Land angehören. Der Kreis Guben prüft derzeit noch seine Beteiligung. Durch die Gesellschaft sollen regional abgestimmte Lösungen zum Infrastrukturaufbau erreicht werden. Selbstverständlich gehört zu den Aufgaben auch, Investoren anzulocken, zu beraten und auswärtige sowie ansässige Unternehmen zu betreuen.

Es hilft uns sehr, daß für die Jahre 1991 und 1992 durch die Landesregierung für diese Entwicklungsgesellschaft eine Anschubfinanzierung vorgesehen ist.

Für Cottbus trifft leider die Tatsache zu, daß die Stadt sich auf einer Fläche von nur 48 km² befindet. Die Stadtverwaltung Cottbus steht deshalb in Verhandlungen mit den umliegenden Gemeinden mit dem Angebot, mit ihnen zusammenzuarbeiten, wenn sie es wünschen. Ich denke, es ist uns allen hier im Saal klar, daß die knapp 1800 Gemeinden nur für das Land Brandenburg bei weitem zu viel sind. Cottbus fehlt die Fläche, und die kleineren Gemeinden sind in der Verwaltung überfordert. Eine Eingemeindung scheint logisch und zwingend notwendig zu sein. Das Problem besteht darin, daß viele Kommunen meinen, daß die kommunale Selbstverwaltung, die ihnen vor kurzem nun endlich zugebilligt wurde, ihnen nun wieder weggenommen wird. Die Stadt Cottbus geht deshalb sehr umsichtig auf die Gemeinden zu. Wir denken, sie müssen und werden selbst erkennen, was objektiv notwendig ist.

Von großer Bedeutung für die Entwicklung der Stadt Cottbus ist die Entscheidung, hier Stadtwerke zu gründen. Was gab den Ausschlag zu diesem Beschluß?

Es existierten früher schon Stadtwerke in Cottbus, im Jahre 1953 wurde in dieser Hinsicht eine lange Tradition beendet. Außerdem trugen zur Wiederaufnahme dieser Tradition im Januar dieses Jahres das Wissen um die steuerliche Wirkung mit Blick auf die steuermindernde Wirkung der Konzessionsabgabe eigener Unternehmen auf die Körperschaftssteuer, die finanz- und kommunalpolitische Wirkung und damit nicht zuletzt die umwelt- und energiepolitische Bedeutung bei.

Es soll einmal ein Querverbund entstehen, bisher besteht nur die Abteilung Fernwärme. In diesem Zusammenhang soll nicht unerwähnt bleiben, daß Cottbus in der glücklichen Lage ist, daß 70% aller Wohnungen fernbeheizt sind und noch weitere Anschlußmöglichkeiten gegeben sind. Was die Stadtwerke insgesamt angeht, sehen wir sie als ein kommunales Instrument, eine Quelle und eine Chance für eine ökologisch verträglichere und stadtnahe Versorgung. Der Schritt muß aber wirtschaftlich sinnvoll sein. In diesem Zusammenhang möchte ich darauf aufmerksam machen, daß die technischen Bedingungen in den Städten, um nur einen Faktor zu nennen, auf die Stadtwerksbildungen Einfluß haben, so daß pauschalisierte Wertungen von Einzellösungen wenig sinnvoll sind; wollen wir doch die gewonnenen Freiheiten zur Selbstverwaltung auch in regional angepaßten Lösungen praktizieren.

Sie haben, meine Damen und Herren, von mir als ostdeutscher Kommunalpolitiker vielleicht einen pessimistischen Beitrag erwartet. Zum einen bin ich aber von Hause aus Optimist, und zum anderen haben wir in Cottbus, und das sage ich Ihnen in aller Bescheidenheit, schon einiges erreicht. Als drittes tragen aber noch folgende Tatsachen, auf die ich aber nur kurz eingehen möchte, zu meinem Optimismus bei:

1. Seit diesem Jahr gibt es in Cottbus die Technische Universität des Landes Brandenburg und die Fachhochschule Lausitz mit Sitz in Senftenberg und Cottbus. Die Struktur der TU ist geeignet, eine moderne, fortschrittliche, leistungsfähige Forschungsuniversität zu entwickeln.

Von ihr werden, davon bin ich felsenfest überzeugt, Impulse auf die Wirtschaft in Cottbus, in der Region und darüber hinaus auf das Land Brandenburg ausgehen. So sollen zum Beispiel in der Fakultät Maschinenbau, Elektrotechnik und Produktionstechnik unter anderem die Ingenieure ausgebildet werden, die in Zukunft für den Elektrolokomotiv- und Waggonbau in Hennigsdorf, für die bald modernste deutsche LKW-Fabrik in Ludwigsfelde oder für das Reichsbahnausbesserungswerk Cottbus gebraucht werden. Außerdem wird die TU das geistige Leben in Cottbus bereichern, viele Arbeitsplätze schaffen und nicht zuletzt die Stadt über die Grenzen der Niederlausitz bekanntmachen.

2. Ende Mai wurde ich darüber informiert, daß Cottbus in die Liste der "Modellstädte für die städtebauliche Erneuerung" aufgenommen wurde. Sie können sich vorstellen, daß wir über diese Entscheidung sehr froh sind, eröffnen sich doch zusätzliche Möglichkeiten, unserer Stadt zu einem attraktiven und anziehenden Gesamtbild zu verhelfen, also die Infrastruktur zu verbessern.

3. Es ist möglich, daß Sie in der Presse gelesen haben: Cottbus hat sich für die Ausrichtung der Bundesgartenschau beworben. Vor zwei Tagen waren die dafür Verantwortlichen in Cottbus und haben sich vor Ort ein Bild gemacht. Die Chancen sollen wohl nicht schlecht sein.

Sie werden vielleicht ungläubig schauen, wenn ich Ihnen sage, daß dies bereits für 1995 wäre, da Berlin, das für dieses Jahr den Zuschlag erhalten hatte, die Ausstellung zurückgegeben hat.

Wir wissen, so glaube ich es zumindest, worauf wir uns in der Kürze der Zeit einlassen. Es gibt, auch das will ich nicht verschweigen, die eine oder andere kritische Stimme - die optimistischen überwiegen aber bei weitem. Sollten wir Berücksichtigung finden, hätten wir die Chance, sicherlich mit einem riesigen Berg von Arbeit verbunden, die Infrastruktur unserer Stadt Cottbus innerhalb kurzer Zeit bedeutend zu verbessern.

Und hier komme ich auf den Anfang meines Beitrages zurück: Wir müssen uns einer eventuellen negativen Auswirkung des Einflußbereiches der Metropole Berlin entziehen. Weiterhin ist es notwendig, für unser Image als Tor zum Osten etwas zu tun, wobei wir bei allem daran denken müssen, daß wir im Wettbewerb der Städte und Regionen um den attraktivsten Standort, der sich mit Sicherheit verstärken wird, ganz wenig Zeit haben.

Deshalb müssen wir die Ärmel hochkrempeln und es schnell anpacken.

VIKTOR FRHR. VON MALCHUS

Zusammenarbeit in Europa - Einführung

1.   Ansätze zur europäischen Forschungskoordination durch die ARL

Die europäische Entwicklung ist durch dynamischen Wandel gekennzeichnet. Wie Präsident Professor Treuner bereits einleitend erwähnte, kann die Raumordnung sinnvoll nur im Rahmen Europas verstanden werden. Als die Akademie ihre wissenschaftliche Plenartagung am 9./10. November 1989 über die "Europäische Integration - Aufgaben für Raumforschung und Raumplanung" in Bonn-Bad Godesberg durchführte, war dies der Zeitpunkt, an dem sich der Eiserne Vorhang öffnete und Mauern zu stürzen begannen. Seither haben sich vollzogen und vollziehen sich noch historische Veränderungen in den Wirtschafts- und Gesellschaftssystemen Mittel- und Osteuropas, aus denen sich vielfältige neue Konsequenzen für die europäische und damit auch für die deutsche Raumordnung ergeben.

Heute wiederum - zwei Jahre später - haben sich, worauf Dr. v. d. Heide bereits hingewiesen hat, am 21.10.1991 EG und EFTA auf die Bildung des weltgrößten gemeinsamen Wirtschaftsraumes geeinigt. 19 Länder werden sich ab 1993 zum "Europäischen Wirtschaftsraum (EWR)" zusammenschließen. Damit entsteht eine Wirtschaftsgemeinschaft vom Nordkap bis Sizilien mit etwa 375 Mio. Einwohnern. Einige dieser Länder wollen darüber hinaus Vollmitglieder der EG werden (Österreich, Schweden, Finnland und evtl. auch Norwegen und die Schweiz). Der EWG-Vertrag wird geändert - die Politische Union und die Währungsunion sollen bis zur Jahrtausendwende entstehen.

Von vielen Seiten wird die Einarbeitung der EG-Kompetenz für den Bereich der Raumordnung in den EWGV erwogen. Die EG wird dadurch voraussichtlich die Möglichkeit zur Koordinierung ihrer Fachpolitik auf eigene Raumordnungsziele, der Entwicklung eines Orientierungsrahmens für die raumwirksamen Politiken der EG und eventuell einige Instrumente für eine europäische Raumordnungspolitik erhalten.

Diese Entwicklungen werden im Rahmen der internationalen Arbeitsteilung ohne Zweifel weitreichende Folgen für die Position Europas in der Welt und für die Raumstruktur in Europa haben. Gerade im Hinblick auf die künftige Entwicklung der Raum- und Siedlungsstruktur in Europa zeigen sich in vielen Bereichen sowohl Defizite in der regionalwissenschaftlichen Grundlagenforschung als auch in der zukunftsorientierten räumlichen Strategieentwicklung in allen Bereichen der Raumordnung. Es gilt herauszufinden, welche dies sind. Professor Dr. Göb hat einleitend bereits viele dieser Probleme erörtert.

Mit der Frage der europäischen Raum- und Siedlungsstruktur hat sich bisher überwiegend die Europäische Raumordnungsministerkonferenz beim Europarat beschäftigt. Sie hat auf der Grundlage vieler Empfehlungen vor allem die Europäische Raumordnungscharta und ein Grundschema für die europäische Raumentwicklung, das sich derzeit unter der Federführung Luxemburgs in Veröffentlichung befindet, erarbeitet. Die Europäische Raumordnungscharta ist in Europa leider weithin in Vergessenheit geraten. Wenn sich die nationalen und regionalen Raumordnungsbehörden nicht künftig stärker um das "Grundschema für die europäische Raumentwicklung" bemühen, wird es voraussichtlich dasselbe Schicksal erleiden.

Auf dem Hintergrund vieler Initiativen aus dem Europäischen Parlament und auf der Grundlage sachlicher Überlegungen vor allem in Verbindung mit der EG-Regionalpolitik hat nun auch die EG-Kommission die Notwendigkeit einer Europäischen Raumordnungspolitik erkannt. Sie hat eine sogenannte Ministerkonferenz der für die Raumordnung und Regionalpolitik verantwortlichen Minister eingerichtet und verabschiedet in diesen Wochen ein erstes Strategiepapier "Europa 2000" mit Perspektiven für die künftige Raumordnung und Regionalentwicklung in Europa. Die Akademie hatte Gelegenheit zu einer kurzfristigen Stellungnahme zum ersten Entwurf erhalten. Auf die konstruktive Kritik des Präsidenten der ARL, Professor Treuner, hat dann die EG-Kommission sehr positiv reagiert. Das Strategiepapier "Europa 2000" soll auf der kommenden europäischen Raumordnungsministerkonferenz im November 1991 in Den Haag vorgelegt und diskutiert werden. Dieses Strategiepapier soll dann einen ersten Orientierungsrahmen für die raumwirksame Politik der EG bilden. Die ARL wird sich in den nächsten Jahren intensiv mit diesen "Perspektiven der künftigen Raumordnung der Gemeinschaft" auseinandersetzen müssen.

Wegen dieser Entwicklungen in Europa hat die Akademie seit einigen Jahren mehrere europäische Aktivitäten in ihr Forschungsprogramm aufgenommen, eine Europakommission zur Koordination der europäischen Aspekte in ihrer Forschungstätigkeit eingerichtet, verschiedene Gremien zur europäischen Forschungskoordination gebildet und darauf hingewirkt, daß europäische Aspekte in vielen Arbeitskreisen der ARL mitbehandelt werden. Hervorzuheben sind hier die Arbeiten der Deutsch-Französischen Arbeitsgemeinschaft, die der Deutsch-Polnischen Arbeitsgemeinschaft und die des Arbeitskreises "Staatsgrenzen überschreitende Zusammenarbeit". Mit diesen Aktivitäten möchte die Akademie dazu beitragen, verschiedene Formen europäischer und grenzübergreifender Zusammenarbeit zielstrebig und schnell praxisorientiert weiterzuentwickeln.

Ziel all dieser Bemühungen ist es, neben praxisorientierter Information und Beratungstätigkeit durch die Akademie die Möglichkeiten und Perspektiven für die Einrichtung einer "Europäischen Akademie für Raumforschung und Raumplanung" auszuloten und entsprechende Maßnahmen zur Gründung einer solchen Akademie einzuleiten, um zusammen mit der ARL und ihren Partnern als Kooperationsnetzwerk, Forschungsverbundeinrichtung und neutrale Platzform für sachliche Diskussionen zu wirken und damit Beiträge zu europäischen Entwicklungsaufgaben und Entwicklungsstrategien und zur europäischen Integration und Raumentwicklung zu leisten. Auf die Bedeutung, die diese Entwicklungen z. B. für das Land Nordrhein-Westfalen haben werden, hat Staatssekretär Dr. Bentrup eingangs hingewiesen.

2.   Erste Forschungsergebnisse und Diskussionsbeiträge der ARL zur Europäischen Raumordnung

Mit dieser Wissenschaftlichen Plenartagung 1991 über "Perspektiven der Raumordnung in Europa" möchte die Akademie, wie dies Präsident Professor Treuner bereits einleitend ausführte, einerseits über mittlerweile vorliegende Arbeitsergebnisse der ARL informieren und andererseits weitere Diskussionen über die zukünftige räumliche Entwicklung in Europa sowie über eine "Europäische Raumordnungspolitik" und ihren Stellenwert eröffnen.

Die Diskussion über die Zusammenarbeit auf dem Gebiet der Raumordnung in Europa wird in zwei Teilgebieten geführt:

Teil 1: Europäische Raum- und Siedlungsstruktur: Zentren, Achsen, Freiräume,
Teil 2: Regionalpolitik.

Den ersten Teil über die europäische Raum- und Siedlungsstruktur wird Herr Professor Dr. Marcou von der Juristischen Fakultät Lille II mit einem Vortrag über "Perspektiven einer europäischen Raumordnung" einleiten. Herr Professor Marcou hat in der Deutsch-Französischen Arbeitsgruppe der ARL und der DATAR mitgewirkt, die die Probleme und Tendenzen der räumlichen Entwicklung vor allem aus französischer und deutscher Sicht untersucht hat. Die Ergebnisse dieses Berichtes liegen inzwischen veröffentlicht vor.

Über "Perspektiven der Raumentwicklung in Europa" wird A. Verbaan vom Reichsplanologischen Dienst (RPD) in Den Haag berichten. A. Verbaan war Leiter einer Projektgruppe im RPD, die zu diesem Thema einen umfangreichen Strukturbericht erstellt hat (Kurzfassung liegt in deutscher Sprache vor). Über die Ergebnisse dieses Forschungsvorhabens wurde zusammen mit der ARL vom 14. bis 16.02.1991 in De Lutte bei Oldenzaal an der deutsch-niederländischen Grenze eine Tagung durchgeführt, über die bereits in den Nachrichten der ARL berichtet wurde.

Stellungnahmen zur Europäischen Raum- und Siedlungsstruktur und zu den Aufgaben der Raumplanung aus der Sicht Polens, Österreichs und der Schweiz werden von Professor Korcelli, Warschau, Professor Bökemann, Wien, und Direktor Dr. Flückiger, Bern, vorgetragen. Professor Korcelli arbeitet leitend in der Deutsch-Polnischen Arbeitsgruppe mit, die bereits zwei Sitzungen in Deutschland und in Polen durchgeführt hat. Er wird die polnische Raumordnung beleuchten und dabei vor allem auf die veränderten Funktionen der Städte in der Siedlungsstruktur Mitteleuropas hinweisen.

Professor Bökemann von der Universität Wien und Dr. Flückiger, Direktor des Schweizer Bundesamtes für Raumplanung, Bern, sind der Akademie in vielfältiger Weise verbunden. Professor Bökemann wird in seinem Vortrag insbesondere auf die künftige Ost-West-Wanderung und auf deren Bedeutung für Österreich hinweisen. Zur Lösung künftiger Probleme mißt er der föderativen Organisation europäischer Raumordnungspolitik eine besondere Bedeutung bei. Herr Flückiger berichtet über die Siedlungsentwicklung in der Schweiz, über die Steuerungsmaßnahmen zur Erhaltung des Freiraumes und über die Schweiz in Europa, die - nach seinen Worten - trotz aller Veränderungen um sie herum in der Mitte Europas bleiben wird.

Der zweite Teil des FORUMS II mit dem Thema "Regionalpolitik" wird mit einem Vortrag über "Anforderungen an die künftige Regionalpolitik" von Präsident Klemmer, Essen, eingeleitet. Professor Klemmer ist Präsident des Rheinisch-Westfälischen-Instituts für Wirtschaftsforschung (RWI) in Essen und seit vielen Jahren als einer der bedeutendsten Vordenker im Bereich der deutschen und europäischen Regionalpolitik und Raumordnung bekannt. Er hat insbesondere zur Regionalpolitik und Raumordnung in den neuen Bundesländern Deutschlands wichtige Beiträge geleistet. Er wird sich kritisch mit der derzeitigen Regionalpolitik der EG auseinandersetzen und die anstehenden Überlegungen zur Neuformulierung dieser Politik diskutieren.

Die beiden folgenden Vorträge befassen sich mit speziellen Fragekomplexen aus Raumordnung und Regionalpolitik.

Aus den neuen Bundesländern, aus Dresden kommend, wird Staatssekretär Dr. Angst, sicherlich mit Schwergewicht aus dem Blickwinkel des Landes Sachsen, über die "Integration von Umwelt- und Regionalpolitik" berichten. Gerade der Integration von Umwelt-, Raumordnungs- und Regionalpolitik kommt in den neuen Bundesländern besondere Bedeutung zu. Hier können noch neue Wege beschritten werden, die in den alten Bundesländern vielfach verbaut sind. Eine integrierte Politik im Rahmen der Landesplanung ist künftig überall erforderlich.

Über die Ergebnisse des Arbeitskreises der Akademie "Staatsgrenzenübergreifende Raumplanung" berichtet als letzter Redner der Generalsekretär der Arbeitsgemeinschaft Europäischer Grenzregionen (AGEG) J. Gabbe, der gleichzeitig Geschäftsführer der bekannten Grenzregion "EUREGIO" an der deutsch-niederländischen Grenze ist. Generalsekretär Gabbe befaßt sich seit etwa 20 Jahren mit der grenzüberschreitenden Zusammenarbeit in der EUREGIO und in Europa und hat zusammen mit seinen Gremien die grenzüberschreitende Zusammenarbeit an der deutsch-niederländischen Grenze zum europaweit bekannten Modell "EUREGIO" ausgebaut. Von theoretischen Überlegungen der "Charta der Grenzregionen" ausgehend, wird J. Gabbe über die grenzüberschreitende Zusammenarbeit berichten und in diesem Zusammenhang die in den letzten Jahren entwickelten EG-Programme und -Projekte, wie etwa INTERREG, PHARE und LACE, beleuchten und in diesem Zusammenhang auf die besondere Bedeutung des Subsidiaritätsprinzips bei der grenzübergreifenden Zusammenarbeit hinweisen. Unter Beachtung dieses Prinzips müssen Staat und kommunal orientierte Grenzregionen im Gegenstromverfahren eng zusammenarbeiten.

Das Plenum der Wissenschaftlichen Plenartagung der ARL 1991 darf auf die folgenden, praxisnahen und weiterführenden Ausführungen gespannt sein.

Gérard Marcou

Bericht der Deutsch-Französischen Arbeitsgemeinschaft über die Perspektiven einer europäischen Raumordnung

Ergebnisse, Kommentare und Fragen

Am 1. Januar 1993 wird der EG-Binnenmarkt in Kraft treten. Dieser entscheidende Schritt auf dem Weg der weiteren europäischen Vereinigung wird bedeutsame Auswirkungen auf die räumliche Ordnung Europas haben, und einige sind jetzt schon spürbar. Die Europäische Einheitliche Akte (EEA) sieht eine auf die Stärkung des wirtschaftlichen und sozialen Zusammenhalts der Gemeinschaft zielende Erweiterung der EG-Regionalpolitik vor. Deshalb haben sich schon mehrere Arbeitsgruppen damit beschäftigt, für die EG eine raumbezogene Prognose und raumordnungspolitische Leitgedanken auszuarbeiten. Die EG-Kommission hat mehrere Studien in Auftrag gegeben und im November 1991 ihr Dokument "Europa 2000: Perspektiven der künftigen Raumordnung der Gemeinschaft" veröffentlicht[1]. Auch der niederländische Rijksplanologische Dienst hat eine Studie von Optionen für eine europäische Raumordnungspolitik erarbeitet[2].

Der vorliegende Bericht der von der ARL und der DATAR eingesetzten Deutsch-Französischen Arbeitsgemeinschaft unterscheidet sich in vieler Hinsicht von diesen Beiträgen. Er ergibt sich aus dem Willen beider Einrichtungen bzw. Behörden, die Zusammenarbeit und den Erfahrungsaustausch zwischen den beiden Ländern im Bereich der Raumordnung zu entwickeln; er trägt daher binationalen Charakter. Die auf beiden Seiten aus Mitgliedern unterschiedlicher Wissenschaftsbereiche zusammengesetzte Arbeitsgemeinschaft hatte das Ziel, durch einen gegenseitigen Lernprozeß und die Gegenüberstellung der äußerst unterschiedlichen deutschen und französischen Auffassungen hinsichtlich der Raumordnung und der jeweiligen Strukturen gemeinsame Standpunkte herauszuarbeiten.

Der Bericht berücksichtigt die EG im Rahmen des gesamten europäischen Zusammenhangs, soweit erforderlich unter Einbeziehung der Mittelmeerländer.Der deutsch-französische Bericht ist relativ umfangreich und behandelt alle Problemkreise, darunter auch die institutionellen Fragen und insbesondere die Kompetenzverteilung zwischen den verschiedenen für die Raumordnung zuständigen Behörden.

Die Ergebnisse dieser Zusammenarbeit werden hier zusammenfassend dargelegt und analysiert. Es wird zuerst zwischen den Feststellungen und Prognosen auf der einen Seite und den raumordnungspolitischen Leitgedanken auf der anderen Seite unterschieden; daran anknüpfend werden mit Blick auf die weitere Zusammenarbeit einige Kommentare gegeben und verschiedene Fragen aufgeworfen.

I.   Feststellungen und Prognose

Die räumliche Ordnung in der EG wird in den neunziger Jahren vor allem von fünf Entwicklungen beeinflußt, die im Bericht näher analysiert und beschrieben werden.

1.   Die tendenzielle Verschärfung der Disparitäten

Damit ist nicht gemeint, daß die Disparitäten sich tatsächlich verschärfen, sondern daß Triebkräfte bestehen, die zu verschärften Disparitäten und zu einem dualistischen Gegensatz zum einen zwischen reicheren, sich rasch entwickelnden Regionen und zurückgebliebenen Regionen in der EG und zum anderen zwischen den EG-Regionen und den an sie angrenzenden Regionen außerhalb der EG führen könnten.

Mit der weiteren wirtschaftlichen Integration in der EG, mit dem Inkrafttreten des einheitlichen Marktes und später mit der Währungsunion wird sich der Wettbewerb zwischen Regionen und Städten innerhalb jedes Staates und im Maßstab der ganzen EG verstärken. In diesem Prozeß können die Gebiete, die ohnehin schon über die beste Ausstattung verfügen, ihre Vorteile erweitern, während andere Gebiete nach wie vor hinter der Wirtschaftsentwicklung und der Wohlfahrt zurückbleiben würden. Der heutige Haushalt der EG, der sich nur auf rund 1,2 % des BIP der Gemeinschaft erhöhen wird, ist bei weitem unzureichend, um dieser Tendenz bei den Investitionen eine bedeutsame Umverteilungspolitik entgegenzusetzen.

Mit dem Zusammenbruch der kommunistischen Ordnung in Mittel- und Osteuropa und der sich daraus ergebenden Wiedervereinigung Deutschlands wurde zwar die politische Ost-West-Abgrenzung zwischen beiden Teilen Europas überwunden, nicht aber die wirtschaftliche. Die EG hat sich als der unbestrittene Anziehungspunkt im europäischen Raum erwiesen; ihre Anziehungskraft hat gewiß dazu beigetragen, die osteuropäischen Staaten von der Sowjetunion loszulösen. Jedoch bestehen gravierende Ungleichheiten im Lebensstandard zwischen diesen Ländern und der EG und besonders Deutschland. Die Kluft scheint sich noch zu vertiefen. Diese Staaten sind eben durch stark abweichende wirtschaftliche, soziale und kulturelle Bedingungen geprägt. Auf der Grundlage dieser Differenzierung könnte sich Europa weiter dualistisch entwickeln.

Nicht weniger Aufmerksamkeit erfordern die Beziehungen zwischen der EG und den Staaten am Südrand des Mittelmeeres. Die Maghreb-Staaten sind geschichtlich der EG einigermaßen verbunden, so daß die Unterentwicklung dieser Gebiete die EG vor ähnliche Probleme stellt.

2.   Die demographische Entwicklung

In den meisten Regionen der EG nimmt die Bevölkerung ab, in sehr wenigen bleibt sie stabil, und nur in einigen Regionen nimmt sie zu. Diese Tendenz wird sich in den nächsten Jahren wahrscheinlich fortsetzen. Sie wird aber von gegensätzlichen Entwicklungen geprägt. Nach einem Jahrzehnt (1977-1987), das einen Gesamtzuwachs von sieben Mio. Einwohnern gebracht hat, gibt es heute in der EG in keinem Land außer Irland noch einen natürlichen Bevölkerungszuwachs. Jede Prognose für die zukünftige Entwicklung der Bevölkerung ist deshalb sehr unsicher.

Bevölkerungswanderungen sind und werden in der Zukunft das wichtigste Merkmal der demographischen Entwicklung bleiben. In der EG werden aufgrund des Rückgangs der Landwirtschaft viele ländliche Gebiete weiterhin Bevölkerung an die städtischen Siedlungen verlieren. Mit der Aufgabe landwirtschaftlicher Flächen wird die in der Landwirtschaft beschäftigte Bevölkerung stark abnehmen. Man kann deshalb erwarten, daß in Zukunft in verschiedenen Gebieten die Mindestausstattung schwer zu erhalten ist.

Verschärfte regionale Disparitäten und zu ungleiche Lebensbedingungen in einem europäischen Raum, in dem die Grenzkontrollen aufgehoben und die Freizügigkeit hergestellt sind, können nur Bevölkerungswanderungen fördern - innerhalb der EG, aber auch aus den umliegenden weniger entwickelten Regionen in die EG. Wenn keine ausreichenden Entwicklungsprogramme aufgelegt und durchgeführt werden, wird die EG einem Wanderungsdruck aus dem Osten, aber auch aus dem Süden ausgesetzt sein, der die Stabilität einiger Länder bedrohen könnte.

3. Industrie- und Dienstleistungsentwicklung

Die schon weitgehend verwirklichte Umstrukturierung der Industrie und der Dienstleistungen in der EG wird die Standortfaktoren weiter verändern.

Triebkraft der Wirtschaftsentwicklung bleibt der Industriesektor. Während alte Industriegebiete ihre traditionellen Werke und viele Arbeitsplätze verloren haben, führten die wachsende Bedeutung der Dienstleistungen und die Einführung der neuen Technologien in den Produktionsprozeß sowie in die Betriebsführung dazu, daß die Anziehungskraft der städtischen Gebiete stark zugenommen hat. Sie ermöglichen nicht nur eine hohe Dichte wirtschaftlicher Verflechtungen, sondern verfügen auch über eine differenzierte Wirtschaftsstruktur, eine gute Ausstattung mit Bildungs- und Forschungseinrichtungen, gute Infrastrukturen und vielfach über eine hohe Lebensqualität. Daraus ergeben sich neue regionale Standortorientierungen, die sich erheblich von den ehemaligen unterscheiden.

Anstatt natürlicher und physischer Standortfaktoren spielen nunmehr solche Standortfaktoren eine besondere Rolle, die sich aus der Planung, den öffentlichen Investitionen und aus dem Ballungseffekt ergeben. Deshalb wird der Wettbewerb zwischen den Städten und Regionen zu einem Wettbewerb zwischen Verwaltungsstrukturen, politischer Führungsfähigkeit und öffentlichen Dienstleistungen. Die weitere Wirtschaftsentwicklung wird zunehmend von der Ausgestaltung solcher Gebiete bestimmt, während andere Gebiete mit mangelnder Ausstattung immer mehr benachteiligt werden.

4. Kommunikationen und Verkehr

In diesem Zusammenhang kommt den Kommunikations- und Verkehrsmitteln immer größere Bedeutung zu. Die Nachfrage nach Leistungen des Personen- und Güterverkehrs wächst unaufhaltsam und wird immer vielfältiger. Zu einem wichtigen, räumlich differenziert wirkenden Faktor wird der Zugang zu den schnellsten Verkehrsmitteln und zu den Verkehrsknoten, viel stärker als die bloße Entfernung. Da sich die Investitionen zuerst auf die schon überlasteten Achsen, in denen die Wirtschaft besonders dynamisch ist, konzentrierten, besteht das Risiko einer

Unterausstattung der Randregionen der EG und einer Isolierung der weniger entwickelten, der EG benachbarten Gebiete Osteuropas.

Auch die Beziehungen zwischen Produktion und Verkehr verändern sich. Die Beförderung der Güter wird in die Planung des Produktionsprozesses, der Lagerhaltung und der Zulieferungen integriert, um Kosten zu externalisieren; demzufolge wird von den Verkehrsbetrieben große Flexibilität und Zuverlässigkeit gefordert. Güterbeförderung wird zu einem zentralen Bestandteil der Logistik; inhaltlich kommt dies einer Funktionsverlagerung auf die Verkehrsmittel gleich. Dadurch nimmt der Straßenverkehr stark zu, während der Marktanteil des Schienenverkehrs weiterhin abnimmt. Die Folgen dieser Verkehrsverlagerungen sind ein wachsender Energieaufwand, eine zunehmende Luftverschmutzung und höhere ökologische Belastungen.

5. Die ökologische Herausforderung

Die Umwelt wird nicht nur durch die heutige Entwicklung des Verkehrswesens gefährdet, sondern auch durch andere Entwicklungen, die schon dargestellt wurden. Mit der Abnahme der in der Landwirtschaft beschäftigten Bevölkerung stellt sich in einigen schon verödenden ländlichen Gebieten die Frage, wie man die Landschaften weiter erhalten und den Menschen adäquate Lebensbedingungen sichern kann. Die sich daraus ergebenden Kosten lassen sich nicht so leicht einschätzen wie die Ersparnisse, die sich aus einer Kürzung der EG-Unterstützung für die Landwirtschaft ergeben würden; sie sind jedoch gewiß beträchtlich. Zum anderen verursacht die überspitzte Konzentration der wirtschaftsleitenden Funktionen und der Dienstleistungen in den größten Städten wachsende Verdichtungskosten und eine Belastung der städtischen Lebensbedingungen.

Die im Bericht formulierten Leitgedanken und Empfehlungen bauen auf diesen Feststellungen auf und ziehen hieraus die notwendigen Schlußfolgerungen. Sie werden von der Perspektive der sich zwischen den zwölf EG-Mitgliedsstaaten gestaltenden politischen Union bestimmt.

II. Orientierungen für die Raumordnung in Europa

Mit der Verwirklichung des gemeinsamen Marktes wird im EG-Vertrag ein neues Ziel eingefügt: die EG soll weiter auf die Stärkung ihres "wirtschaftlichen und sozialen Zusammenhalts" (Art. 130 A) hinwirken. Die Reform der Strukturfonds war ein bedeutsamer Schritt in diese Richtung. Die Deutsch-Französische Arbeitsgemeinschaft ist aber der Meinung, daß dies nicht ausreicht, um die Entwicklungstendenzen zieladäquat und wirksam zu beeinflussen. Sie spricht sich daher für die Ausarbeitung eines Schemas der europäischen Raumordnung aus. Dieses sollte nicht nur die EG umfassen, sondern - soweit möglich - auch die Beziehungen zwischen der EG und den Nachbarländern im Osten und im Süden sowie die Rolle der EG als Triebkraft für die Entwicklung dieser Gebiete berücksichtigen. Damit werden Fragen nach dem Umfang und den Durchführungsinstrumenten eines solchen Schemas, seiner inhaltlichen Orientierung und seinen Wirkungen gestellt. Die Antworten werden auf der einen Seite von den vorgeschlagenen Orientierungen, aber auf der anderen Seite grundsätzlich von der weiteren Ausgestaltung der politischen Union der EG bedingt. Der Bericht geht davon aus, daß dies eine stärkere Willensbildung auf EG-Ebene ermöglichen wird, und er beinhaltet Ansätze, wie die Raumordnungserfordernisse von den jeweiligen politischen Entscheidungsebenen und durch ihre Zusammenarbeit übernommen werden könnten.

1.   Inhaltliche Orientierungen

Die empfohlenen inhaltlichen Orientierungen zeichnen sich je nach Bereich durch Unterschiede in der Eindeutigkeit bzw. Klarheit aus. Die Arbeit hat klargemacht, daß in einigen Bereichen Grundstudien noch fehlen. Die Orientierungen wurden manchmal mit Szenariobildern begründet, und vielleicht hätte man dieses Herangehen systematischer anwenden sollen, aber in anderen Bereichen sind die Tendenzen so klar, daß die Staaten und die EG schon vor der Notwendigkeit stehen, zweckmäßige Politiken durchzusetzen.

Wirtschaftliche Integration und politische Annäherung führen immer mehr dazu, daß die Bevölkerungen gleichwertige Lebensbedingungen beanspruchen. Die EG-Regionalpolitik sollte viel mehr dazu beitragen, in Verbindung mit den Staaten und unteren politischen Entscheidungsebenen durch Ausgleichsmaßnahmen regionale Disparitäten zu bekämpfen, um gleichwertige Lebensbedingungen in allen Regionen zu schaffen. Die EG sollte auch durch grenzüberschreitende bzw. über das Mittelmeer reichende Entwicklungsprogramme den angrenzenden osteuropäischen bzw. den am Südufer des Mittelmeers liegenden Staaten die Perspektive eines wirtschaftlichen Aufschwungs geben und darum insbesondere die Gestaltung von Entwicklungszentren unterstützen. Nur so wird der Wanderungsdruck auf EG-Länder abgeschwächt werden können; dadurch könnte auch die EG auf die geopolitische Neugliederung im ganzen europäischen Raum Einfluß nehmen und so eine wirtschaftliche Zersplitterung verhindern, die die Entwicklung nur benachteiligen würde. Aber Ergebnisse können nur langfristig erhofft werden; die Frage, wie kurzfristig gehandelt werden könnte, bleibt offen.

Im Bereich der Landwirtschaft bietet die Abkoppelung von Preisstützung und Einkommensbeihilfen die Möglichkeit, den Staaten größeren Freiraum zu lassen, um die Landwirtschaftspolitik mit der Landschaftspolitik und der Entwicklung neuer Produktions- und Beschäftigungspotentiale koordiniert durchzusetzen. Ein nennenswerter Teil des Landwirtschaftshaushaltes der EG könnte so für Zwecke der Regionalentwicklung gemeinsam mit den Mitteln der anderen Strukturfonds verwandt werden.

Aus den vorherigen Feststellungen ergibt sich, daß die Bedeutung der Infrastrukturpolitik für die Industrieentwicklung zunimmt. Die EG sollte die Ausgestaltung einer polyarchischen (besser: polyzentrischen) Raumstruktur in der EG und in den umliegenden Staaten fördern und dazu beitragen, eine zu starke Konzentration in einigen Metropolen zu verhindern. Die Bestimmung und die zielgerichtete Unterstützung von Städten in einem relativ dichten Netz funktionell differenzierter Regionalzentren sollte Teil dieser Politik sein. Überdies sollten Technopolen europäischer Bedeutung gemeinsam von der EG, den Mitgliedsstaaten und den Regionen erkannt, gefördert und in einem Netz verbunden werden.

Die EG sollte besonders ihre Verkehrspolitik stärken. Sie sollte dem Schienenverkehr absoluten Vorrang vor dem Straßenverkehr geben und ein europäisches Schienenverkehrssystem aufbauen, um eine vollständige Integration zu erreichen. Hohe Investitionen in den Aufbau neuer Strecken und die Modernisierung bestehender Strecken sollten es ermöglichen, Personen- und Güterbeförderung getrennt zu behandeln. Trotzdem werden einige neue Autobahnstrecken notwendig sein. Die Beteiligung der EG an der Entwicklung der Verkehrsinfrastruktur sollte darauf abzielen, die peripheren Regionen zu verbinden und den möglichst gleichen Zugang aller Regionen zu den Hauptachsen zu erreichen; sie sollte auch eine solche Tarifstruktur fördern, die die Vorteile einer

Umstrukturierung der interregionalen Schienenverkehre verstärkt und zugunsten der von den zentralen Verdichtungsräumen entfernt liegenden Regionszentren einen Tarifausgleich im Hinblick auf die Fluglinien ermöglicht.

Insgesamt sprechen sich die Autoren des Berichtes für eine umfassende Strategie der Regionalentwicklung in Europa aus, die insbesondere auch den Schutz und die Nutzung der natürlichen Ressourcen sowie die wichtigsten europäischen Austausch- und Kommunikationsbeziehungen zu berücksichtigen habe. Frühzeitig seien Vorstellungen über Umsetzungsinstrumente und zweckmäßige institutionelle Strukturen zu entwickeln.

2. Ziele und Umfang eines europäischen Raumordnungsschemas

Dieses Schema sollte die Tendenzen der Entwicklung und die wichtigsten Ziele der EG für die Raumordnung hervorheben. Diese würden den Einsatz der Strukturfonds begründen und eine bessere Berücksichtigung der Raumordnungserfordernisse in den verschiedenen EG-Politiken ermöglichen. Alle von der EG geförderten Objekte sollten lage- und standortmäßig bezeichnet werden, insbesondere Entwicklungszentren, grenzüberschreitende Fördergebiete und besondere Verkehrsinfrastrukturen. Dazu sollten auch diejenigen Programme aufgenommen werden, die in jedem Staat unabhängig von einer Förderung durch die EG doch europäische Bedeutung haben.

Das Schema wäre für alle Entscheidungsträger, ob öffentliche oder private, ein gemeinsamer Bezugsrahmen, insbesondere mit dem Ziel, die Maßnahmen der öffentlichen Entscheidungsträger mit den Zielen der EG in Einklang zu bringen.

Eine auf den qualifiziertesten Forschungseinrichtungen eines jeden Mitgliedsstaates aufbauende gemeinschaftliche Einrichtung sollte die Beobachtung der räumlichen Entwicklung und Ordnung in Europa wahrnehmen, Grundstudien in Auftrag geben und Gutachten oder Empfehlungen erarbeiten. Dieser Einrichtung sollte die wissenschaftliche Unabhängigkeit gewährleistet sein.

3. Raumordnung und politische Union

Die Beziehung der Raumordnung zu der Ausgestaltung der politischen Union ergibt sich aus der Notwendigkeit, eine Raumordnungspolitik durchzusetzen, die den wirtschaftlichen und sozialen Zusammenhalt der EG stärkt, während die Mitgliedsstaaten bzw. öffentlichen Körperschaften staatlichen Charakters (deutsche Bundesländer und belgische Regionen und Gemeinschaften) Hauptträger der Raumordnung sind und ihren Staatsbürgern gegenüber für Planung und Raumordnung Verantwortung tragen.

Der Bericht hebt die vornehmliche Verantwortung der Staaten für die Raumordnung hervor. Er spricht sich aber für eine gemäßigte Erweiterung der gemeinschaftlichen Kompetenz aus, hinsichtlich der Fragen, die nachweislich auf EG-Ebene wirksamer behandelt werden können. Das europäische Parlament sollte einen größeren Anteil an der Ausübung dieser Kompetenz haben. Auf der anderen Seite erfordern die heutigen Bedingungen der Wirtschaftsentwicklung starke politische Entscheidungsträger auf örtlicher bzw. regionaler Ebene, um Planungsdokumente und Investitionsprogramme zweckmäßigerweise eng an den wirtschaftlichen Bedürfnissen ausrichten zu können; daher sollte die Raumordnungskompetenz auch auf regionaler Ebene verstärkt werden. Insofern bezieht sich der Bericht ausdrücklich auf das Subsidiaritätsprinzip. Eine echte Vertretung der europäischen Regionen auf EG-Ebene wird empfohlen.

Die Entwicklung der grenzüberschreitenden Zusammenarbeit erfordert auch neue juristische Lösungen. Für die Probleme der Kompatibilität von Planungsergebnissen und von Planinhalten oder der Durchführung gemeinsamer kommunaler Entscheidungen in zwei verschiedenen Staaten zugeordneten Gebieten (ohne Abschluß eines besonderen Staatsvertrags) sollten einheitliche Lösungen gefunden werden.

III.   Kommentare und Fragen

Der Bericht der Deutsch-Französischen Arbeitsgemeinschaft ist zur offenen Diskussion vorgelegt und ist selbst das Ergebnis lebhafter Debatten. Anhand einiger Kommentare und Fragen soll diese Diskussion hier vertieft werden. Sie werden hier kurz zusammengefaßt und konzentrieren sich auf juristische und institutionelle Probleme.

1.   Umfang und Bindungswirkung eines Schemas für die europäische Raumordnung

Die Herausforderungen der Raumordnung für die EG und ihre Möglichkeiten, sie zu bewältigen, scheinen sehr weit auseinander zu liegen; daher die vorgeschlagene Erweiterung der EG-Kompetenz im Bereich der Raumordnung. Man soll aber nicht übersehen, daß die Haushaltsmittel der EG begrenzt bleiben werden; sie sind zwar sehr bedeutend im Vergleich mit den im engeren Sinne verstandenen Finanzmitteln für die Raumordnung in den jeweiligen Staaten, aber gering im Vergleich zu den Investitionen der Staaten und der örtlichen Körperschaften. Deshalb setzt eine erweiterte Rolle der EG im Bereich der Raumordnung die Bestimmung klarer Ziele und Prioritäten voraus, damit die Zusatzfinanzierung durch die EG beurteilt bzw. bestimmt werden kann.

Man sollte das vorgeschlagene Schema für die europäische Raumordnung nicht als eine Übertragung der deutschen Raumplanung auf die EG-Ebene mißverstehen, obwohl die auf bundesstaatlichen Strukturen beruhende deutsche Erfahrung sehr nützlich ist. Aber man wird gewiß zwischen Umfang und Bindungswirkung wählen müssen. In einem zu umfangreichen Schema werden wahrscheinlich politische Kompromisse die grundlegenden Orientierungen und die Vorrangobjekte zurückdrängen; damit wird die erste von dem Schema zu erfüllende Funktion verlorengehen, d.h. den Entscheidungsträgern einen Bezugsrahmen anzubieten und eine Strategie anzudeuten. Darüber hinaus wird aber ein solches Dokument nur empfehlenden Charakter haben; die Staaten werden niemals akzeptieren, in allen Bereichen der Raumordnungspolitik der EG untergeordnet zu sein. Was in der Bundesrepublik Deutschland mit dem Bundesraumordnungsprogramm, trotz der Einheitlichkeit des deutschen Föderalismus und eines relativ ausgewogenen Territoriums, nicht erreicht werden konnte, wäre um so mehr in der EG zum Scheitern verurteilt. Wirksamer wäre wahrscheinlich, eine Abstimmung über ausgewählte Schwerpunkte der europäischen Raumordnung unter den Staaten zu erreichen und ein Schema auszuarbeiten, das die Staaten in ihren eigenen Entscheidungen unter Vorbehalt einer mit Begründung zugelassenen Abweichungsmöglichkeit berücksichtigen müßten.

2.   Das Subsidiaritätsprinzip

Das Subsidiaritätsprinzip steht heute im Mittelpunkt der Diskussionen über die politische Union und die Verteilung der Kompetenzen zwischen der EG und den Mitgliedstaaten; der Bericht übernimmt es.

Es ist zu befürchten, daß dieses Prinzip keine Lösung liefert. Es ist übrigens nicht immer klar, ob die Verlagerung einer Kompetenz in Anwendung des Subsidiaritätsprinzips von Erwägungen der Wirksamkeit oder der Leistungsfähigkeit bestimmt wird; im Bericht findet man beide Auffassungen. Darüber hinaus ist die Beurteilung in allen Fällen strittig; und im Fall konkurrierender Gesetzgebung zeigt die Erfahrung der Bundesrepublik, daß der Bundesgesetzgeber sich meist sehr schnell die betroffenen Bereiche "angeeignet" bzw. eine Regelung gefunden hat. Als Leitgedanke für die Kompetenzverteilung ist das Subsidiaritätsprinzip ungenügend. Es macht eine Einschätzung jeder ausdrücklich zu erteilenden Kompetenz nicht überflüssig; als Nachprüfungsnorm ist das Prinzip wegen seiner Zweideutigkeit unanwendbar[3][4]).

3.   Regionen, Raumordnung und politische Union

Im Bericht wird vorgeschlagen, daß allgemein eine regionale Ebene mit Raumordnungskompetenzen versehen und eine Vertretung der Regionen auf EG-Ebene eingerichtet werde. Beide Vorschläge sind fragwürdig und beziehen sich auf den Begriff eines Europa der Regionen.

Der Begriff Region selbst ist besonders unklar, da der Region eine ganz unterschiedliche Bestimmung in den jeweiligen Staaten zukommt. Sehr oft wird er implizit im Sinne von Wirtschaftsregion und damit eines Begriffs verwandt, der nicht notwendig einer staatsrechtlichen Körperschaft entspricht. Aber wenn man von solchen Körperschaften spricht, ist damit noch nichts ausgesagt. In Deutschland beanspruchen die Länder eine Vertretung in Brüssel, obwohl der übliche Begriff Region einem Landesplanungsgebiet entspricht, das in der Regel keine Körperschaft des öffentlichen Rechts ist. In Frankreich sind die neu als öffentliche Körperschaften eingerichteten Regionen nur eine Übertragung der Dezentralisierung auf eine dritte Ebene innerhalb eines demokratischen Einheitsstaates. Belgien, Spanien und Italien haben jeweils eigene Auffassungen. Andere Mitgliedstaaten verwenden überhaupt keine Regionen (z.B. Großbritannien, Niederlande, Portugal). Ein staatsrechtlicher Begriff der EG für die Region würde gegen die souveräne Kompetenz der Mitgliedsstaaten für ihre territoriale Gliederung wie für ihre Verfassung verstoßen. Wie in der Regelung des EG-Rates über die Reform der Strukturfonds schon festgelegt wurde, hat jeder Staat die Körperschaften zu bestimmen, die in die Partnerschaft einbezogen werden[5]. Die Verteilung der Kompetenzen zwischen den verschiedenen Körperschaften ist Sache des jeweiligen Staates. Die Region, wenn sie besteht, muß kein Monopol haben; so hat z.B. in Frankreich der Interministerielle Ausschuß für Raumordnung (CIAT) am 3. Oktober 1991 unter dem Vorsitz des Premier Ministre beschlossen, daß die Regionen für die nächste Planperiode nicht mehr die ausschließlichen Partner des Staates für den Abschluß der Planverträge sein werden. Die politische und finanzielle Partnerschaft ist auf die Großstädte ausgedehnt worden[6]).

Aus ähnlichen Gründen ist die Einrichtung einer Vertretung der Regionen bei dem EG-Rat bzw. dem Europäischen Parlament genauso fragwürdig. In einem Bundesstaat findet man üblicherweise eine Vertretung der Mitgliedsstaaten neben der Vertretung der Gesamtbevölkerung, aber eine unmittelbare institutionelle Verbindung zwischen dem Bund und den Kommunen findet man nie; das Beteiligungsprinzip betrifft nur die Staaten, nicht die kommunalen Körperschaften, und dies gehört zu den Garantien der Selbständigkeit der Mitgliedsstaaten. Die EG ist gewiß schon stärker integriert als ein Staatenbund, sollte aber die politische Union einheitlicher als ein Bundesstaat sein? Man kann das bezweifeln. Wollte man trotzdem eine Vertretung für die kommunalen Körperschaften einrichten, gibt es kein Argument, um den Regionen den Vorrang zu geben: Städte bestehen überall, nicht die Regionen. Jeder Staat sollte besser durch Gesetz für diese Vertretung die Zusammensetzung der Vertreter seiner eigenen Körperschaften bestimmen.

In bezug auf diese Fragen wie auch auf andere hat die Deutsch-Französische Arbeitsgemeinschaft wichtige Ansätze für die multidisziplinäre wissenschaftliche Zusammenarbeit im Bereich der Raumordnung bereitgestellt. Diese sollten in weiteren Studien auf engere Themen bezogen und in Zusammenarbeit mit Wissenschaftlern aus anderen Ländern vertieft werden.

Anmerkungen

1) Kommission der Europäischen Gemeinschaften, Generaldirektion Regionalpolitik, Brüssel und Luxemburg 1991.

2) "Perspektiven in Europa - Zusammenfassung", Den Haag, 1991.

3) So vermied es das Bundesverfassungsgericht, das Subsidiaritätsprinzip in der Begründung seines Urteils zu nutzen, als es dazu aufgefordert wurde (BVerfGE, 22, 19, S.187-188, 190 und 199 ff.).

4) Wie J. Isensee ("Subsidiaritätsprinzip und Verfassungsrecht", Berlin, Duncker & Humblot, 1968) zeigt, hat "das Subsidiaritätsprinzip in seiner allgemeinsten Form keinen vollnormativen Charakter" und "ist nicht rechtstechnisch «vollziehbar»" (S.312); in bezug auf die Kompetenzverteilung, insoweit als die Grundgesetzbestimmungen als eine Konkretisierung dieses Prinzips angenommen werden, offenbare sich "die normative Schwäche der föderalistischen Vorrangsgarantie" (S.231).

5) N°2052/88 vom 24. Juni 1988, art.4 (JOCE, franz. Ausgabe N°L 185/9 ff).

6) Le Monde 5. Oct. 1991, S.10.

André Verbaan

Perspectives of Spatial Development in Europe

I would like to present to you some results of the project "Perspectives in Europe (PIE)" which I hope will serve well as a base for further discussion about the desirability and feasibility of a European or - in any case - transnational spatial policy. The report is now available in Dutch and in English. The summary of the report, however, is published in English, French and German.

The areas studied in this project include the United Kingdom, France, West Germany, Belgium, Luxembourg, Denmark, The Netherlands and Northern Italy. During final editing, an attempt was made to include data on the former German Democratic Republic. The report covers the possible spatial problems and opportunities in four main areas. These are: cities and urban areas, rural areas, regional development problems and traffic and transport. For these topics, possible European spatial problems are explored and opportunities are outlined in a European framework. The results are incorporated in scenario-constructions in order to initiate the discussion about a possible spatial structure policy for Western Europe.

In this speech I will give some attention to the themes of the cities and urban areas and traffic and infrastructure and the two "scenario-constructions". I will take it for granted that you agree with me that the problems of the rural areas, agriculture, nature and landscape have risen to such hights that the transformation of the European agricultural policy to a spatial approach is already well under way. With respect to the socio-economic regional problems we have concluded that in Western Europe there is practically no base for European interference.

So I will now concentrate on the strategies or "scenario-constructions" as we have called them and the underlying reviews on two spatial problems on the European scale: the problems of urbanization and traffic and infrastucture.

1.   Urbanization

The spatial problem of urbanization encompasses the problems of living space, opportunities for leisure, quality of the environment and pollution. In its modern form the urbanization problem is a problem of urban sprawl. On the national level we all are familiar with these problems, with the phenomenon of suburbanization of housing and companies and the inkblot-like way the urbanization process has been developing.

How this urbanization process is developing transnational properties is easily illustrated in a cartographic approach. The urban areas in North-western Europe are indeed growing together. A large central, urbanized area has developed, in which the largest concentrations of people are connected. The centre of this area is the Rhine-Ruhr region, its "foothills" stretch into the Netherlands, Belgium and Northern France and in the south towards the German cities in Baden-Wurttemberg and Bavaria. In the well known DATAR-study even London, the Midlands, the

Map 1: Tissus de Villes

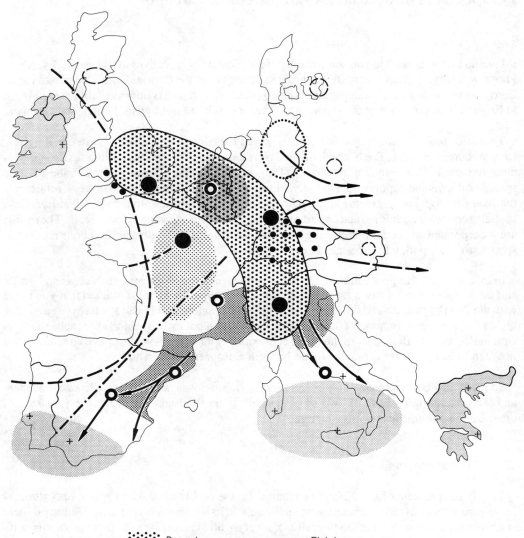

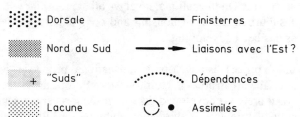

Dorsale   Finisterres

Nord du Sud   Liaisons avec l'Est ?

"Suds"   Dépendances

Lacune   Assimilés

Source: RECLUS, 1989.

Map 2: CO emission in 1982

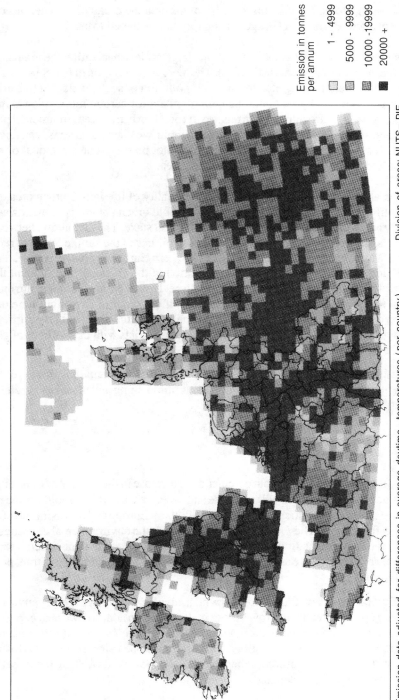

Emission data adjusted for differences in average daytime – temperatures (per country)

Division of areas: NUTS– PIE

Emission in tonnes per annum

1 - 4999
5000 - 9999
10000 -19999
20000 +

Source: DGV - TNO, Perspectives in Europe, Exploring Options for a European Spatial Policy for North Western Europe (PIE), National Physical Planning Agency, The Netherlands, The Hague 1991, p 23.

Swiss and the Lombardian cities are regarded to belong to this one great urban structure, shaped as a big banana over Europe. At some distance from this area the urban conglomerates of Paris, Hamburg, Copenhagen, Berlin and Glasgow/Edinburgh are situated (Map 1).

If we try to judge the problematic character of this large scale urbanization the main argument concerns the environmental problems in this area. The mere accumulation of people and activities, industry, traffic, household heating etc. produces air pollution of such levels that this urbanized area can indeed be identified by mapping the emission data for carbon monoxide (Map 2) and nitrogen oxides as well as hydrochlorides. In many parts of this urban area environmental problems are permanent and regularly smog develops under certain weather conditions, causing accute health problems for the population. These problems cannot be solved on a regional or national level, even if only occuring in parts of this urbanized area.

An inside look at the processes which influence the quality of life in this urban area, shows a trend towards uniformity, processes of leveling out. The old urban pattern is fading away in this great urban body and with it part of our cultural heritage is at stake. The distinction between town and countryside is disappearing, through which the possibilities of the simple forms of recreation are diminishing. More than 60% of the buildings in Western Europe is relatively new, date from the post-war period. Amidst this immense reconstruction of the artificial environment there are of course realized projects with high architectural stature. However, most of them attribute little to the quality of the environment. Nowadays it looks as if only four or five environmental types predominate the entire urban area of Europe: the typical residential areas with their low houses; the high buildings of city residential quarters; the business districts with their offices of glass; the typical industrial areas.

So we can distinguish a European problem indeed. There is an international process of leveling out. The differentiation between city and countryside is diminishing and there is an accumulation of environmental problems.

2. Traffic and infrastructure

European unification has brought about a tremendous increase in the volume of trade and traffic flows among countries. This growth will continue and accelerate as the thresholds of the national borders disappear and the economic development in Southern Europe and the liberation of Eastern Europe shows its full effects. The problems of infrastucture, the environmental consequences of traffic and the relation of traffic flows and infrastructure with the settlement patterns are spatial problems. For this reason we have surveyed some characteristics of the European transport flows and transport systems.

In Western Europe modes of transportation which involve the most harmful environmental effects are already dominant and will grow further in the future. In addition we may expect serious and growing problems of congestion on the road and in the air. Delays and higher costs may hamper the economic growth of Europe's core regions. All current European infrastructure is insufficient but the railway system has the most comprehensive deficiencies and it will take the most time and political will to meet any rise in demand.

It is very clear that coordinated European policy is needed. In fact European spatial policy is already going on, unfortunately very slow and without the neccesary link with ideas for a desirable spatial development. It is also clear that such action will be insufficient and too late. For example the growth in the East-West traffic will take place by motorcars. By the time that new infrastructure for other means of traffic will have been constructed, road and air traffic will already have grown.

3.   A spatial approach

If we agree that urbanization and traffic and infrastructure are indeed spatial problems on a European level we can concern ourselves with the question of how to deal with these problems. Our objective is formulated as to preserve the spatial diversity in Europe including the preservation of some open space with its qualities and characteristics and at the same time to create conditions for modern social and economic development.

On the national level spatial planning has dealt with these problems by policies directed at some containment of urbanization and regulation of traffic flows. That can be done in two particular ways:

- A nodal approach - directed at points, poles and centres and the communication between these points.
- A zonal approach - directed at axes, corridors or regions where communication is part of that structure.

In theory these two approaches can be separated, in most practical situations they will be combined as in the German concept of "Achsen und Punkte". For the sake of constructing clear spatial patterns and evaluating the consequences of particular strategies we have separated them into two distinct "scenario-constructions". The nodal approach is elaborated in the "specialization and concentration scenario", the zonal approach in the "chains-and-zones-scenario". These scenarios, or more precisely scenario-constructions, are models that provide possibilities for a discussion regarding spatial policy options for North Western Europe. Main elements in such a discussion are the question of reality and the question of the feasibility of a European or transnational policy.

The question of reality stems from the fact that any spatial policy should correspond to processes in the real world. So the scenario-constructions should be based on sound visions of socio-economic processes and their spatial effects. That does not mean that they should be tested directly on their predictive value. In fact scenario-constructions are made because we cannot forecast the future exactly and the margins of uncertainty are large.

The question of feasibility of a European or transnational policy has to be put forward because we are very serious in our contention that spatial policies on that level are needed. That means that we would like our scenario-constructions to be used to develop spatial policy options that will gather polical support and lead to policies which can be implemented and will be effective.

So I will treat the two scenario-constructions and parts of the underlying analyses in regard to these two questions and make some concluding remarks on feasible spatial policy options for Western Europe.

4. The specialization and concentration scenario

The first vision involves a global process in which economic functions are specializing and concentrating. There are top functions which operate on the world market and which locate in top locations. Increased internationalization is leading to a hierarchy of functions and a hierarchy of "top locations" and dependent locations. A number of functions such as the steering functions of multinational corporations and top management services, media and culture are grouped in metropolises. Other functions such as large-scale industry and agriculture are looking for specialized environments. This trend towards concentration is also occurring in the international trade and transportation sectors so that flows are bundled in only a few main ports from which distribution and forwarding takes place. Confronting this expectation with the above spatial main objectives will make a European spatial strategy possible. This strategy must focus on creating optimal locations for all these functions, and on indicating, on a European scale, the possibilities for preserving and developing spatial diversity. The scenario of specialization and concentration has been developed from this strategy (Map 3).

In the vision underlying this scenario-construction the city and especially the big city is again the centre of the most profitable activities and functions. In that way the cities, after the period of urban decline, should again be the focal points of urbanization. During the last decade classifications of cities according to their status as financial or business centre and comparisons of their economic perfomance have become very popular. Such classifications should find evidence for the common contentions about new concentration moves in consequence of the internationalization processes in the world of business. Generally these classifications are intended to provide some insights into the spatial variables which are relevant for attracting business and could be influenced by governmental and EC-policies.

One of the most famous classifications of cities is presented by DATAR. DATAR has classified the cities of Europe with regard to a whole set of functions of which the financial functions (Map 4) and the headquarters of multinational companies are of importance for our argument now. The impressions these DATAR maps give, however, do not correspond with any theory of concentration on the European scale. It seems that every place gets its share, the functions vary more or less with the population rates. Maybe it is because of this fact, that DATAR place such high value on the banana shaped, densely populated central urbanized area in Western Europe (Map 1).

We have done some research ourselves focusing on the international "top" functions. We got the same impression for example regarding the partition of the hundred largest banking companies in 1988 and the hundred largest insurance companies in 1988, both based on the data of "European Largest Companies" (ELC). Only for some very specific "functions" the maps display high concentration rates, as is the case in the advertising sector (Map 5) where it seems that London rules the European scene.

The picture becomes different, however, if we change the analysis from actual patterns to historical and future trends. At the end of our project we could execute a piece of geographical trend analysis. Concerning the 500 largest companies in Europe we compared the location patterns in 1973 and 1988 (Maps 6 - 9). The results were very surprising in respect of the above-mentioned dispersion maps. Now a very strong concentration process is indicated. The big metropolises London and Paris are growing and the number of top establishments in the middle area - the banana, with cities as Amsterdam, Rotterdam and Frankfurt - is really going down. Another point is that

Map 3: Scenario: Specialisation and concentration; urban functions

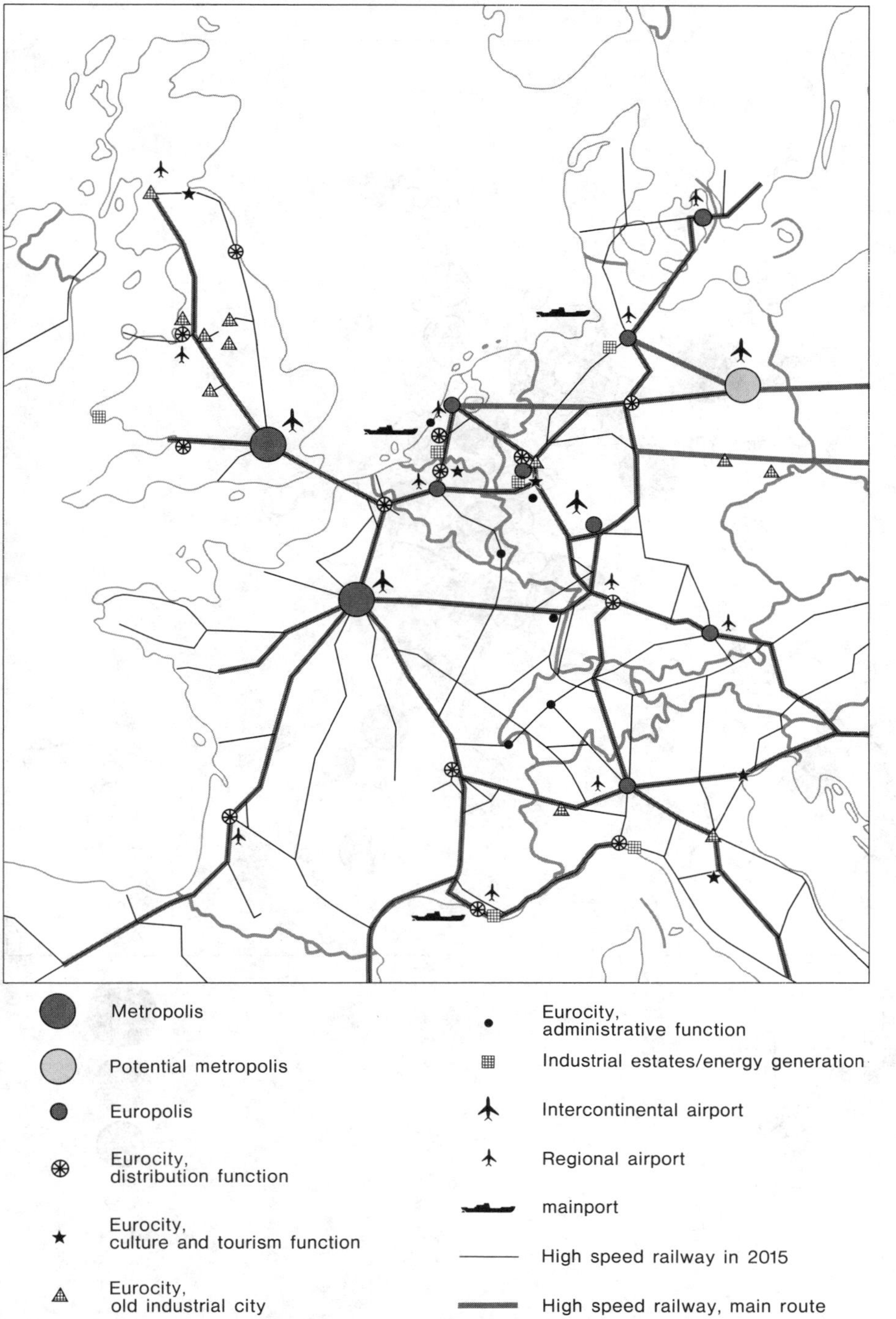

● (large dark)	Metropolis
● (large light)	Potential metropolis
● (medium dark)	Europolis
⊛	Eurocity, distribution function
★	Eurocity, culture and tourism function
⚠	Eurocity, old industrial city
•	Eurocity, administrative function
⊞	Industrial estates/energy generation
✈ (large)	Intercontinental airport
✈ (small)	Regional airport
⛴	mainport
——	High speed railway in 2015
▬▬	High speed railway, main route

Source: PIE 1991, p 104.

Map 4: Financial Top Centers

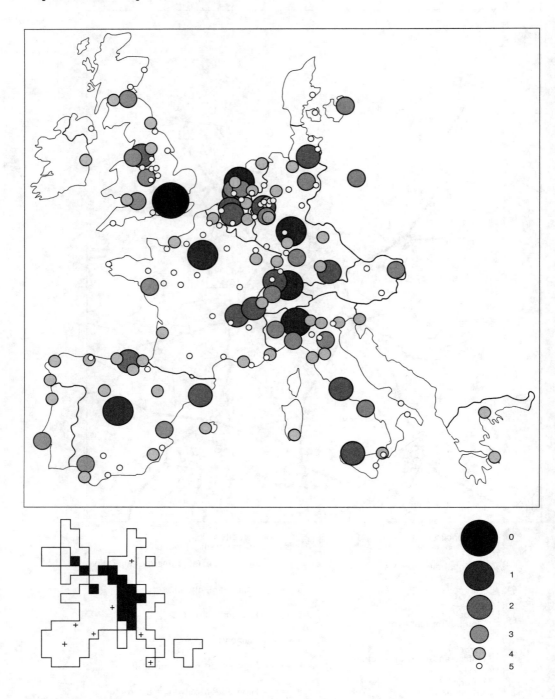

Source: RECLUS, 1989.

with cities as Amsterdam, Rotterdam and Frankfurt - is really going down. Another point is that there is some growth in a lot of smaller cities in the rest of Western Europe.

Such a conclusion seems to be consistent with the premises of this scenario-construction. The attraction of the metropolis is due to its accumulation of functions, its international climate, abundance of services and opportunities, international airports and so on. The spatial problem seems to be the problem of big cities of secondary rank. Additional evidence concerning culture and media, international governmental organisations, international congresses etc. points to the same position. Cities like Hamburg, Düsseldorf, Köln, Amsterdam etc. do possess an international climate but it is vulnerable. They do have some international functions but they can loose them easily. The basis in services, facilities and specialized labour does exist but it seems too small for a sustainable growth of the international business functions. Therefore these cities cannot compete with London and Paris, but only with each other.

In these kinds of analysis the attention is directed at "top companies" and multinationals. The central assumption of this scenario is that a concentration trend of the international business sector will be followed by a concentration of other functions in or around the urban conglomerations of the big cities. The accumulation of jobs and wealth in and around these urban centres will

Map 5: Distribution of 100 top advertising businesses in 1988

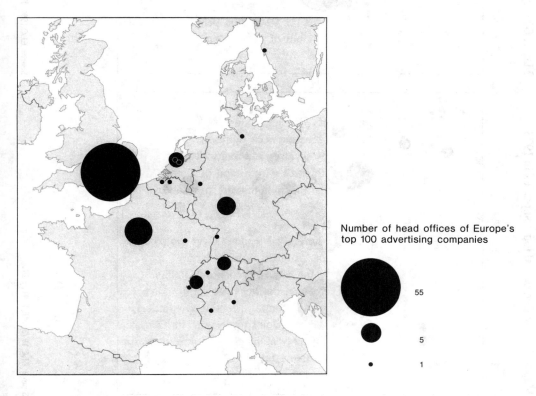

Number of head offices of Europe's top 100 advertising companies

55

5

1

Source: ELC 1990; PIE 1991, p 36.

118

Map 6: Distribution of 500 top companies in 1973

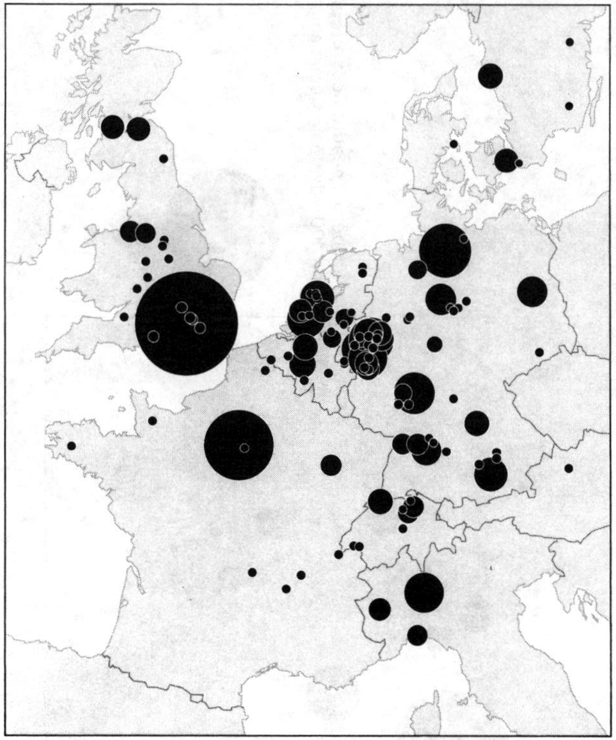

Map 7: Distribution of 500 top companies in 1988

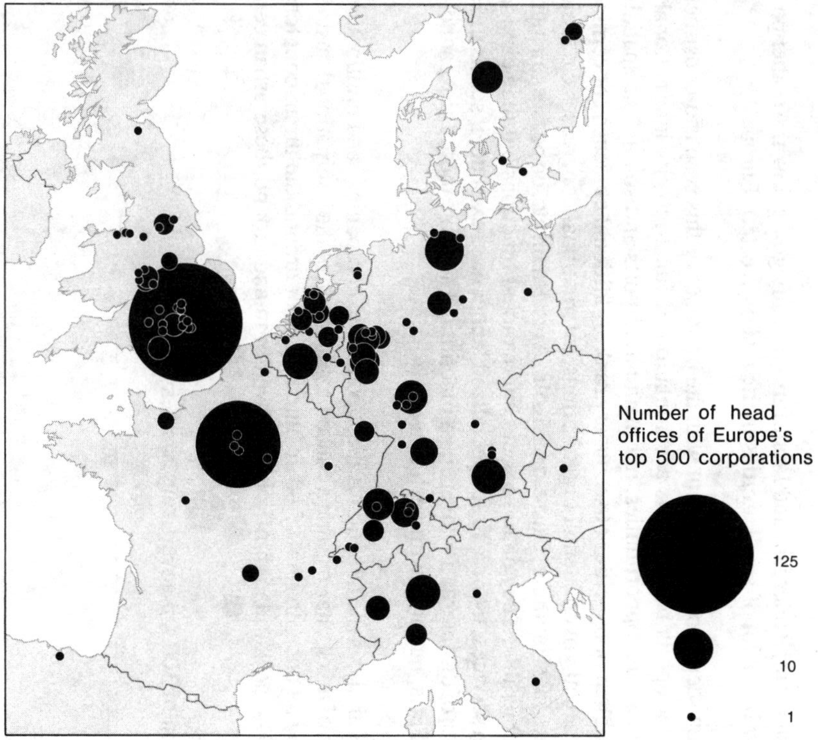

Number of head
offices of Europe's
top 500 corporations

125

10

1

Source: ELC 1975; PIE 1991, p. 29.

Source: ELC 1990; PIE 1991, p 29.

119

Map 8: Cities with an increase in businesses 1973 - 1988

Map 9: Cities with a decline in businesses 1973 - 1988

Decrease/increase in the number of branches of Europe's top 500 corporations

35

5

1

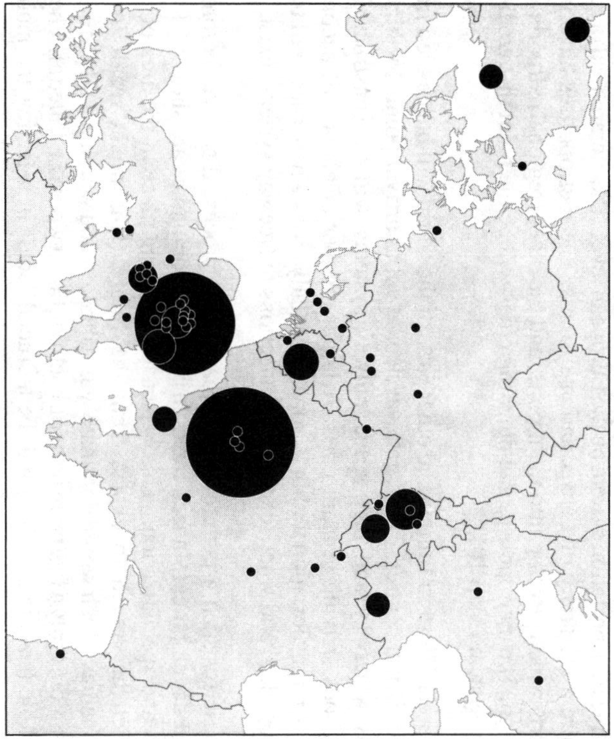

Source: ELC 1975; PIE 1991, p 30.

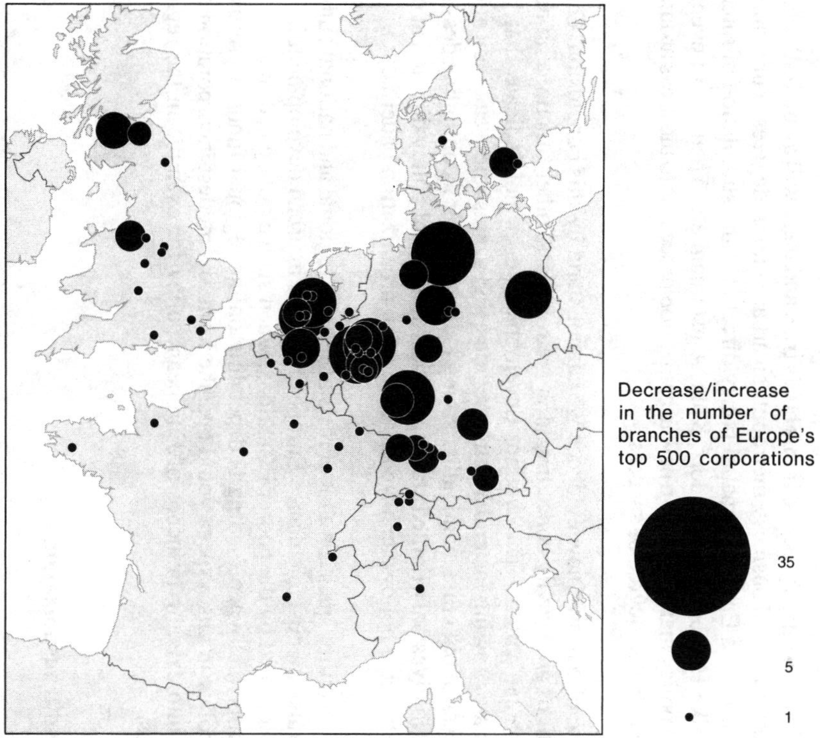

Source: ELC 1990; PIE 1991, p 30.

redirect the general urbanization process. If this holds true, and there will again be direct positive relations between international business, metropolitan urban centres, degrees of urbanization and welfare there is a case for a European spatial policy directed at the stimulation of international functions in cities like Hamburg, Düsseldorf, Köln, Amsterdam etc. Then it will eventually be possible to pursue a policy that can contain new urbanization processes to the areas around the old big cities with a reasonable degree of success.

However, in spite of our own new evidence we cannot stand by this conclusion. Only a few international functions are heavily concentrated in metropolises, other functions do not have a dominant geographical pattern. The welfare development does not indicate that the great metropolitan areas are growing faster than other regions, and against the weak indications for a re-population process of big cities stand rather strong indications for a continuing des-urbanization. So this scenario gives only limited starting points for a spatial policy directed at cities and one should doubt if such a policy can have any impact on urbanization patterns.

In regard to the feasibility question a lot of resistance from regional and national authorities is to be expected against attemps to enhance European powers in urban development issues. This resistance will be enforced by the poorer ECnations, when such a policy is directed at cities in North-western Europe and when funding is depending on the regional funds. I presume that a European spatial policy in this respect would take the form of a modest incorporation of spatial policy arguments into existing branches of European policy for example in the regional and technology policies.

5. Traffic and transportation

The picture of urban concentrations, specialized functional areas, and main ports is suitable for designing an effective transportation system on the European level. The hierarchical organization of cities will require a hierarchy of transportation systems. The metropolises have important international airports which develop into main ports, and the other (regional) airports will have a supporting function. The metropolises and other big cities will be the point that are linked in a high-speed railway system (Map 10).

Cargo traffic between Western Europe and other parts of the world will be handled from a few centrally-located logistical centres. These gateways could act as arrival points for high-quality goods. Continuous waterway and high-speed railway systems will be constructed for the transportation of goods arriving at main ports. A larger number of cities will become major distribution points for transportation within Europe, especially cities where cargo rail traffic and waterways come together, and where excellent connections to freeway systems exist.

The empirical base for such a picture is the urbanization process discussed before and the supposed main port development. Indeed the transportation companies are showing tendencies towards expansion and specialization. This expansion is taking place in the area of container transportation which has much to expect from the future. This might result in a dozen supershipping companies which would dominate world markets and which would provide round-the-world transportation. Only a few main ports on each continent would be called at. The package of services as a whole (size and quality) will be a crucial factor in selecting the main port of destination. This would mean that the biggest ports will have the best opportunities in the future. That applies to shipping as well as to air transport. In this last category of transportation, the role of the main port concept is enhanced by the development of "combined" transportation and by the greater effectiveness of large cargo planes. Air passenger travel as well is often thought to have a main port effect in which intercontinental flows focus on some airports from which continuing transportation takes place.

The question that arises is: to what extent is this process toward a limited number of gateways taking place in Europe. Of course bigger and smaller ports and airports exist in Europe, but it seems that until now all categories do profit from the growth in trade and transport. The main port thesis seems to be a very educated and in some cases very convenient hypothesis. There are however no hard reasons to expect that the developments in transport-business will lead to an absolute or a sharp relative decline of international transport in medium-sized ports and airports.

Besides that we must conclude that this main port concept is completely useless in the context of European politics. No nation or region will allow any European authority to classify its ports or airports in a second rate category.

Map 10:
High-speed Railway Lines
in 2015

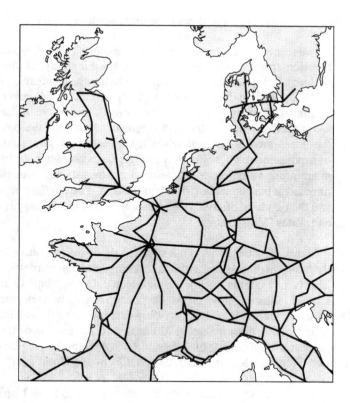

Source: PIE 1991, p 95.

Maybe the positions will be different in regard to the bulk transport system. For the different nations and regions participation in a coordinated European policy considering bulk transport and large scale industrial plants could be useful because for these functions not only advantages count but also a very strong "not in my backyard" feeling. Besides that the bulk transport system seems to fit better in this scenario. Oil, oil products, ores, coal, grain and cattle feed are entering Europe by ship in large quantities. The inland transport flows are much more concentrated than the flows of general cargo and containers. Inland navigation, pipelines and rail transport are important. A system of international infrastructure exists and could be extended. Then it is important that coherent decisions about infrastructure and the location of large industrial plants will be made. Water infrastructure and pipelines and in some cases railways are suitable for locating large-scale companies which generate much goods traffic, such as large power stations, waste processing plants, steelworks and chemical companies. Little attention on a European level has been paid to the location of such installations. However, it might be an advantage if various European countries would coordinate their policies on decisions regarding the location of such companies. This might contribute to spatial planning which limits costs to society regarding the environment, safety and the restriction of transportation flows.

6.   The chains and zones scenario-construction

The second vision emphasizes regional economic development in general. This approach is less function-specific, less oriented toward a hierarchy of functions, and less oriented toward optimization of locations for specific functions. Companies in different sectors and at different levels are increasingly footloose. They can locate wherever there are communications, where there are sufficient people available for work, and where the landscape and the living environment are attractive. Many urban and urbanized areas meet these conditions. It is an advantage when the urban area is large or when it connects with another urban area. The main traffic and transportation relationships have a criss-cross character. Long-distance flows are included in the much more voluminous short-distance flows. In this situation, a European spatial strategy is directed at the connection of urban areas in Western Europe, at the management of urbanization and the bundling of criss-cross relationships. This strategy is the basis for the scenario of chains and zones (Map 11).

In this view the focus is not specifically on large multinational corporations but also more on the many medium-sized and smaller companies that can respond quickly to changing competition. That is for example true for the high-tech industry (Maps 12 and 13). The location patterns of this kind of industry shows on the European scale some concentration or specialization in southern parts of Germany. There are however no specific relations to larger urban structures or metropolises discernable. Additional information on different regions shows that high-tech growth is often outside big cities, often in the suburban regions of the big cities or in smaller cities like Grenoble, Montpellier, Aachen, Ghent and Groningen.

That is in accordance with Cheshire's research on historical tendencies in the economic performance of city centres. His analysis indicates that a lot of "attractive" and often relatively small cities are doing very well. The quality of the environment and the mere visible attraction of the city appear to be of tremendous importance, besides variables of economic structure. Of course the well documented development of urbanization from cities to urban conglomorate,

Map 11: Scenario: Chains and zones; urban functions

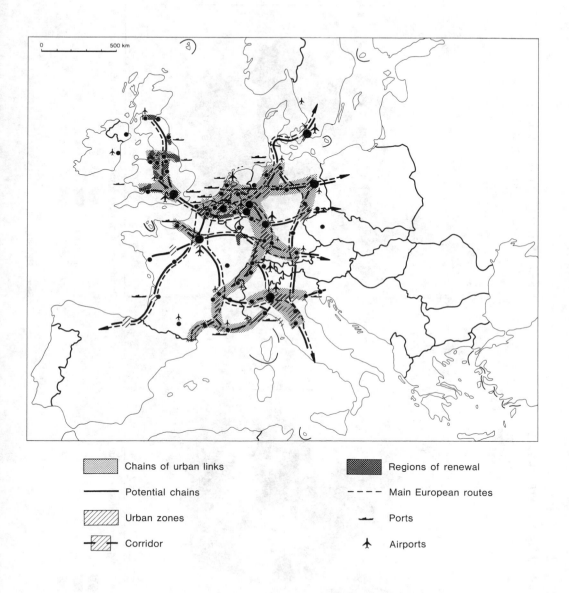

Chains of urban links		Regions of renewal	
Potential chains		Main European routes	
Urban zones		Ports	
Corridor		Airports	

Source: PIE 1991, p 111.

Map 13: Share of High-Tech Industry
in total employment in 1985

Map 12: Density of High-Tech Industry in 1985

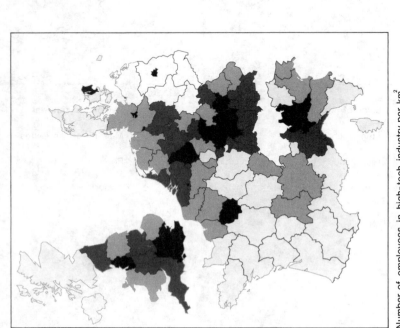

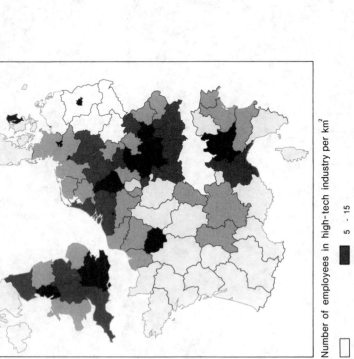

Percentage of the working population employed in high-tech industry

	6.5 - 8
0.1 - 4.5	8 - 12.5
4.5 - 6.5	12.5 - 17.5%

Source: PIE 1991, p. 39.

Number of employees in high-tech industry per km²

	5 - 15
0.1 - 2	15 - 30
2 - 5	30 - 181

Source: PIE 1991, p. 39.

urban zones and urban fields and the known economic prosperity and population growth in regions
without big cities add to this evidence.

This scenario-construction is also in accordance with the observation that most of the traffic is
short-distance traffic, intra-regional, and only some of the traffic moves between neighbour
regions; on longer distances the traffic diminishes. Examples of this phenomenon are given by the
figures of the trade between Holland, North Rhine-Westphalia, Baden-Württemberg and Bavaria
(Fig. 1) and the data on trade and travelling on the line Randstad Holland - Hannover - Berlin. With
longer distances, the amount of trade and the amount of travel diminishes. This is even true for
passenger transport by air. Planes are of course very suitable for long distance traffic. However,
in the larger European countries, Great Britain as well as in France and in Germany, the percentage
of intra-national air traffic is very high. The intercontinental traffic is only a small proportion of
the total number of flights. The biggest flows in Europe are observed on the national airlines. So
we use our planes to travel at relatively short distances.

Fig. 1: Trade between the Netherlands and North Rhine-Westphalia, Baden-Württemberg
and Bavaria

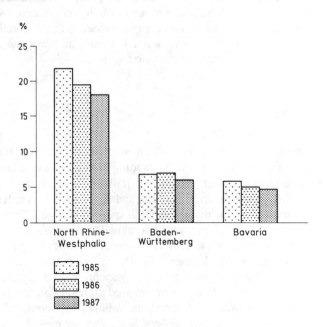

Source: PIE (Summary), p 17.

In general the dominance of short-distance traffic means that the long distance traffic must use the infrastructure constructed for the short distances and vice versa that most new connections for the long distance travellers must serve the intra-regional traffic as well.

A second observation of interest pertains to the criss cross character of most of the long distance traffic in Europe as is already well known of the short distance trips. There are not many dominant large flows between clearly defined points. However intensive relations between all the strongly urbanized areas in Western Europe do exist.

In these observations we can find grounds for the expectation that the increasing traffic of the future will make use of the fine regional networks and the predominance of the means of road and airtransport, which are so suitable for criss cross relations, will continue. And that is exactly one of the major spatial problems for Western Europe.

In such a situation, it is important to prevent Western Europe from becoming entirely congested with criss-cross infrastructure. In a European approach, flows will have to be bundled. This bundling is used in different "axes concepts" and in our concept of "chains and zones". The purpose is to reach our central spatial objectives by accomodating this process of urban development; to create the best conditions regarding infrastructure accessibility combined with very good conditions regarding quality of the environment. Such an approach is feasible in the sense that it provides ample opportunities for an interplay of regional, national and European authorities and it does not contain a priori negative choices for specific regions.

7.   Conclusions

Two scenarios were created in this project which vary in the degree and meaning of (de)specialization and (de)concentration. Our understanding of these processes becomes clearer when assessing the scenarios in view of their probability or plausibility. At the beginning of this project, when creating the first scenarios, specialization and concentration was largely assumed to be the main trend, as is common or fashionable now in spatial planning. Terms such as "top environments", "economic complexes", "metropolitan revival", "main ports", "agri-business," etc. are commonly used. Each of these terms reflects this way of thinking. However, it is difficult to find much evidence for such a development. Studies often indicate aspects of spatial concentration in certain sectors, but they rarely provide a general, spatial picture. By exploring developments in different activities or functions, we have tried to create a picture of concentration phenomena. In general, it seems that no concentration but continued dispersion is the case for most economic activities. For this reason, the chains-and-zones scenario seems to be more in line with anticipated developments. Only for a small number of activities or functions, the picture is different.

Both scenarios provide a pattern for structuring of the urbanization process. The specialization and concentration scenario shows the concentration of populations as the effect of location trends of international business and spatial policies. This is certainly a debatable development which implies a huge break in trend and which therefore, from a policy-making point of view, requires a tour de force which will probably not be possible. For this reason, the chains-and-zones scenario is much more realistic. This scenario gives many more urban areas a place in spatial developments. Urban development in axes is in agreement with developments in mobility and interregional transport relations which are increasing in Western Europe. It is therefore clear that an axes concept must be used for an ideal urbanization pattern in Western Europe. If it is desirable or necessary to pay attention to the development of specific cities, elements from the specialization and concentration scenario, such as the classification of cities in the axes approach, can be included.

In Europe, infrastructure is provided on the basis of government decisions. For this reason, both scenarios regarding the infrastructure system are basically realistic. The infrastructure in the specialization and concentration scenario is the closest to the current situation and current plans. As for international connections, the approach basically focuses on "points". Management of urbanization as in the axes approach will provide a basis for (bilateral and European) decision-making on genuinely European transportation systems. Although different axes are largely based on current urbanization patterns and connections, other important issues are stressed, such as the north-south axis from southern Germany to Marseille and the east-west axis from the western part of the Netherlands to Berlin: these axes may constitute the basis for new high-speed rail links. With regard to air traffic, the chains-and-zones scenario may contribute to congestion control. Also, more cities will have the opportunity to play (partial) roles as intercontinental gateways. The entire system of linked connections in this scenario will require that regional and national planning be in agreement with European initiatives.

The chains-and-zones scenario assumes that all functions are present in urban zones. This is indeed the most likely development. However, this is a problem for functions that are harmful to the environment and surroundings, such as waste processing, power production and basic chemical industries. It might therefore be a good idea to use the approach of the specialization and concentration scenario for these functions and to designate a number of locations (for example, 12 or 15) in a European context, for large-scale activities involving environmental risks and nuisance.

One final issue would be the degree of steering to be expected from spatial policies and spatial planning and the role of the European Community. An important lesson from the history of government planning and legislation is that there are many limitations. Adjustment by government can only be successful if the steering goals are realistic and not too far removed from trends in social and economic processes. This is true for regional and national governments, and certainly for a supra-national organization such as the European Community. This report calls for more attention to spatial planning from the European Community. The development and organization of such policies was barely discussed here. The authors feel that much time will be required to develop and organize such policies. In that process, much attention must be paid to the prevention of excessive regulation and the maintenance of regional and national responsibilities.

Piotr Korcelli

Die europäische Raum- und Siedlungsstruktur: Zentren, Achsen, Freiräume

Ein Statement aus der Sicht Polens

Einer der wichtigen Indikatoren der politischen, ökonomischen und kulturellen Integration von Westeuropa ist die Zunahme der Interaktionen und die steigende gegenseitige Abhängigkeit von großen Städten und Ballungsgebieten.

Man könnte sagen, die nationalen Siedlungssysteme werden graduell in ein europäisches Siedlungssystem umgewandelt. Das scheint am sichtbarsten zu sein, wenn man die neuesten Infrastrukturprojekte betrachtet. Viele von ihnen haben die Aufgabe, die Kommunikation zwischen hochrangigen Zentren, die durch eine internationale Grenze getrennt sind, zu verbessern.

Von diesem Standpunkt aus lautet die Hauptfrage: Was für Chancen oder Möglichkeiten entstehen für die großen Städte Polens, wenn man die künftige Assoziierung mit der EG in Erwägung zieht? Hierzu möchte ich einige Fakten erwähnen, die zugleich Grundlagen für die Gestaltung der näheren Zukunft darstellen.

Anders als in verschiedenen Ländern Europas ist die Dominanz (primacy) der Hauptstadt Polens hinsichtlich der Bevölkerungsgröße wie auch der ökonomischen, politischen und kulturellen Indikatoren nicht so eindeutig. Dank der historischen Faktoren ist die zweite Stufe der Siedlungshierarchie in Polen (regionale Hauptstädte) ziemlich gut ausgebildet. Die Gesamtgröße der fünf regionalen Zentren - Lódź (Lodz), Kraków (Krakau), Gdańsk (Danzig), Poznań (Posen) und Wroclaw (Breslau) - übertrifft die Einwohnerzahl von Warszawa (Warschau) um mehr als das Doppelte. Auch die oberschlesische Konurbation ist größer als die Warschauer Region, was Fläche sowie Bevölkerungszahl (3,5 Mio. gegenüber 2,4 Mio. Einwohnern) anbetrifft.

Die Einführung von Demokratie und Marktwirtschaft ist von einigen Politikern aus diesen Städten als Chance verstanden worden, mit Warschau um Hauptstadtfunktionen zu konkurrieren. Dies bezieht sich hauptsächlich auf Krakau und Danzig. Krakau bewirbt sich um die Stelle des kulturellen und wissenschaftlichen Zentrums in Polen; auch stellt sich die Stadt die Aufgabe, die wichtigste Rolle in den Beziehungen mit Südwestmitteleuropa, mit Wien und Rom, zu spielen. Danzig hofft auf die Position des politischen und ökonomischen Mittelpunktes in bezug auf die baltische Region, vor allem die skandinavischen Länder und Nordostdeutschland.

Die Hoffnungen der regionalen Politiker, die Funktionen ihrer Städte auf Kosten Warschaus auszubauen, scheinen aber ziemlich unrealistisch zu sein. Im Vergleich zu Krakau oder Danzig hat nämlich Warschau die folgenden Vorteile:

- eine ausgewogene, diversifizierte Beschäftigtenstruktur (wie etwa Posen);
- die Lage auf der wichtigen europäischen West-Ost-Achse und den einzigen internationalen Flughafen; die erste IC-Zuglinie wird wahrscheinlich Warschau mit Berlin verbinden;

- mehr freie Fläche innerhalb der Stadt für kommerzielle und Wohnzwecke;
- mehr potentielle Migranten im Hinterland (d.h. Ost-Polen).

All die genannten Faktoren geben Warschau eine bessere Möglichkeit, neue Funktionen zu übernehmen. Was für Funktionen könnten das sein? Es geht um drei Arten von Tätigkeiten:

- die Herstellung und Distribution von Informationen (einschließlich politischer und wissenschaftlicher). Früher fanden die politisch unabhängigen historischen oder literarischen Verlage und Institutionen ihren Sitz eher in Paris, London und München als in Warschau oder Krakau. In letzter Zeit wurden die Aufgaben meistens Warschau übertragen;
- einige entscheidungsorientierte und dispositive Funktionen, die früher ihren Sitz in Moskau hatten - offiziell, wie COMECON oder Warschauer Pakt, und auch inoffiziell (z.B. zwischen den Parteien). Dies bezieht sich auch auf die Wahl der Standorte (die zwei eklatanten Beispiele aus den 50er Jahren sind der Warschauer Kulturpalast und die Krakauer Neue Hütte). Jetzt gibt es die Börse z.B. wieder in Warschau;
- die Distribution von einigen Konsumgütern, meistens den luxuriösen, aber in Zeiten der ökonomischen Krisen, wie in den 80er Jahren, auch Produkte des täglichen Bedarfs. Solche Funktionen, auf den polnischen und generell osteuropäischen Markt orientiert, waren meistens in Wien und West-Berlin lokalisiert. In letzter Zeit wurden diese Funktionen nach Polen zurückverlagert, und zwar zuallererst nach Warschau. Eine wichtige Rolle spielte hierbei das Marktpotential der Stadt.

Wien wurde oft als das Einkaufszentrum für die COMECON-Länder bezeichnet, obwohl im Falle Polens Berlin der erste Zielpunkt war. Trotzdem war Wien Standort einer größeren Zahl von osteuropäischen Abteilungen der internationalen, insbesondere amerikanischen Unternehmen. Einige von diesen Funktionen werden jetzt nach und nach verlagert, und zwar nach Prag, Budapest oder Warschau. Diese Städte bewerben sich um die internationale Spitzenposition in der Region.

Warschau hat seine Chancen dank der Größe des Binnenmarktes Polens und der Position gegenüber den russischen und ukrainischen Märkten. Warschau muß aber erst seine inneren Probleme lösen: die Stadt ist bestrebt,

- ihre räumliche politische Struktur zu reorganisieren. Zur Zeit ist Warschau in sieben sich praktisch vollständig selbst regierende Gemeinden geteilt;
- das kommerzielle Stadtzentrum zu revitalisieren;
- die technische Infrastruktur zu modernisieren, zum Beispiel der Bau der ersten Linie der U-Bahn;
- den Wohnungsbau zu intensivieren (z.Zt. sind die Mieten für Wohnungen im Vergleich zu den Einkommen unvorstellbar hoch).

Hier kommen wir zur Frage der Raumplanung. In den letzten Jahren wurde sie im großen und ganzen vergessen, mit der Ausnahme des Umweltschutzes und ähnlicher Tätigkeiten. Mit Rücksicht auf die Städte und Ballungsgebiete bieten sich jetzt drei Ansätze an:

Der erste Ansatz ist ziemlich traditionell. Er zielt auf eine Konzentration der Bemühungen auf die älteren industriellen Gebiete (Lodz, Oberschlesien), die unter erheblichen Wirtschaftsproblemen und Arbeitslosigkeit leiden.

Ein alternativer Ansatz ist die Konzentration der entwicklungspolitischen Anstrengungen auf die Regionen, die die größten Entwicklungschancen haben. Sie sollen für die internationale Konkurrenz gestärkt werden. Im Falle Polens sind das die Regionen Warschau und Posen, wo sich jetzt mehr als fünfzig Prozent aller ausländischen Investitionen konzentrieren.

Der dritte Ansatz, der schon einmal in den 60er Jahren erprobt worden ist, geht von einer speziellen Förderung der Klein- und Mittelstädte aus, in denen Industriebetriebe in ihrer Existenz gefährdet sind.

Die beiden ersten Ansätze scheinen in der jetzigen wirtschaftlichen Situation Polens von größerer Bedeutung zu sein. Das politische Klima entspricht allerdings am ehesten dem dritten und in gewisser Weise auch noch dem ersten Ansatz.

Als Konklusion möchte ich drei verschiedene Bevölkerungsprognosen für die Region Warschau darstellen. Die erste ist eine Fortschreibung der demographischen Tendenzen am Ende der 70er Jahre: hohe Zuwanderung und relativ hohe Geburtenraten. Die zweite entspricht den Tendenzen Anfang der 80er Jahre: geringe räumliche Mobilität der Bevölkerung, aber sehr hohe Geburtenraten. Die dritte Prognose zeigt die Konsequenzen einer Kombination von geringer Zuwanderung und niedrigen Geburtenraten.

Nach der ersten Prognose würde die Bevölkerungszahl der Region Warschau absolut und relativ steigen. Der zweiten Prognose zufolge wächst die Zahl der Einwohner nur in absoluten Größen. Die dritte Prognose zeigt eine Stabilisierung der Bevölkerungszahl und einen starken Rückgang des Anteils der Stadtregion Warschau an der gesamten Bevölkerung Polens.

Wenn wir die Tendenzen extrapolieren, können wir uns eine vierte Prognose vorstellen, nämlich einen Rückgang der Einwohnerzahl Warschaus in den 90er Jahren. Der Trend ist stark fallend. Auf Grund unserer früheren Argumente können wir aber eine Umkehr der Tendenz und die Vergrößerung der Zuwanderung nach Warschau aus Agrargebieten und aus anderen Städten vermuten. Deshalb wird die aktuelle Entwicklung nach unserer Ansicht in der Nähe der mittleren Prognose liegen.

Wie paßt das, was ich hier präsentiert habe, zur Frage der europäischen Entwicklungsachsen?

Einige Wissenschaftler und Planer argumentieren, daß eine neue, von Norden nach Süden verlaufende Achse in der näheren Zukunft in Europa erheblich an Bedeutung gewinnen wird. Sie verläuft mehr oder weniger parallel zu der Hauptachse London - Mailand. Diese zweite Achse würde von Kopenhagen und Hamburg über Berlin, Leipzig, Prag, Wien bis nach Budapest reichen. Ich vermute, daß sich diese Zone tatsächlich sehr dynamisch entwickeln kann. Dennoch werden die wichtigsten Interaktionskorridore auch weiterhin in horizontaler Richtung verlaufen, zum Beispiel von Budapest nach Wien, von München nach Stuttgart oder von Warschau nach Berlin, Hannover, Köln und Paris.

Die nächsten Jahre werden zeigen, ob diesen Hypothesen ein größerer Erklärungsgehalt zukommt oder ob es ganz überraschende Tendenzen geben wird, wie es ja oft passiert.

Dieter Bökemann

Thesen zur Entwicklung der Europäischen Siedlungsstruktur
Bemerkungen aus österreichischer Perspektive

1. Eine Bemerkung aus gegebenem Anlaß

Herr Präsident, meine Damen und Herren,

lassen Sie mich Ihnen zunächst herzlich für Ihre Einladung danken. Ich überbringe die besten Wünsche und Grüße der Österreichischen Gesellschaft für Raumplanung, deren Mitglieder sich seit jeher am hohen Verantwortungsbewußtsein und an den großartigen Leistungen der Akademie für Raumforschung und Landesplanung orientiert haben. Neben dem gemeinsamen historischen Erbe verbindet uns in jüngster Zeit - nach dem deklarierten Wunsch der Republik Österreich, Mitglied der Europäischen Gemeinschaft zu werden - das gemeinsame Interesse an einer föderalen Organisation der zukünftigen Europäischen Raumordnungspolitik, wie sie sich in unseren Staaten bewährt hat.

Angesichts der zunehmenden Zahl von regionalanalytischen und raumordnungspolitischen Problemen im Vereinigungsprozeß Europas erscheint mir Ihr Bemühen um eine supra- bzw. transnationale Plattform für die Europäische Raumordnungspolitik, organisiert nach der Art einer Akademie, besonders wichtig und verdienstvoll.

Ich vertrete hier ein Land, das sich selbstbewußt um die EG-Mitgliedschaft beworben hat; selbstbewußt, weil es glaubt, daß es aus dieser Mitgliedschaft nicht nur für sich einen Nutzen zieht, sondern weil es überzeugt ist, daß mit seinem Beitritt auch die übrigen EG-Mitglieder gewinnen werden:

Österreich bringt der EG 1. die integrationswirksame Ergänzung ihres Verkehrsnetzes um eine wichtige West-Ost- bzw. West-Südost-Beziehung und um zwei Nord-Süd-Spangen als Alpenübergänge, 2. eine attraktive Erholungslandschaft und 3. ein höchstqualifiziertes Humankapital, hervorragende industrielle Produktionspotentiale und - bei hohem Wohlstandsniveau mit relativ geringen Einkommensdisparitäten - wenig Anlaß für soziale Konflikte.

2. Integrationstendenzen in der Europäischen Siedlungsstruktur

Unsere Europäische Siedlungsstruktur ist historisch betrachtet das Produkt von wechselnden Herrschaftsverhältnissen und Wirtschaftsbeziehungen; dabei trägt diese Siedlungsstruktur in ihren Staatsgrenzen und in ihrer Gebietsgliederung vor allem die Spuren von feudalen Besitzansprüchen und hoheitlich gesetzten Verfügungsrechten; ihre Infrastruktur drückt hingegen die politische Energie aus, mit der die verschiedenen Regierungen ihre Gebiete integriert haben. Wann immer in unserer europäischen Geschichte einzelne Herrscher ihre Ansprüche auf fremdes

Gebiet realisiert haben, wurden gewachsene soziale und wirtschaftliche Beziehungen schmerzlich getrennt, wenn sie hingegen bei ihren Integrationsbemühungen erfolgreich waren, ergaben sich immer wieder vielfältige wirtschaftliche und technische Innovationen und neue kulturelle Identitäten. Wir sind nun im Begriff, über die so gewachsene Siedlungsstruktur Europas die Organisation einer übergeordneten Raumordnungs- und Verkehrspolitik zu stülpen.

Betrachten wir zunächst den Gegenstand solch übergeordneter Politik aus der Vogelperspektive, und wir erkennen in Europa zunächst die großen Unterschiede in der Standortqualität; Disparitäten, die mit der räumlichen Konzentration von Infrastrukturinvestitionen und mit standorte-privilegierenden Maßnahmen der Bodenordnung politisch induziert worden sind. Wir erkennen auch das aus solchen Standortunterschieden begründete Nutzungsgefälle samt den sich daraus ergebenden räumlichen Konzentrationen von sozialen Konflikten und ökologischen Störungen. Dabei läßt die aus Großbetriebsvorteilen begründete Zentrierung der höchstrangigen Infrastrukturachsen Europas auf wenige Ballungsräume befürchten, daß das Gefälle der individuellen Chancen in der europäischen Siedlungsstruktur weiter zunehmen wird. Bei dieser Sicht unserer Siedlungsprobleme folgt: Wir sollten unser Raumordnungsinteresse zukünftig mehr an der Skala der gesamteuropäischen Standortdisparitäten kalibrieren, dabei jedoch nicht den Vorteil einer föderalen Entscheidungsstruktur bei der Lösung von ökologischen Problemen und sozialen Konflikten aus dem Auge verlieren. Hat sich doch das föderale Moment in der Raumordnungspolitik Deutschlands und Österreichs vor allem dadurch bewährt, daß es die politische Entscheidung über den Einsatz von öffentlichen Mitteln so nahe wie möglich zum Entstehungsort der Probleme bringt.

3.   Zur Standortqualität Mitteleuropas

Mitteleuropa bietet im weltweiten Vergleich die höchste räumliche Konzentration an individuellen Rechten und Chancen. Im globalen Gefälle der regionalen Ausstattungen mit Ressourcen, Human- und Realkapital hält der Standort Mitteleuropa für Produktion, Handel und Konsum eine Spitzenposition. Indem diese Standortqualität in den weniger entwickelten Weltregionen zunehmend bewußt wird, sehen und suchen mehr und mehr Menschen von dort ihr Glück in einem Arbeits- und Wohnplatz in Mitteleuropa. Die verbesserte Kommunikations- und Verkehrsinfrastruktur und die größere Grenzdurchlässigkeit (u.a. durch den Abbau des Eisernen Vorhangs) provozieren, in Verbindung mit relativ geringen Reisekosten, immer mehr Menschen zu einer Wohlstand versprechenden Wanderungsentscheidung für die mitteleuropäischen Ballungsräume. Als Folge der negativen Reproduktionsrate bei der einheimischen Bevölkerung in Mitteleuropa steht dem Zuwanderungsdruck auf die mitteleuropäischen Ballungsräume ein (demographisch begründet zunehmender) Sog freier Arbeitsplätze in den mitteleuropäischen Ballungsräumen gegenüber. Soll der Arbeitsmarkt Mitteleuropas stabilisiert und die Versorgung seiner Bevölkerung garantiert werden, dann müssen dort mittelfristig in zunehmender Zahl Zuwanderer beschäftigt werden. Sollte in den mitteleuropäischen Ballungsräumen neben der Wohnungskapazität für fremde Zuwanderer auch die Integrationsbereitschaft der Einheimischen geringer sein als Zuwanderungsdruck und Arbeitsplatzangebot, dann ist dort mit großen sozialen Konflikten und wirtschaftlichen Krisen zu rechnen. Bei allen politischen Integrationsbemühungen zugunsten der fremden Zuwanderer besteht gerade auch in der mitteleuropäischen Siedlungsentwicklung eine zunehmende Gefahr der Slum- und Gettobildung. In der Fähigkeit unserer Gesellschaft, Fremde zu integrieren, sehe ich ein unsere Zukunft bestimmendes Kriterium. Dabei sollten wir uns meines

Erachtens darüber im klaren sein, daß diese Integrationskapazität im wesentlichen das Produkt politischer Entscheidungen (Einwanderungs- und Einbürgerungsrecht, Ausbildungssystem u.a.) ist.

4. Die österreichische Perspektive

Mitteleuropa hat sich, Österreich eingeschlossen, zu einer integrierten arbeitsteiligen Agglomeration, zu einer Konurbation im Weltmaßstab, entwickelt. Nach der Aufhebung des "Eisernen Vorhangs" sind nun die östlich benachbarten, ehemals sozialistischen Länder Polen, Tschechoslowakei, Ungarn und Jugoslawien zu deren engerem, die einstige Sowjetunion, Rumänien und Bulgarien zu deren weiterem, gleichsam ländlichen Umland geworden. Für die Menschen in ihren verschiedenen Rollen provoziert dort das nun offenbar gewordene internationale Chancengefälle große individuelle Begehrlichkeit. Diese natürliche Begehrlichkeit der Menschen nach mehr Rechten und Chancen macht nach der Öffnung des Eisernen Vorhangs sowohl die Bevölkerung als auch die Wirtschaften der betreffenden Länder mobil: Viele einwanderungs-, arbeits-, kauf- und erholungswillige Menschen machen sich unter dem Motto "GO WEST" auf den Weg. Dabei gilt oft Österreich, insbesondere Wien, als nächstes Ziel. In diesem Sinn hat Österreich mit der Öffnung des Eisernen Vorhangs und mit der bevorstehenden EG-Integration erheblich an wirtschaftlicher und kultureller Attraktivität gewonnen, und es wird weiter gewinnen, eine Tatsache, die sich in vielen Niederlassungsaktivitäten, in enorm gestiegenen Bodenpreisen, aber auch in der zunehmenden Wohnungsnot, in Verkehrsstaus und Umweltstörungen widerspiegelt.

Die Differenz zwischen den Reisewilligen und den tatsächlich reisenden Migranten wird gegenwärtig im wesentlichen durch die Reise- und Informationskosten sowie durch die gesetzlichen Normen (wie Aufenthalts- und Arbeitsbewilligungen) gesteuert. Vermutlich erzwingen jedoch auch in Österreich starke ökonomische Interessen (an der Stabilität des Arbeitsmarktes, an einer sicheren Finanzierung der Altersvorsorge u.a.) längerfristig die Kompensation der abnehmenden Reproduktionsrate bei den Einheimischen durch eine wachsende Immigrationsrate bei den Fremden: Auch Österreich tendiert dazu, ein permanentes Einwanderungsland zu werden.

Vor diesem demographischen Hintergrund werden die durch das internationale West-Ost-Chancengefälle induzierten Verkehre in Österreich bald die Kapazitäten der bestehenden Infrastruktur überlasten; dabei werden vermutlich zuerst einzelne ost-west-gerichtete Hauptverkehrsstraßen, dann die Straßen innerhalb der nächstgelegenen Agglomerationskerne, vor allem in Wien, überfordert. Auch bei der Eisenbahn sind (zunächst im Personen-, dann auch im Güterverkehr) immer häufiger Engpässe und Verspätungen absehbar. Wenigstens für die Binnenschiffahrt als leistungsfähiger Träger des Massengüterverkehrs könnten sich nach der Fertigstellung des Rhein-Main-Donau-Kanals dann neue Chancen ergeben.

Die Öffnung des Eisernen Vorhangs und die europäische Integration lassen in Österreich jedoch nicht nur Attraktivitätsgewinne, sondern auch psychische, soziale und ökologische Schäden entstehen. Während die ökologischen Schäden im wesentlichen aus der zunehmenden Arbeitsteilung, der wachsenden räumlichen Konzentration der Produktion und den rapid ansteigenden inter- und intranationalen Verkehren folgen, sind die zu erwartenden sozialen Schäden vor allem den tendenziell zunehmenden Einkommens- und Vermögensdisparitäten zuzurechnen. Negative psychische Effekte der europäischen Integration und Öffnung zeigen viele Österreicher in der

Angst vor Überfremdung (als Folge der Zuwanderung von Ausländern). (Die Xenophobie gilt inzwischen auch in Österreich als großes Zukunftsproblem.)

Es wird schon keine leichte Aufgabe einer zukünftigen österreichischen Raumordnungspolitik sein, die aus der Europäischen Integration und Öffnung entstehenden Attraktivitätsgewinne räumlich so zu verteilen, daß nicht einzelne Regionen und Sozialgruppen benachteiligt werden. Noch schwieriger wird österreichische Raumordnungspolitik, wenn sie die negativen Effekte der Europäischen Integration und der Öffnung des Eisernen Vorhangs für die Bevölkerung und für die natürliche Umwelt kompensieren soll.

An dieser Stelle bin ich Ihnen, meine Damen und Herren, zudem eine Offenlegung der raumordnungspolitischen Verhältnisse in Österreich schuldig: Im Gegensatz zur Situation in Deutschland verbietet die Verfassung der Österreichischen Bundesregierung eine aktive Raumordnungspolitik. Dadurch hat die Republik Österreich (nach der Bevölkerung entspricht sie einem mittelgroßen deutschen Bundesland) raumordnungspolitische Kompetenzen nur bei ihren Ländern und Gemeinden. Der Österreichischen Bundesregierung fehlt hingegen (solange keine entsprechende Verfassungsänderung durchgesetzt ist) die Kompetenz, sowohl gegenüber den eigenen Bundesländern als auch gegenüber der Europäischen Gemeinschaft ein gesamtösterreichisches Raumordnungsinteresse (etwa zur Problematik der räumlichen Disparitäten) zu vertreten. Wir hoffen sehr, daß Österreich sich bald im Hinblick auf die raumordnungspolitische Kompetenz seiner Bundesregierung verfassungsmäßig dem schweizerischen Vorbild anpassen wird.

Als eine eigene Facette der neuen Raumordnungsstrukturen in Europa erscheint das Engagement Österreichs, auch ohne raumordnungspolitische Legitimation seiner Bundesregierung mit den östlich und südöstlich gelegenen Nachbarstaaten bei der Lösung von Verkehrs- und Siedlungsproblemen zusammenzuarbeiten. In diesem Zusammenhang sieht sich vor allem die Bundeshauptstadt Wien in einem kooperativen Wettbewerb mit Warschau, Prag, Budapest und Zagreb; das nur etwa 60 km entfernte Bratislava (Preßburg) gilt schon heute als Teil einer grenzübergreifenden Agglomeration, für die neben dem bereits von beiden Städten genutzten Flughafen Schwechat gemeinsame Einrichtungen diskutiert und geplant werden. Unter diesem Aspekt werden im Rahmen der sogenannten PENTAGONALE und im Geiste altösterreichischer Verbundenheit die gewachsenen Siedlungszusammenhänge und Verkehrsbeziehungen gepflegt. Dabei sieht sich im besonderen Wien in einer veränderten Rolle: vom Pförtner am Eisernen Vorhang zum Reorganisator alter Partnerschaften.

5. Eine abschließende Überlegung

Aus österreichischer Perspektive hatte sich in Mitteleuropa nach 40 Nachkriegsjahren ein ziemlich stabiles Muster von politischen - im besonderen: raumordnungspolitischen - Werten entwickelt. Die Ungleichheit der standortgebundenen Chancen für die Bevölkerung und Wirtschaft des Landes war nach oben und unten markiert, innerhalb dieser Disparitätenskala entstanden unsere raumordnungspolitischen Leitbilder. Jetzt richten sich unser Blick und unsere Verantwortung auf die noch immer unfaßbare Not im Osten, im besonderen hinsichtlich der Behausungen, Infrastruktur und Umwelt; dies, während die Menschen dort ihre reale Begehrlichkeit an unserem Siedlungswohlstand eichen.

Es wird deutlich, daß die Skala der Disparitäten im europäischen Siedlungsgefüge ganz neu definiert werden muß: Notstandsgebiete werden in Zukunft einen anderen empirischen Gehalt bekommen, auch wenn wir unseren gesamteuropäischen Raumordnungshorizont nicht bis nach Rumänien und Rußland ausdehnen. Nicht zuletzt die Medien bewirken, daß die im Siedlungsgefüge Europas schlecht gestellten Menschen sich bei der Einschätzung ihrer Situation und bei ihrer Begehrlichkeit an immer besseren Wohn-, Arbeitsplatz-, Infrastruktur-, Einkaufs-, Bildungs- und Erholungsmöglichkeiten orientieren, während wir, die seit jeher diesbezüglich Bestgestellten, dazu neigen, den nun größeren Abstand zu den "neuen Niederungen" im Siedlungsgefüge des größeren Europas selbstgefällig zu beurteilen. Die große soziale Not am unteren Skalaende der europäischen Siedlungsdisparitäten erscheint allerdings nicht als die einzige raumordnungspolitische Herausforderung. Die andere Herausforderung für die Europäische Raumordnungspolitik betrifft das obere Ende der Disparitätenskala, also die Position der zentraleuropäischen Agglomerationen diesseits des ehemaligen Eisernen Vorhangs. Es steht für mich aus guten regionalwissenschaftlichen Gründen fest, daß eine europäische Raumordnungspolitik die Funktionsfähigkeit und die Dynamik des zentraleuropäischen Städtesystems erhalten und pflegen muß, wenn für die so sehr vernachlässigten Regionen am unteren Ende der Disparitätenskala effiziente Entwicklungshilfen gegeben werden sollen. Das zentraleuropäische Städtesystem, in das der größte Teil Deutschlands und Österreichs eingebunden ist, muß - damit die neue und noch schlechter gestellte Peripherie ins Europäische Siedlungsgefüge besser integriert werden kann - wie jene Kuh gepflegt und gefüttert werden, die mit ihrer Milch das Überleben der Säuglinge garantiert. "Gepflegt und gefüttert", das bedeutet hier: Die Europäische Raumordnungspolitik ist nach dem Subsidiaritätsprinzip zu organisieren; aber in der Weise, daß die Autonomie der Gebietskörperschaften bei der Gestaltung ihrer Siedlungsstruktur in einem föderalen System gewahrt bleibt.

HANS FLÜCKIGER

Überlegungen aus schweizerischer Sicht

1.   Zur Ausgangslage

Betrachtet man die vorliegenden Berichte über Perspektiven der Raumentwicklung in Europa, so wird deutlich, daß die Schweiz zwar in der Mitte Europas, aber eben nicht in dessen Zentrum steht. Die Schweiz ist in diesen Untersuchungen - sie wurden ja schließlich auch im Rahmen der EG erarbeitet - ausgeklammert; ihre Fläche erscheint in den Abbildungen über Strukturdaten in reinem Weiß. Mit bezeichnenden Ausnahmen allerdings: Dort, wo es um Transportwege geht, wird sichtbar, daß die Schweiz eben doch Teil eines funktionierenden Raumes "Zentraleuropa" sein sollte. Damit darf auch angenommen werden, daß die räumliche Entwicklung von Europa die räumliche Entwicklung der Schweiz mitberücksichtigt, aber auch mitbeeinflußt. Wirtschaftlich und räumlich ist die Schweiz in Europa integriert - zum Teil sogar stärker als einzelne der EG-Mitglieder; nur institutionell ist sie nicht in "das Herzstück", den Schwerpunkt Europas, in die Europäische Gemeinschaft, eingebunden. Immerhin ist mit dem Zustandekommen des EWR-Vertrages anfangs dieser Woche ein erster wichtiger Schritt für eine verstärkte Zusammenarbeit gemacht worden.

Ich möchte im folgenden versuchen, einige räumliche Veränderungen und Herausforderungen, die sich aufgrund dieser Situation für die schweizerische Raumordnung ergeben, aufzuzeigen. Abschließend sind daraus einige Folgerungen für die Weiterentwicklung der schweizerischen Raumplanung und die Zusammenarbeit mit Europa zu ziehen.

2.   Räumliche Veränderungen und Herausforderungen

2.1   Im Siedlungsraum

Das Siedlungsgefüge der Schweiz ist stark durch die natürlichen Grenzen, die geographische Lage und die historische Entwicklung geprägt. Es ist aber auch eine Folge der Kleinräumigkeit unseres Staatswesens und unseres föderalistischen Staatsaufbaus: 23 Gliedstaaten - Kantone - sind für die Raumplanung zuständig und müssen ihren über 3000 - ebenfalls auf Autonomie bedachten - Gemeinden den notwendigen Ermessensspielraum für die Erfüllung der ihnen zugewiesenen Aufgaben zugestehen.

Die Siedlungsentwicklung war seit dem Mittelalter von der Entwicklung des Verkehrs geprägt, in den meisten Fällen sogar verursacht. Im Mittelland entstand, vor allem dann im Gefolge des Eisenbahnbaues, bis etwa 1950 eine recht regelmäßige Netzstruktur der Siedlung nach dem Muster der dezentralisierten Konzentration mit größeren und kleineren Wachstumspolen. Naturgemäß begünstigt aber die Bahn gewisse Achsen. So trug die Bündelung des Alpentransits auf vorerst eine einzige Achse - den Gotthard - wesentlich zur Herausbildung der Industrieschwerpunkte in den Räumen Zürich und Basel und zum Zurückbleiben der Räume Bern-Freiburg und

Nordostschweiz bei. Zudem wurden durch die vorübergehend starke Abhängigkeit der Industrie von der Steinkohle bahnnahe Standorte für die meisten Industrien fast zur unabdingbaren Notwendigkeit, was zu einer Konzentration der Wirtschaft und schließlich auch der Bevölkerung in Orten mit Bahnanschluß führte.

Ab 1950 bewirkten wiederum wirtschaftliche Impulse und solche des Verkehrs - insbesondere des Straßenbaus - einen erneuten Schub in der Siedlungsentwicklung. Einerseits begannen sich nun eigentliche Ballungsräume abzuzeichnen, insbesondere zwei Verdichtungsräume von nationalem Gewicht (Basel-Zürich und Genf-Lausanne), und es entstanden nun immer mehr auch im Mittelland Disparitäten. Andererseits löste die neue große Mobilität der Bevölkerung auch gegenläufige Prozesse aus. Der Konzentrationsprozeß nach den Bahnlinien und großen Ballungsräumen hin wurde gebremst und wird in jüngster Zeit von einem kleinräumigeren Entmischungs- und Verdrängungsprozeß überlagert. So führen Abwanderungsbewegungen aus den Agglomerationskernen zu verstärkter Besiedlung im weiteren Umland der großen Städte und damit immer mehr zu einem eigentlichen "Siedlungsbrei" im Mittelland. Mit dem Einsetzen der Massenmotorisierung zu Beginn der 60er Jahre ist so eine räumliche Entwicklung ausgelöst worden, die heute nicht mehr rückgängig gemacht werden kann. Das Auto hat einen Prozeß in Gang gesetzt, der in seinen Auswirkungen mit der haushälterischen Nutzung des Bodens im Widerspruch steht und uns raumplanerische Altlasten beschert hat:

Es wachsen bereits Agglomerationen zu großen verstädterten Regionen zusammen und überlagern sich. Die einstmals ländlichen Gebiete werden durch Überbauungen städtischen Zuschnitts und durch Einfamilienhausbauten geprägt. Der Pendlerverkehr nimmt zu; die Siedlungsstruktur wird von der Mobilität geprägt. Aber auch die Städte selber verändern sich. Ertragsstarke Betriebe insbesondere des Dienstleistungssektors verdrängen wertschöpfungsschwächere oder platzbeanspruchende Produktions- und Gewerbebetriebe aus den Städten ins Umland. Zu einer immer stärkeren und gleichmäßigeren Besiedlung des ländlichen Raumes tragen schließlich auch die vielen aufstrebenden Fremdenverkehrszentren im Alpenraum bei.

Es sind vor allem die steigenden Ansprüche von Bevölkerung und Wirtschaft im Rahmen eines starken Strukturwandels, eines höheren Wohlstandes und starker Umschichtungen im Bevölkerungsaufbau, welche größere räumliche Veränderungen bewirken, obwohl seit einigen Jahren wieder steigende Bevölkerungszahlen festzustellen sind. Die Schweiz zählt rund 6,8 Mio. Einwohner, die sich auf rund 2,5 Mio. Haushalte verteilen. Die ständige ausländische Wohnbevölkerung macht davon rund 1,1 Mio. oder rund 16 Prozent aus. Der Wohnungsbestand erreicht rund 3,1 Mio. Einheiten. Die durchschnittliche Haushaltsgröße ist auf 2,5 Personen gesunken; in städtischen Gebieten meist auf unter 2 Personen.

Die internationale Verflechtung der schweizerischen Wirtschaft ist sehr weit gediehen, aber im einzelnen wenig transparent und wird deshalb auch kaum im Gesamtumfang diskutiert. Der Firmensitz allein gibt hier ja schon längst keine Antwort mehr. Die schweizerische Volkswirtschaft lebt vom internationalen Austausch; schwergewichtig mit Europa, aber traditionellerweise auch mit Amerika und Asien. 71 Prozent der gesamten Einfuhr und 56 Prozent der gesamten Ausfuhr der Schweiz stammen aus bzw. gehen in die EG. Über 40 Prozent der Direktinvestitionen der Industrie und über 60 Prozent derjenigen der Dienstleistungswirtschaft werden in der EG getätigt. In den neuen Bundesländern beispielsweise ist die Schweiz nach Frankreich der wichtigste Investor.

Auch der schweizerische Arbeitsmarkt ist international. Fast jeder vierte Erwerbstätige in der Schweiz ist ein Ausländer. Die im Erwerbsleben stehende ausländische Bevölkerung setzte sich 1990 aus rund 670.000 ständig Anwesenden und rund 300.000 Saisonarbeitern und Grenzgängern zusammen. Auffallend ist vor allem der Zuwachs von insgesamt rund 250.000 erwerbstätigen Ausländern seit 1980 - ein Zeichen des ausgetrockneten Arbeitsmarktes in der Schweiz. Die Verhältnisse auf dem Arbeitsmarkt haben sich allerdings in den letzten beiden Jahren verändert, die Arbeitslosenquote erreicht zur Zeit für schweizerische Verhältnisse hohe 1,3 Prozent. Rund 75 Prozent der im Erwerbsleben stehenden ausländischen Wohnbevölkerung in der Schweiz stammte 1990 aus EG-Staaten. Von den Saisonarbeitskräften waren über 60 Prozent und von den Grenzgängern über 92 Prozent aus EG-Staaten.

Die Entwicklung wird heute durch die knappen Bodenreserven in unserem Land eingeengt. Der Druck über die Grenzen hinaus nimmt zu. Zwar haben grenzüberschreitende Entwicklungen und Zusammenarbeit eine lange Tradition; neu ist jedoch, daß die Verkehrsentwicklung den Einzugsbereich auf beiden Seiten vergrößert hat und gleichzeitig unsere Hauptnachbarländer nicht nur größere und preisgünstigere Bodenreserven aufweisen, sondern als Mitglieder der EG auch noch andere - zusätzliche - Standortvorteile für Auslagerungen und Zweigbetriebe von schweizerischen Unternehmungen bieten. Die daraus entstandenen wirtschaftlichen Abhängigkeiten und räumlichen Netze sind allerdings wenig transparent und sind bisher auch wenig untersucht worden.

Für die schweizerische Raumplanung stellt sich aufgrund der genannten Entwicklungen eine Reihe von Herausforderungen, die sie aufzunehmen hat:

Erstens hat die Raumplanung der weiteren Ausdehnung der Siedlungen und dem Zusammenwachsen der Siedlungsgebiete Einhalt zu gebieten. Dies setzt voraus, daß sie geeignete Nutzungsmöglichkeiten innerhalb der weitgehend überbauten Gebiete anbieten und so die Entwicklung nach innen lenken kann.

Zweitens muß sich die Raumplanung vermehrt mit der Zentrenstruktur und deren Entwicklung beschäftigen. Dies setzt voraus, daß insbesondere die Kantone, aber auch der Bund sich wesentlich stärker als bisher in solchen Fragen engagieren und die Gemeinden in ihrer Zusammenarbeit untereinander und mit den Kantonen unterstützen. Dabei ist nicht in erster Linie das Wachstum der bestehenden Zentren zu fördern, sondern eine verbesserte Arbeitsteilung zwischen Haupt-, Mittel- und peripheren Zentren. Die jeweiligen Vorteile der verschiedenartigen Zentren und des kleinräumigen Staatsgebiets sollen optimal ausgeschöpft werden. Dabei ist aus Umweltgründen stärker auf die Bedürfnisse und technischen und finanziellen Möglichkeiten des öffentlichen Verkehrs Rücksicht zu nehmen.

Drittens müssen zur Unterstützung dieser erwünschten Entwicklungen Vorleistungen erbracht werden, um eine Umlenkung der Entwicklungskräfte auf die innere Erneuerung und Ausgestaltung der bestehenden Siedlungen einzuleiten und gleichzeitig die Umweltsituation in den Agglomerationen zu verbessern. Das Konzept Bahn 2000 bietet dazu eine Chance. Voraussetzungen sind allerdings, daß nicht nur der Bau, sondern auch der Betrieb von Bahn 2000 auf die genannten Ziele ausgerichtet wird und daß die Standortverbesserungen - insbesondere an den Knoten - auch gemeinsam genutzt werden.

Viertens können angesichts der bestehenden, auch grenzüberschreitenden räumlichen Netze raumordnungspolitische Strategien nicht mehr national ausgerichtet bleiben.

Fünftens müssen mit der Raumplanung Verbesserungen der Umwelt- und Siedlungsqualität - auch im Interesse des Wirtschaftsstandortes Schweiz - erzielt werden. Der internationale Wettbewerb um Standorte von Unternehmen und Unternehmensteilen, die ein hohes Kosten- und Lohnniveau verkraften können, spielt sich immer mehr auch über den Faktor "Umwelt- und Siedlungsqualität" ab. Wirtschaftsstandort Schweiz und Lebensraum Schweiz dürfen sich deshalb längerfristig nicht gegenläufig entwickeln.

2.2   Im Nichtsiedlungsraum

Von allen räumlichen Veränderungen im Laufe der letzten Jahrzehnte sind die Veränderungen der Landschaft am auffälligsten. Es ist nicht nur der quantitative Verlust an Landschaften durch Überbauungen oder der qualitative Verlust durch unzählige Zerschneidungen; es ist insbesondere der Verlust an Naturnähe, der betroffen macht.

Der "Umbau" der Landschaft ist einhergegangen mit einem Verlust an Multifunktionalität des ländlichen Raumes. Es ging aber auch bestes Kulturland verloren, allein seit dem Zweiten Weltkrieg rund 120.000 bis 130.000 ha. Zum Vergleich: Heute umfaßt das ackerfähige Kulturland der Schweiz, die sogenannten Fruchtfolgeflächen, noch rund 430.000 ha. Die Landwirtschaft konnte zwar durch Rationalisierungen und Produktivitätssteigerungen diesen Flächenverlust mehr als ausgleichen, doch entstand daraus eine Reihe anderer Probleme, die nun zu lösen sind.

Ungeachtet der großen naturgegebenen Produktivitätsunterschiede zwischen Mittelland, Voralpen und Berggebiet hat die Landwirtschaft bis heute neben ihrem Grundauftrag der Nahrungsmittelproduktion auch regional differenzierte und hohe gemeinwirtschaftliche Leistungen, z.B. der Landschaftspflege, erbracht. Dies ist nur möglich gewesen durch eine entsprechend ausgestaltete Agrarpolitik und Raumplanung.

Die Herausforderungen für die Landwirtschaft sind nicht nur nationaler, sondern internationaler Art. Der Druck zu einer Änderung der Agrarpolitik Richtung Ausbau der Marktmechanismen kommt von außen. National wird eine stärkere Ausrichtung der Landwirtschaft auf ökologische Anforderungen verlangt. Die Landwirtschaft ihrerseits fordert zur Erleichterung des notwendigen Strukturwandels größere Flexibilitäten bei der baulichen und betrieblichen Nutzung des ihr zugewiesenen Bodens. Von den noch rund 108.000 Landwirtschaftsbetrieben ist nur jeder achte über 20 ha groß, und nur jeder 27ste dieser Größenklasse liegt in der privilegierten Ackerbauzone, vor allem des Mittellandes.

Die Allgemeinheit ihrerseits fordert angesichts der Landschaftsveränderungen gleichzeitig einen vermehrten Schutz der Landschaften und ihrer Besonderheiten. Weil aber hier kantonale Zuständigkeiten im Vordergrund stehen, ist eine gesamtschweizerische Konzeption nur schwierig zu realisieren.

Die Raumplanung steht damit vor der mehrschichtigen Herausforderung, den Schutz der Landschaften zu verstärken, die Anstrengungen für eine ökologische Ausrichtung der landwirtschaftlichen Produktion zu unterstützen und der Landwirtschaft den Strukturwandel zu erleichtern. Denn ein multifunktionaler Nichtsiedlungsraum ist in seinem Gesamtumfang nur durch eine entsprechend produzierende Landwirtschaft zu pflegen und zu erhalten. Das setzt voraus, daß das Kulturland vor weiteren quantitativen und qualitativen Beeinträchtigungen besser geschützt wird und daß Lösungen gefunden werden, um die gemeinwirtschaftlichen Leistungen klarer als bisher definieren und entgelten zu können.

3. Mögliche Strategien für die schweizerische Raumplanung

Wie wird nun die schweizerische Raumplanung konkret auf diese Herausforderungen - speziell auf die Herausforderung "Europa" - reagieren? Was kann sie zur Entwicklung eines erweiterten Europas beitragen? Welche Maßnahmen sind vordringlich? Dabei können durchaus die fachlichen Gesichtspunkte losgelöst von den politischen behandelt werden, obwohl beide eng zusammenhängen. Lassen Sie mich abschließend Antworten auf diese Fragen in fünf Punkten zusammenfassen:

Erstens: Die beste Voraussetzung für eine verstärkte Zusammenarbeit in einem erweiterten Europa ist zuerst einmal die Erfüllung der eigenen Aufgaben. Der Interessenausgleich zwischen Schutz und Entwicklung muß zuerst einmal national gefunden werden. (Die Reaktion einiger Bergkantone auf die Bemühungen um eine Alpenschutzkonvention ist bezeichnend: Sie fürchten, daß das große Europa aus der kleinen Schweiz eine Insel für die Bereitstellung von Wasser und ökologischen Ausgleichsflächen machen möchte und daß dabei die ortsansässige Bevölkerung von der weiteren Entwicklung Europas ausgeschlossen würde.) Eine Schweiz mit einer gesunden, geordneten Entwicklung und gleichzeitig einem guten Schutz des Lebensraumes ist ein guter Partner für Europa, unabhängig davon, wie sie institutionell eingebunden ist.

Zweitens: Die Schweiz muß zur Weiterentwicklung der Raumplanung die anzustrebenden Raumordnungsziele verdeutlichen. Die Ziele des Bundesgesetzes über die Raumplanung und die Konkretisierungen im Rahmen der bisherigen Planungen genügen - wie gezeigt wurde - nicht. Sie sind quantitativ und qualitativ zu konkretisieren. Aus diesem Grunde hat der Bundesrat - die schweizerische Landesregierung - beschlossen, dem eidgenössischen Parlament bis spätestens 1995 einen Bericht über "Grundzüge der Raumordnung" vorzulegen. Er will damit verdeutlichen, was er in seinem "Raumplanungsbericht 1987" bereits mit Leitsätzen für die künftige Politik eingeleitet hat. Im Rahmen der Grundzüge wird sich der Bundesrat auch mit Fragen der grenzüberschreitenden Zusammenarbeit auseinanderzusetzen haben. Die Raumplanung der Schweiz wird in ihren Betrachtungen die nationalen Grenzen überwinden. Der Bericht wird Grundlage für die weiteren Planungen des Bundes und für weiterführende Arbeiten in den Kantonen sein.

Drittens: Die Zusammenarbeit in den Grenzräumen ist weiterzuentwickeln. Bisher hat die Schweiz nur mit Deutschland eine institutionelle Grundlage für die Zusammenarbeit. Mit Italien und Frankreich bestehen regionale Lösungen, mit Österreich und dem Fürstentum Liechtenstein informelle Kontakte. Die zwischenstaatliche Zusammenarbeit wird aber nur weiterführen, wenn es uns auch gelingt, die Fachressorts in diese Zusammenarbeit einzubinden. Die Raumplanung hat nicht nur einfach Entscheide aus dem Verkehrs-, Agrar- oder Umweltschutzbereich zur Kenntnis zu nehmen und deren räumliche Auswirkungen zu bewältigen. Sie muß sich stärker als bisher dieser raumwirksamen Aufgaben auch aktiv annehmen und so die räumliche Dimension in die Fachplanungen hineintragen. Dies wird allerdings nur gelingen, wenn die Raumplanung selber Vorleistungen erbringt und sich dabei auf politisch getragene Ziele abstützen kann. Wichtig für die Schweiz wäre eine EG, die selber über entsprechende Vorleistungen verfügen und ihre Fachpolitiken entsprechend abstimmen würde. Die vorliegenden Arbeiten sind deshalb auch für die Schweiz von großer Bedeutung.

Viertens: Die Raumplanung hat mitzuhelfen, Hindernisse für die weitere Zusammenarbeit mit der EG abzubauen. Als Beispiel sei hier der Grundstücksverkehr angeführt. Der Erwerb von Grundstücken durch Personen im Ausland ist bundesgesetzlich geregelt und beschränkt. Der Boden soll hauptsächlich den in der Schweiz dauernd anwesenden Personen - Schweizern und Ausländern - zur Verfügung stehen. Wichtige Anliegen der bisherigen, nicht europakonformen Regelungen könnten durch planerische Maßnahmen abgelöst werden. Zu denken wäre hier an die Begrenzung des Siedlungswachstums allgemein und an Wohnschutzmaßnahmen, wie z.B. "Erstwohnungsanteilpläne". Denn raumplanerisch ist es unerheblich, ob eine leerstehende Zweitwohnung einem Ausländer oder einem Inländer gehört. Entscheidend ist, daß deren Bau und Nutzung der angestrebten räumlichen Ordnung nicht widersprechen.

Fünftens: Von einem europäischen Raumordnungsschema erhoffen wir uns nicht nur eine entscheidende Weiterentwicklung der Raumordnung der EG; wir erwarten auch, daß dabei die Anliegen der Schweiz gleichberechtigt mitbeachtet werden. Die Schlüsselfunktion wird hier vorläufig dem Verkehr zukommen. Wir sind uns bewußt, daß Europa - unabhängig davon, in welcher Form die Schweiz mit der EG eine Zusammenarbeit finden wird - über sie hinweg zu einem Binnenmarkt zusammenwächst. Aber bitte über sie hinweg und nicht mitten durch sie hindurch! Die Schweiz ist bereit, ihre Rolle als traditionelles Transitland auch weiterhin zu erfüllen. Sie ist auch bestrebt, das Transitproblem auf eine Weise zu lösen, welche die Ansprüche der EG und der ansässigen Bevölkerung miteinander in Einklang bringt. Das Eisenbahn-Projekt "AlpTransit" zeugt davon. Dieses ist aber in der Schweiz nur zu finanzieren und zu realisieren, wenn damit auch gleichzeitig die Entwicklung des Straßentransitverkehrs unter Kontrolle gebracht werden kann. Das zwischen der EG und der Schweiz und Österreich zustande gekommene Transitabkommen ist ein erster wichtiger Beitrag dazu.

Durch eine europäische Raumordnungsdiskussion erhoffen wir uns längerfristig positive Rückwirkungen auf die Verkehrs- und Umweltpolitik und damit auch Fortschritte in der Kausaltherapie. Es gibt eben nicht nur eine "just in time"-Produktion, die Anforderungen an das Verkehrssystem stellt, sondern es muß auch eine Raumordnungspolitik geben, die die neuen Entwicklungen und Herausforderungen einbezieht; diese Raumordnung haben wir heute für unsere Bevölkerung und unsere Nachkommen gemeinsam zu gestalten. Hier sind wir gemeinsam gefordert. Die Lösung des Transitproblems ist dazu nur eine Vorleistung - aber für beide Seiten und langfristig eine sehr wichtige!

Alois Slepička

Einige Bemerkungen zum Themenkreis "Zusammenarbeit in Europa"

Für die Tschechen als kleine Nation war die friedliche Zusammenarbeit in Europa immer von großer Bedeutung. Schon unser König Karl IV. hat sich hier in Aachen im Jahre 1349 als Kaiser des Heiligen Römischen Reiches krönen lassen. Später, im 15. Jahrhundert, bemühte sich der böhmische König Georg von Podebrady mehrmals, die Friedensmission des tschechischen Adels, die mit den Vorschlägen zu einer engeren Zusammenarbeit zwischen den europäischen Staaten verbunden war, zu verwirklichen - leider erfolglos. Unter den jetzigen Bedingungen wird die europäische Zusammenarbeit für die ehemaligen Ostblockstaaten vor allem von folgenden Faktoren beeinflußt:

1. Politische Faktoren

- der Übergang von totalitären zu demokratischen Regierungsformen in Rußland und den Ländern des ehemaligen RGW

- von besonderer Wichtigkeit werden vor allem die Formen der Lösung von Nationalitätfragen sein. Das Beispiel Jugoslawien zeigt die unermeßliche Gefahr, die der weiteren Entwicklung in Europa in dieser Hinsicht droht; ungelöste nationale und ethnische Probleme bestehen jedoch auch in vielen anderen Staaten. Im Osten sind das nicht nur Rußland und andere GUS-Staaten, wo eine Desintegration zu Chaos und Bürgerkrieg führen könnte, sondern auch die Tschechoslowakei, in der die staatsrechtliche Struktur bisher nicht geklärt ist, genauso wie auch in Rumänien und Bulgarien. In Westeuropa betrifft das vor allem Großbritannien (Nordirland), Belgien und Spanien (die Basken).

2. Ökonomische Faktoren

- Für die mittel- und osteuropäischen Länder besteht das Hauptproblem in der Auflösung des Marktes des ehemaligen Ostblocks (RGW) und in den beschränkten Möglichkeiten, diesen Markt durch den Export in die Staaten der Europäischen Gemeinschaft zu ersetzen. Ein Teil der Produkte dieser Länder ist wegen ihres niedrigen Niveaus auf den anspruchsvollen Märkten unverkäuflich, andere Produkte, wie zum Beispiel billige Schuhe, Textilien und Lebensmittel, stoßen auf die Barriere des europäischen Protektionismus.

- Die größte Gefahr besteht in der realen Möglichkeit eines völligen Zusammenbruchs der Wirtschaft im Gebiet der ehemaligen Sowjetunion mit unabsehbaren Folgen auch für die Nachbarstaaten und Westeuropa.

3. Demographische Faktoren

- Im Zusammenhang mit der Durchlässigkeit der Grenzen und der Verschlechterung der relativen (d. h. im Vergleich mit den hochentwickelten Ländern) und absoluten Lebensbedingungen (im

Vergleich mit dem Niveau, das in den vorausgehenden Jahren erreicht wurde) in den mittel-und osteuropäischen Ländern muß ein sich steigerndes Bestreben zu einer Massenmigration der Bevölkerung dieser Länder in die Mitgliedsstaaten der EG, vor allem in die reichsten davon (BRD, Benelux-Staaten, Frankreich), und die anderen hochentwickelten Staaten (nordeuropäische Länder, Mitglieder der Freihandelszone) erwartet werden.

Entscheidenden Anteil an der Migrationsbewegung werden wahrscheinlich die ärmsten und jene Länder haben, die von Konflikten erschüttert werden. Es wird sich hierbei vor allem um Bürger aus dem Gebiet der ehemaligen Sowjetunion, Rumäniens, Bulgariens und Jugoslawiens handeln. Einen ständig wachsenden Anteil an der illegalen Migration haben aber auch die Bewohner asiatischer Länder, vor allem die Vietnamesen. Vom Migrationsdruck werden die "Pufferländer", das sind Polen, Ungarn und die CSFR, immer stärker in Mitleidenschaft gezogen.

4. Umweltfaktoren und Lebensqualität

- Die Vertiefung der regionalen Disparitäten wird einerseits in den Ballungsgebieten zu einer Verschlechterung der ökologischen Verhältnisse (Verschmutzung von Atmosphäre und Wasser, Lärmbelastung, Mangel an Grün) und andererseits in den peripheren, wirtschaftlich benachteiligten Regionen gleichzeitig zu einer Verschlechterung der Situation hinsichtlich der Erreichbarkeit der Arbeitsplätze und Dienstleistungseinrichtungen führen.

Die Lösung dieser Probleme wird in den mittel- und osteuropäischen Ländern zweifellos einige gemeinsame Grundzüge aufweisen (Privatisierung, Demokratisierung des gesellschaftlichen Lebens, Dezentralisation).

Die unterschiedlichen Ausgangsbedingungen der einzelnen Länder (geopolitische, ökonomische, kulturelle, technische, demographische u. a.) werden jedoch wesentlich das Tempo und die Formen der Erneuerung und Modernisierung ihrer Wirtschaft beeinflussen und auch zu unterschiedlichen Gebietsgliederungen und strukturellen Veränderungen ihres Siedlungsnetzes führen.

In der CSFR gehörten zu den Hauptvorteilen die geographische Lage im Zentrum Europas (die Nachbarschaft mit 5 Staaten), die qualifizierten und verhältnismäßig billigen Arbeitskräfte und die lange Industrietradition. Die relative politische Stabilität und die demokratischen Traditionen werden in der Gegenwart vor allem durch die einschneidenden Nationalitätenkonflikte abgewertet. Die Attraktivität einiger Teile der CSFR sinkt auch durch die Unzulänglichkeiten in den Umweltverhältnissen.

Für eine erfolgreiche ökonomische Entfaltung braucht die CSFR ausländische Investitionen, die einen Strukturwandel der Volkswirtschaft, die Modernisierung der Technologien und eine markante Qualitätssteigerung der Infrastruktur ermöglichen.

Der Übergang zur Marktwirtschaft und die "Reintegration mit Europa" haben wesentliche Veränderungen in der räumlichen Ordnung und im Siedlungsnetz zur Folge. Wir können erwarten, daß es zu einer dramatischen Verschärfung der Probleme in der regionalen Unausgewogenheit kommt. Das wird vor allem die peripheren Zonen und ländlichen Räume und Siedlungen nachteilig betreffen. Auch die mittelgroßen Städte werden neue Entwicklungschancen suchen müssen. Verhältnismäßig günstige Voraussetzungen bestehen für die Städte Prag, Brünn und Bratislava. Die früher rückständigen Grenzgebiete erleben ebenfalls eine Renaissance. Die "Öffnung der Grenzen", der Anschluß der CSFR an das Netz der internationalen Verkehrsachsen und die Entfaltung der grenzüberschreitenden Zusammenarbeit stellen Faktoren dar, die die räumliche Differenzierung der CSFR entscheidend beeinflußt.

Peter Sasse

Überlegungen zu Aufgaben und Problemen der Raumordnung in der Grenzregion "Bundesrepublik Deutschland - Republik Polen"

1.   Vorbemerkung

Die Wiederbelebung der Raumordnung im Beitrittsgebiet stellt Aufgaben, die auf neue Weise zu lösen sind. Das gilt im besonderen Maße für die Förderung der Zusammenarbeit mit den östlichen Nachbarn Deutschlands. Unmittelbar angesprochen sind hierbei jene Fachkollegen aus Mecklenburg-Vorpommern, Brandenburg, Sachsen, Bayern und den jeweils benachbarten Wojewodschaften/Kreisen Polens bzw. der Tschechoslowakei, die auf diesem Sektor über Erfahrungen verfügen, Gebietskenntnisse besitzen und ohne Zeitverzug vor Ort wirksam werden könnten. Davon ließ sich auch der Autor leiten, als er einer Bitte der Vereinigung der Stadt-, Regional- und Landesplaner e.V. Bochum (SRL) entsprach und Überlegungen zu Fragen der Raumordnung in der deutsch-polnischen Grenzregion zur Diskussion stellte[1]).

2.   Grenzregionen - eine Herausforderung auch für die Raumordnung

Der zum Zeitpunkt der Konzipierung dieses Beitrages unmittelbar vor seiner Unterzeichnung stehende deutsch-polnische Nachbarschaftsvertrag gilt zugleich als Aufgabe und Verpflichtung zur Zusammenarbeit im europäischen Sinne. Und genau in dieser Richtung wird auch die Raumordnung gefordert, der vom Gesetzgeber bekanntermaßen die Aufgabe gestellt ist, im Bundesgebiet die räumlichen Voraussetzungen für die Zusammenarbeit im europäischen Raum zu schaffen und sie zu fördern[2]). Die Partnerschaft mit Polen, dem neben Frankreich zweiten großen Nachbarn Deutschlands, nimmt hierbei einen besonderen Platz ein. Unter diesem Blickwinkel begannen beispielsweise im Land Brandenburg, das mit rund 61 % flächenmäßig den größten Anteil an der deutsch-polnischen Grenze aufweist, Mitte 1990 entsprechende Aktivitäten. Recht schnell war dabei zu erkennen, daß die Raumordnung in einem grenznahen Gebiet vornehmlich daran gemessen wird, wie es im Rahmen ihrer Sicherungs-, Entwicklungs-, Koordinierungs- und Servicefunktionen gelingt, Lösungen zu entwickeln,

- die als tragbare Kompromisse den gegebenen allgemeinen Nachteilen von Grenzregionen entgegenwirken,

- die die sich im konkreten Gebiet aus dem Zusammentreffen unterschiedlicher Potentiale ergebenden Vorteile transparent machen und

- die die Initiativen auf kommunaler Ebene unterstützen.

Grenzregionen sind deshalb für die Raumordnung wohl auch immer eine Herausforderung. Gefragt ist vor allem eine auf Konsens bedachte Regionalplanung, in die die Beteiligten paritätisch eingebunden sind.

Die Gebiete beiderseits von Oder und Lausitzer Neiße stellen hierbei keine Ausnahme dar; ganz im Gegenteil - sie werden künftig zu einem wichtigen Gradmesser für Fortschritte in der europäischen Integration! Während die Staatsgrenzen überschreitenden Aktivitäten in der Vergangenheit auf Westeuropa ausgerichtet waren, ergibt sich nunmehr eine andere Schwerpunktsetzung, ohne dabei die im Westen über Jahrzehnte gewachsene raumordnerische Zusammenarbeit zu vernachlässigen.

3.   Gleichwertige Lebensbedingungen - Zielorientierung oder Utopie?

Die Schaffung gleichwertiger Lebensbedingungen gewinnt mit der europäischen Integration (Binnenmarkt) und den engeren Verflechtungen mit Osteuropa ganz wesentlich an Bedeutung. Damit auf das engste verbunden ist der Abbau bisheriger und neuer regionaler Entwicklungsunterschiede als eine Aufgabe, deren Lösung in der deutsch-polnischen Grenzregion besonders dringlich ist. Gefragt sind paßfähige Entwicklungs- und Handlungskonzepte auf der Grundlage vergleichbarer Methoden. Nur mittels verläßlicher grenzübergreifender Beurteilungskriterien kann die Raumordnung einen klaren Rahmen setzen, der dann zum Maßstab für weiterführende Entscheidungen wird. Ziel muß sein, die Entwicklungskräfte in der Grenzregion selbst zu stärken. Anders dürften strukturpolitische Maßnahmen kaum eine reale Chance erhalten, ihre beabsichtigte Wirkung zu entfalten.

Zum Maßstab für die Attraktivität der Grenzregion "Bundesrepublik Deutschland - Republik Polen" wird letztendlich die Gleichwertigkeit der Lebensbedingungen werden. Was in diesem Zusammenhang ansonsten in Bewegung geraten kann, veranschaulicht beispielsweise die innerdeutsche Ost-West-Wanderung. Zum jetzigen Zeitpunkt auf gleiche Lebensbedingungen zu orientieren, wäre allerdings eine überaus gefährliche Illusion.

Es stellt sich daher die Frage, was sich in Wahrheit hinter dem Leitbild "Gleichwertige Lebensbedingungen" verbirgt? Die Raumordner beider Staaten sollten nicht vor den damit verbundenen Schwierigkeiten zurückschrecken, sondern die Initiative ergreifen und versuchen, zu akzeptierbaren Inhalten zu gelangen. Damit wäre für die Politiker ein Diskussionsangebot parat, das die demokratische Bestimmung des richtigen Schrittmaßes beschleunigen könnte. Ansonsten dürften sich die bestehenden Disparitäten weiter festigen, neue könnten hinzukommen. Negativwirkungen bis hin zu latenten Gefahren für Europa wären eine mögliche Fortsetzung dieses Szenarios. Der Raumordnungsbericht 1991 lenkt deshalb mit Blick auf Polen und die CSFR die Aufmerksamkeit darauf, daß sich neue Wohlstandsgrenzen in Europa nicht verfestigen dürfen.

Um dem zu begegnen und schließlich eine gesunde Widerstandsfähigkeit der deutsch-polnischen Grenzregion zu erreichen, muß die Raumordnung einen möglichst großen Pluralismus auch in den regionalen Strukturen anstreben. Letztendlich gilt es, die wirtschaftlichen und sozialen Probleme so zu entschärfen, daß die erhofften Vorzüge eines Europas ohne Grenzen Wirklichkeit werden und bleiben.

4.   Wege mit Aussicht auf Erfolg?

Wenngleich im Osten schon in sozio-ökonomischer Hinsicht andere Bedingungen anzutreffen sind als in den westdeutschen Grenzregionen, liefern zum Beispiel die in der EUREGIO Maas-Rhein gesammelten Erfahrungen vielfältige Ansatzpunkte für eine erfolgreiche Gestaltung der Zusammenarbeit mit Polen. Völlige Übereinstimmung gibt es bei der Zielsetzung einer solchen Arbeit[3]); nämlich über Grenzen hinweg:

- Schaffung einer zukunftsorientierten Lebensgrundlage
- Förderung und Vertiefung der Zusammenarbeit der Bevölkerung
- Erkennen und Analyse der Probleme, die sich aus der Grenzlage heraus ergeben; Aufzeigen von Wegen zur Lösung der Schwierigkeiten.

Davon ausgehend wäre es sicherlich von Nutzen, ein Aktionsprogramm zur schrittweisen Verbesserung der wirtschaftlichen, ökologischen und sozialen Situation im Gebiet beiderseits von Oder und Lausitzer Neiße als Teil eines später vorzulegenden "Regionalen und grenzüberschreitenden Entwicklungsplanes" aufzustellen. Neben der damit verbundenen Rahmensetzung müßte ein solches Handlungskonzept zugleich pragmatische Schritte beinhalten, die möglichst schnell realisierbar sind und die grenzübergreifenden kommunalen Aktivitäten befördern. Schritte dieser Art könnten sein

- die gebietliche Abgrenzung der Grenzregion[4])
- die Einigung auf verständliche Termini als praktikable Arbeitsbegriffe
- die Herausgabe einer einheitlichen topographischen Übersichtskarte
- die Verabschiedung eines Mindestkatalogs von Indikatoren, die im deutschen wie im polnischen Grenzbereich mit vertretbarem Aufwand erfaßt und fortgeschrieben werden können
- der Aufbau eines gemeinsamen Datenspeichers auf der Basis einheitlicher Hard- und Software
- die Anlage, Führung und Laufendhaltung eines einheitlichen Raumordnungskatasters "Grenzregion Bundesrepublik Deutschland - Republik Polen" zur Erfassung von Flächennutzungen und privilegierten Einzelstandorten zum Zwecke der gegenseitigen Information, der rechtzeitigen Vermeidung von Interessenüberlagerungen und der gemeinsamen Propagierung von Standortqualität.

Es versteht sich von selbst, daß all das durch wissenschaftliche Forschungen begleitet, zweisprachig ausgestattet und zweckdienlich organisiert werden muß. Was dabei objektiv nur sehr begrenzt verfügbar bleiben wird, ist der Faktor "Zeit"! Gerade deshalb sollte möglichst unkompliziert gehandelt werden. Ganz im Sinne des Raumordnungsgesetzes könnten so raumbedeutsame Maßnahmen mit den polnischen Behörden abgestimmt werden. Das würde nicht nur Raumordnungsverfahren, sondern auch Landesentwicklungspläne und -programme, Regional- und Gebietspläne, Flächennutzungspläne und Umweltverträglichkeitsprüfungen betreffen.

Auch die Raumordnung muß also nicht erst auf Anweisungen von oben warten. Vielmehr könnte mit praktischen Schritten begonnen werden, wie das auf der kommunalen Ebene bereits mit Erfolg geschieht. Wichtig ist: die Partner kennen sich, die Organisation bleibt überschaubar und die gegenseitige Information funktioniert möglichst störungsarm. Die auf der Grundlage des deutsch-polnischen Nachbarschaftsvertrages einzusetzende bilaterale Raumordnungskommission würde sich sicher sehr positiv auswirken, nicht aber die Aktivitäten an der Basis (Gegenstromprinzip) ersetzen können.

Literatur

Dyong, H.: Das Europa der Regionen, eine tragfähige Perspektive für das zusammenwachsende Europa. Vortrag zur Tagung des Deutschen Verbandes für Angewandte Geographie (DVAG), Bonn, 7. Juni 1991

Herman, St.: Gedanken zur raumordnerischen Zusammenarbeit mit Deutschland. Warschau 1991

Malchus, V. Frhr. v.: Deutsch-polnische grenzübergreifende Zusammenarbeit - Erste Überlegungen und Folgerungen. Dortmund, Dezember 1990

Malchus, V. Frhr. v.: Europäische Raumordnungspolitik. In: Sonderdruck "Raumordnung und Raumplanung in Deutschland", Cottbus 1991, S. 59 - 79

Mombaur, P. M.: Der Beitrag für Europa: Partnerschaft mit den Gemeinden Polens -jetzt! In: Stadt und Gemeinde Göttingen 1 (46) 1991, S. 3 - 6

Raumordnungsgesetz (in der Fassung der Bekanntmachung vom 25. Juli 1992; BGBl. I S. 1726). Raumordnungsbericht 1991 der Bundesregierung. Deutscher Bundestag, 12. Wahlperiode, Drucksache 12/1098, Bonn, 30. August 1991

Reis, H.-E.: Staatsgrenzen überschreitende Zusammenarbeit und EG-Initiativen für Grenzregionen. Vortrag zum Gedankenaustausch "Grenzregion Deutschland - Polen", Hannover, 1. Oktober 1990

Staatsgrenzen überschreitende Zusammenarbeit des Landes Nordrhein-Westfalen - Eine Dokumentation .In: Schriftenreihe Landes- und Stadtentwicklungsforschung des Landes Nordrhein-Westfalen, Band 1.036 (Landesentwicklung, 3. ergänzte Auflage), Dortmund 1985

Unterlagen

- Konferenz "Dreiländereck", Zittau, 23. - 25. Mai 1991

- der Gemeinsamen Sitzung der Sektion III sowie der Regionalen Arbeitsgemeinschaften "Mecklenburg-Vorpommern, Brandenburg, Berlin" und "Sachsen, Sachsen-Anhalt, Thüringen" der Akademie für Raumforschung und Landesplanung (ARL) zu Fragen der Grenzräume und der grenzübergreifenden Planung, Jessern/Cottbus, 6. - 8. Juni 1991

- der Tagung des DVAG "Die Vereinigten Staaten von Europa - Anspruch und Wirklichkeit", Bonn, 6. - 8. Juni 1991

- der Internationalen Tagung "Grenzüberschreitende Zusammenarbeit der Kommunen in Deutschland/Polen/CSFR", Cottbus, 10. - 11. Juni 1991

- des Werkstattgesprächs der SRL "Stadt- und Regionalplanung im grenznahen Raum der Bundesrepublik Deutschland und der Republik Polen", Frankfurt/Oder, 13. - 15. Juni 1991

- der 30. Wissenschaftlichen Plenarsitzung der ARL "Perspektiven der Raumentwicklung in Europa", Aachen, 24. - 26.10.1991.

Anmerkungen

1) Bearbeitete und gekürzte Fassung eines Vortrages, der am 14. Juni 1991 anläßlich des SRL-Werkstattgespräches Frankfurt/Oder in der Arbeitsgruppe "Raumordnung, Raum- und Regionalplanung" gehalten wurde.

2) Vgl. hierzu § 1 (3) des Raumordnungsgesetzes.

3) nach ANTWERPES, F.J.: EUREGIO Maas-Rhein. In: Staatsgrenzen überschreitende Zusammenarbeit ..., Dortmund 1985, S. 76.

4) Aus deutscher Sicht sind dazu zur Zeit mindestens vier Ansätze erkennbar:

(1) eine wirtschaftspolitische Variante, die auf ein Fördergebiet orientiert, das auf deutscher Seite 50 km und auf polnischer Seite 100 km breit ist

(2) eine kommunale Variante, bezogen auf die längs der Grenze befindlichen Landkreise und kreisfreien Städte oder "nur" auf die Grenzstädte und -gemeinden selbst

(3) eine funktionelle Variante, wie sie z. B. in der Grenzteilregion Cottbus angewandt wird (Zusammenfassung der Kreise Guben und Forst, Cottbus-Land, Spremberg und der kreisfreien Stadt Cottbus)

(4) eine Organisationsvariante, die aufgrund der großen Ausdehnung des gesamten Grenzgebietes von Abschnitten ausgeht.

DIETER ANGST

Landesplanung als integrierte Gesamtplanung

Überlegungen und Vorschläge zu einer ökologisch ausgerichteten Raumplanung

Für die Raumordnung in den Ländern sieht § 5 Abs. 1 ROG vor, daß die Länder für ihr Gebiet übergeordnete und zusammenfassende Programme und Pläne aufstellen. Außerdem schaffen die Länder nach § 5 Abs. 3 ROG Rechtsgrundlagen für eine Regionalplanung, wenn dies für Teilräume des Landes geboten erscheint. Die Inhalte von Landschaftsentwicklungsprogrammen bzw. -plänen und von Regionalplänen werden im Raumordnungsgesetz nicht unmittelbar geregelt; dies bleibt den Landesplanungsgesetzen überlassen. Allerdings ergeben sich aus den Leitvorstellungen der Raumordnung in § 1 ROG, insbesondere Abs. 1 Nr. 2, sowie vor allem aus den Grundsätzen der Raumordnung nach § 2 ROG, insbesondere Abs. 1 Nr., verbindliche Vorgaben für eine ökologisch ausgerichtete Landes- und Regionalplanung durch die Geltung der Grundsätze für die Landesplanung in den Ländern nach § 3 Abs. 2 ROG und das Gebot der Verwirklichung der Grundsätze, insbesondere durch die Aufstellung von Programmen und Plänen nach § 4 Abs. 3 ROG.

Die Landesplanungsgesetze der Flächenländer bestimmen als Planungsinhalte in erster Linie die Instrumente der Raumordnung und Landesplanung, nämlich Gebietskategorien, zentrale Orte und Entwicklungsachsen sowie besondere Raumkategorien (siehe z. B. § 3 Abs. 2 LplG Baden-Württemberg oder Art. 13 Abs. 2 Bay LplG). Immerhin sieht Artikel 13 Abs. 2 Nr. 7 Bay LplG gleichsam als Auffangvorschrift vor, daß das Landesentwicklungsprogramm auch sonstige, zur Verwirklichung der Grundsätze der Raumordnung erforderliche Planungen und Maßnahmen bestimmt.

Keine Aussagen machen die Landesplanungsgesetze allerdings dazu, wie dieses Ziel erreicht werden soll. Hierzu bedarf es eines Blickes in eine andere Gesetzesmaterie, nämlich in das Naturschutzrecht.

Im zweiten Abschnitt des Bundesnaturschutzgesetzes wird die Landschaftsplanung geregelt, die gemeinhin als Fachplanung des Naturschutzes einerseits und als ökologischer Beitrag zur Raumplanung andererseits bezeichnet wird. Allein die Bezeichnung Fachplanung des Naturschutzes macht deutlich, daß es sich dabei um eine sektorale Planung handelt. Demgemäß sollen nach § 5 Abs. 2 BNatschG die raumbedeutsamen Erfordernisse und Maßnahmen der Landschaftsprogramme und Landschaftsrahmenpläne unter Abwägung mit anderen raumbedeutsamen Planungen und Maßnahmen in die Programme und Pläne nach § 5 ROG aufgenommen werden. Das heißt, es findet keine fachübergreifende Gesamtplanung statt, sondern im Wege der sog. Sekundärintegration werden Darstellungen der überörtlichen Erfordernisse und Maßnahmen zur Verwirklichung der Ziele des Naturschutzes und der Landschaftspflege in die Landesentwicklungsprogramme und -pläne übernommen.

Eine so zustande gekommene Planung ist sicher keine übergeordnete und zusammenfassende Planung. Angesichts des geänderten Auftrags des Raumordnungsgesetzes und der zusätzlichen Erkenntnisse über eine an ökologischen Erfordernissen ausgerichtete Raumplanung ist es aber geradezu ein Gebot der Stunde, eine integrierte Gesamtplanung auf allen Ebenen (Landes-, Regional- und Bauleitplanung) anzugehen. Allerdings stehen solchen Überlegungen erhebliche Widerstände entgegen, die vor allem im ressortmäßigen Besitzstandsdenken zu suchen sind.

Vor allem in den neuen Ländern eröffnen sich aber bei einer Neuregelung der Gesamtplanung schon von vornherein Chancen zu einer Primärintegration der für eine Gesamtplanung bedeutsamen Belange, also auch der ökologischen Gesichtspunkte. So ist z. B. im Entwurf des Sächsischen Landesplanungsgesetzes folgende Regelung für den Inhalt des Landesentwicklungsplanes, und entsprechend für die Regionalpläne, vorgesehen:

"Im Landesentwicklungsplan sind auf der Grundlage einer Bewertung des Zustandes von Natur und Landschaft die Grundsätze und Ziele der Raumordnung und Landesplanung für die räumliche Ordnung und Entwicklung des Freistaates Sachsen insbesondere in den Bereichen der Ökologie, der Wirtschaft, der Siedlung und der Infrastruktur aufzustellen."

Dadurch wird erstmals in einem Landesplanungsgesetz der Versuch unternommen, eine integrierte Gesamtplanung aufzustellen; und dies nicht im Wege eines Zusammenfügens von Einzelteilen, sondern durch eine von der Erarbeitung der Planungsgrundlagen bis zur planerischen Abwägungsentscheidung reichende Primärintegration aller zu beachtenden und zu gewichtenden raumplanerischen Belange.

Diese Überlegungen beruhen nicht auf einem theoretischen Ansatz, sondern stützen sich auf planerische Vorarbeiten, die über eineinhalb Jahrzehnte zurückreichen. Im Jahr 1975 wurde eine systemanalytische Untersuchung über Ausgewogenheit, Belastbarkeit und Entwicklungspotential des Landes Baden-Württemberg und seiner Regionen unter besonderer Berücksichtigung der Region Mittlerer Neckar vorgelegt. Diese "Systemanalyse zur Landesentwicklung Baden-Württemberg" wurde von einer Arbeitsgemeinschaft, die von Dornier-System, Prognos und der Arbeitsgruppe Landespflege unter Professor U. Ammer gebildet wurde, erarbeitet. Sie ist in ihrem methodischen, gesamtplanerischen Ansatz noch heute vorbildlich. In Teilen ist dieser Ansatz von Dornier-System fortentwickelt worden. Die seinerzeit zur Verfügung stehenden Datengrundlagen sind heute wesentlich verbessert. Es wird nun darum gehen, unter Nutzung dieses besseren Datenmaterials und der fortgeschrittenen planerischen Erkenntnisse und Erfahrungen einen neuen Anfang zu machen, um auf diesem Weg zu einer integrierten, ökologisch ausgerichteten Raumplanung zu kommen. Es ist nicht nur die Zeit dazu, sondern die anstehenden Probleme vor allem in den neuen Ländern erzwingen geradezu eine solche Lösung.

Jens Gabbe

Staatsgrenzen übergreifende Raumplanung

Herr Vorsitzender, meine Damen und Herren,

mein Vortrag stützt sich zum einen auf den in Kürze fertigzustellenden Bericht des Arbeitskreises "Staatsgrenzen übergreifende Zusammenarbeit" der Akademie für Raumforschung und Landesplanung und zum anderen auf eigene Erfahrungen durch jahrelange Tätigkeiten in der grenzüberschreitenden Zusammenarbeit.

Grenzüberschreitende Zusammenarbeit entlang der Grenzen der Bundesrepublik Deutschland hat eine lange Tradition. Sie findet in unterschiedlichen Formen statt, sei es durch Regierungskommissionen, Raumordnungskommissionen und ähnliches, die einmal ohne und einmal mit vertraglicher Grundlage tätig werden. Die grenzüberschreitenden Strukturen können dabei staatlich/regional oder regional/kommunal gewählt sein.

Darüber hinaus gilt es zu unterscheiden zwischen Grenzregionen, die in Einzelfällen kooperieren, und grenzüberschreitenden Regionen mit einer etablierten Organisation, bis hin zur Institutionalisierung mit Integrationskraft.

Das Ziel der grenzüberschreitenden Zusammenarbeit läßt sich in einfachen Worten formulieren: "Man möchte all das grenzüberschreitend leisten, was national ohne Beschränkungen schon lange in allen vier Himmelsrichtungen möglich ist."

Denn es gibt eine Fülle von Ebenen und Vereinbarungen in Europa:

- Europäische Raumordnungsministerkonferenz,
- Europäische Raumordnungs-Charta,
- Europäische Rahmenkonvention zur Zusammenarbeit von lokalen und regionalen Gebietskörperschaften,
- EG-Regionalfonds,
- Charta der kommunalen Selbstverwaltung,
- Charta der Europäischen Grenzregionen.

Auf diesen Ebenen wurden vielfältige Vereinbarungen getroffen. Man bräuchte eigentlich nur das anzuwenden, was auf europäischer Ebene bereits beschlossen und verabschiedet worden ist. Dies gilt auch für die grenzüberschreitende Zusammenarbeit der Staaten aus Mittel- und Osteuropa, die dem Europarat in der Zwischenzeit beigetreten sind.

Daß dennoch eine grenzüberschreitende Raumordnungs- und Regionalpolitik immer wieder auf Schwierigkeiten stößt, liegt daran, daß Beschlüsse, die auf der Ebene des Europarates oder in der EG gefaßt worden sind, keineswegs zu einer automatischen Anpassung der nationalen Gesetze geführt haben. Die bestehenden nationalen Gesetze (die nicht gegen die Grenzregionen gemacht worden sind) bedeuten jedoch ohne eine solche Anpassung in der Praxis ein erhebliches Hindernis für eine grenzüberschreitende Raumordnungs- und Regionalpolitik.

Grenzüberschreitende Raumordnung sollte in ihrer Ausstrahlung alle Bereiche erfassen: Leben, Wohnen, Arbeiten, Freizeit, Kultur, Soziales, Verkehr usw. Diese Betrachtungsweise beinhaltet, daß man grenzüberschreitend auf allen Ebenen tätig werden muß, sei es staatlich, auf Länder- ebene, regional oder kommunal. Hier muß es auch zu einem koordinierten abgestimmten Vorgehen kommen, sonst sind Kompetenzkonflikte auch wegen der unterschiedlichen Strukturen beiderseits der Staatsgrenzen unvermeidlich.

Grenzüberschreitende Zusammenarbeit bedeutet praktisch und juristisch noch immer einen Freiraum. Nicht immer ist es sinnvoll zu fragen, ob man etwas machen darf. Das praktische Handeln hat die Grenzregionen bisher vorangebracht.

Man ist kein "Vaterlandsverräter", wenn man grenzüberschreitend das macht, was national längst üblich ist, oder das macht, was in Europa beschlossen worden ist, und nicht darauf wartet, ob nationale Gesetze angepaßt werden.

Die neuen Entwicklungen innerhalb der EG und in Mittel- und Osteuropa haben alles in Bewegung gebracht. Die neuen Überlegungen zur politischen Union und zur Einbeziehung Mittel- und Osteuropas bieten die große Chance, die Aufgaben der Raumordnung auf möglichst vielen Ebenen zu verankern. Genannt seien hier der EG-Vertrag, die EG-Regionalpolitik, die Europäi- sche Raumordnungsministerkonferenz, das INTERREG-Programm zugunsten der Grenzgebiete oder das LACE-Programm der Arbeitsgemeinschaft Europäischer Grenzregionen, die grenzüber- schreitenden Entwicklungskonzepte, die Benelux- und deutsch-niederländischen Staatsverträge zur Kooperation auf regionaler und kommunaler Ebene, das Strategiepapier "Europa 2000" der EG-Kommission und die konkreten Maßnahmen bis hin zur Umsetzung von Projekten in den Grenzgebieten.

Gegenwärtig haben die Grenzgebiete Hochkonjunktur in allen EG-Programmen und auch bei nationalen Maßnahmen. Diese Chance gilt es zu nutzen und gleichzeitig darauf hinzuweisen, daß die Probleme der Grenzgebiete noch Jahre weiterbestehen, z. B. durch unterschiedliche Steuer- gesetze, Sozialgesetzgebungen, Ausbildungssysteme usw. Dies muß in den Strategien für ein Europa 2000 deutlich gemacht werden.

Um Entwicklungshorizonte aufzuzeigen, bedarf es einer europäischen Rahmenkompetenz in der Raumordnung, ohne daß damit die nationalen und regionalen Kompetenzen ausgehöhlt werden. Dies wiederum hat Auswirkungen auf die grenzüberschreitende Zusammenarbeit und auf die Grenzräume, z. B. im Verkehrssektor, oder auf die bisher durch die Staatsgrenzen zer- schnittenen Einzugsbereiche sozialer und öffentlicher Einrichtungen.

Es ist wichtig, zu begreifen, daß grenzüberschreitende Zusammenarbeit in diesem Zusammen- hang europäische Innenpolitik und europäische Außenpolitik darstellt.

Gleichzeitig muß geprüft werden, ob die raumordnerischen Instrumente für eine solche Politik ausreichen, z. B. in den Raumordnungsverfahren und den Umweltverträglichkeitsprüfungen.

Ein europäisches Rahmenkonzept für die Raumordnung muß zu Verbindungen mit der Regionalpolitik führen, um die großen Probleme im Alpenraum, im Bodenseebereich, an der Ostsee oder im umweltpolitischen Bereich zu bewältigen. Aber auch ganz praktische, handfeste Themenbereiche sind für die Grenzregionen zu nennen, wie z. B. der Verlust von Arbeitsplätzen (Speditonsgewerbe, Zoll, Bundesgrenzschutz) durch das Entstehen des Europäischen Binnenmarktes, die fehlenden Voraussetzungen zur Schaffung eines echten grenzüberschreitenden Arbeitsmarktes, die Unmöglichkeit, einen grenzüberschreitenden Krankenhausbedarfsplan zu entwickeln oder ein tatsächlich funktionierendes und abgestimmtes Rettungswesen mit gemeinsamen Rettungsplänen grenzüberschreitend aufzubauen.

Die große Standortchance der Grenzregionen an den Binnengrenzen der EG besteht darin, die bisherige nationale Randlage in eine europäische Zentrallage umzuwandeln. Die Regionen an den Außengrenzen der EG, die nach den bisherigen Vorstellungen durch Hilfen gestärkt werden sollen, um die Nachteile der Randlage zu vermeiden, wachsen in eine Brückenfunktion zu Mittel- und Osteuropa hinein. Diese können sie nur erfüllen, wenn der Gefahr des Wohlstandsgefälles und der Arbeitsplatzverdrängung durch Pendler entgegengesteuert wird.

Aufgrund der gesammelten Erfahrungen in dem Arbeitskreis der ARL und der Erkenntnisse der Arbeitsgemeinschaft Europäischer Grenzregionen lassen sich einige Empfehlungen und Lösungsansätze für eine grenzüberschreitende Raumordnungs- und Regionalpolitik geben:

- Ein Rahmenkonzept für eine europäische Raumordnung muß in dem neuen EG-Vertrag verankert werden.

- Entsprechend den Beispielen des deutsch-niederländischen Staatsvertrages und des Benelux-Vertrages sind Staatsverträge zur grenzübergreifenden Zusammenarbeit regionaler und kommunaler Gebietskörperschaften abzuschließen.

- Die nationalen Gesetze und Verordnungen sind den Vereinbarungen auf europäischer Ebene anzupassen.

- Das INTERREG-Programm der EG zugunsten der Grenzgebiete ist bis zum Jahr 2000 zu verlängern und unter bestimmten Auflagen für Mittel- und Osteuropa zu nutzen.

- Das LACE-Projekt der AGEG (mitfinanziert durch die EG) zur technischen Hilfestellung und Beratung (einschließlich einer Datenbank) für alle europäischen Grenzgebiete ist fortzuführen.

- Eine grenzüberschreitende Raumordnung ist zu verwirklichen, indem man zunächst mit Raumordnungsskizzen und Leitbildern grenzüberschreitend arbeitet.

- Der Staat hat zwar die Befugnis, den Rahmen für eine grenzüberschreitende Raumordnung zu setzen; in jedem Fall ist jedoch ein Mitwirken der Regionen sicherzustellen.

- Es sind grenzüberschreitende Entwicklungskonzepte für die einzelnen grenzüberschreitenden Regionen zu erstellen, die alle Bereiche des menschlichen Zusammenlebens umfassen. Sie dienen als Grundlage für Durchführungsprogramme, Maßnahmen und Projekte bis hin zu einer grenzüberschreitenden Abwicklung.

- Die Grenzregionen selber müssen die organisatorischen und institutionellen Voraussetzungen für eine grenzüberschreitende Zusammenarbeit schaffen (z. B. im Alpenraum, Donauraum, Ostseeraum und zu Mittel- und Osteuropa).

- Die Grenzregionen selber müssen möglichst bürgernah eine Beteiligung bei Anhörungsverfahren und Projekten gewährleisten. Eine grenzüberschreitende Pendlerberatung ist ebenso notwendig wie die Erarbeitung gemeinsamer Statistiken, Karten etc.

- Mittelfristig ist es Aufgabe der Grenzregionen, eine grenzüberschreitende Organisation zu etablieren mit einem eigenen Finanzvolumen.

- Eigeninitiative und eigene Mittel sind Voraussetzung für eine Förderung von außen. Wünschenswert wäre ein eigener Haushaltstitel in den Bundesländern zur Förderung der grenzüberschreitenden Zusammenarbeit.

- Insbesondere für die neuen Bundesländer stellt sich die Aufgabe, das Gefälle zu Mittel- und Osteuropa abzubauen. Für eine grenzüberschreitende Zusammenarbeit in diesen Grenzregionen bedarf es einer Unterstützung der Grenzregionen in Polen, Tschechoslowakei etc. auch durch EG-Programme (PHARE, Ouvertüre). Diese Mittel sind jedoch zu gering. Um eine Brückenfunktion zu erfüllen, ist es notwendig, bei bestehenden und neuen Hilfsprogrammen der EG sowie bei nationalen Programmen für die Staaten in Mittel- und Osteuropa eine etwa 15 %ige Bindung der Mittel zugunsten der Grenzgebiete in diesen Staaten vorzunehmen.

- Die Beachtung des Subsidiaritätsprinzips gilt auch für die grenzüberschreitende Zusammenarbeit. Regionen und Länder können von Staat und und nicht etwas fordern, was sie national und in der grenzüberschreitenden Zusammenarbeit nicht in der Praxis zugestehen.

- Beharren auf Kompetenzen ist ein Hemmschuh für die grenzüberschreitende Zusammenarbeit ebenso wie das Bemühen, Strukturen grenzüberschreitend anzugleichen. Es bietet sich eher eine Partnerschaft gemäß dem EG-INTERREG-Programm zwischen EG, Staat, Ländern, Regionen und kommunaler Ebene an, um eine grenzüberschreitende Zusammenarbeit in allen Lebensbereichen und auf allen Ebenen sicherzustellen.

Grenzüberschreitende Zusammenarbeit beruht auf Verständnis für und Kenntnis über das Nachbarland. Trotz unterschiedlicher Kompetenzen und Strukturen bedeutet eine Partnerschaft aller, basierend auf dem Subsidiaritätsprinzip, die Voraussetzung und die Chance zu einer tatsächlichen grenzüberschreitenden Zusammenarbeit in allen Bereichen. Dies bietet die Basis für die Verankerung der Raumordnung und die Verwirklichung ihrer Ziele in einer dauerhaften grenzüberschreitenden Kooperation.

Trotz aller Pläne, Organisationsstrukturen, Geldmittel und Programme geht grenzüberschreitende Zusammenarbeit von Personen, Vertrauen und der Erkenntnis aus, daß grenzüberschreitende Zusammenarbeit unabdingbar notwendig ist zum Zusammenleben der Menschen. Damit wird grenzüberschreitende Zusammenarbeit zu einer inneren Überzeugung all derjenigen, die in der Praxis damit befaßt sind.

ERIKA SPIEGEL

Schlußwort

Meine Damen und Herren,

ich benutze gern die Gelegenheit dieses Schlußwortes, um zunächst allen denen zu danken, die zum Gelingen dieser Wissenschaftlichen Plenarsitzung beigetragen haben: den Mitgliedern der Vorbereitungsgruppe im Rahmen der Akademie, insbesondere ihrem Vorsitzenden, Herrn von Malchus, die das Konzept der Veranstaltung entworfen und immer wieder bei seiner Realisierung geholfen haben; den Referenten, die uns an den Ergebnissen ihrer Arbeiten und zum Teil auch an den Ergebnissen der Arbeit der Forschungsgremien der Akademie, die sie hier vorgetragen haben, teilhaben ließen; den Moderatoren, die jeweils die Diskussion geleitet haben. Besonderer Dank gilt dabei unseren ausländischen Gästen, die hier in ihrer Person "Europa" verkörpert haben, und unseren Gästen aus den neuen Bundesländern, die uns nicht nur Respekt und Bewunderung für ihre Leistung abgenötigt, sondern auch Hoffnung und Zuversicht vermittelt haben. Dank gilt auch den Mitarbeitern des Sekretariats, die dafür gesorgt haben, daß die Tagung so reibungslos ablaufen konnte, wie wir es für selbstverständlich halten, wie es aber keineswegs selbstverständlich ist, und last but not least Herrn Direktor Peters von der Niederländischen Provinzregierung in Limburg, der das Programm für die morgige Exkursion zusammengestellt und die Organisation übernommen hat.

Meine Damen und Herren, es wäre ein schlechtes Zeichen für Sinn und Gehalt einer solchen Veranstaltung, wenn sich die Ergebnisse in einem kurzen Schlußwort zusammenfassen ließen. Ich will daher nicht einmal den Versuch dazu machen. Ich möchte aber die Chance, die ein Schlußwort bietet, dazu benutzen, ihre Aufmerksamkeit noch einmal auf eine der "Perspektiven" der Raumentwicklung in Europa zu lenken, die zwar während der Tagung mehrfach angeklungen ist, die aber meines Erachtens in der öffentlichen Diskussion bisher nicht die gebührende Beachtung findet: die Zunahme des Verkehrs, insbesondere die Zunahme des Güterverkehrs.

Die Stichworte, die im Zusammenhang mit einem "Europa ohne Grenzen "immer wieder fallen und die auch in den letzten beiden Tagen immer wieder gefallen sind, sind uns allen geläufig: Vergrößerung der Märkte, Internationalisierung der Produktion, Zunahme der Arbeitsteilung, stärkere Vernetzung, verbesserte Anbindung peripherer Regionen, dazu eine Vielzahl weiterer Begriffe, die alle mit den Vorsilben ko- oder inter- beginnen: Kooperation, Koordination, interregional, intersektoral etc. etc. An alle diese Stichworte und Begriffe knüpfen sich große Hoffnungen, bei den armen Ländern ebenso wie bei den reichen. Geht man ihnen auf den Grund, und dies nicht einmal sehr tief, so zeigt sich jedoch, daß sie alle, ohne Ausnahme, mit einer Vermehrung der Transportvorgänge und einer Verlängerung der Transportwege verbunden sind:

Keine Vergrößerung der Märkte, ohne daß die auf den vergrößerten Märkten gehandelten Waren nicht längere Wege zwischen den Produzenten und Konsumenten zurücklegen müßten; keine Internationalisierung der Produktion, ohne daß die jeweils national hergestellten Teile oder Aggregate nicht jenseits der nationalen Grenzen zu einem Endprodukt zusammengefügt werden müßten; keine Zunahme der Arbeitsteilung, ohne daß die arbeitsteilig produzierten Güter und Dienstleistungen nicht irgendwo wieder der "Arbeitsverbindung" bedürften; keine stärkere Vernetzung ohne dichtere und leistungsfähigere Netze, als da sind: Leitungen, Straßen, Eisenbahntrassen, Schiffahrtswege, Luftkorridore; keine verbesserte Anbindung peripherer Regionen ohne Erweiterung der Netze in diese Regionen hinein.

Hinzu kommen, zum Teil in unmittelbarem, zum Teil nur in mittelbarem Zusammenhang mit der damit implizierten Zunahme der internationalen Konkurrenz, Veränderungen der Produktions- und Distributionsstrukturen, die ebenfalls ohne Ausnahme zu einer weiteren Vermehrung der Transportvorgänge und Verlängerung der Transportwege beitragen: Verringerung der Fertigungstiefe, Übergang zur "just-in-Time"-Produktion, Verlagerung der Lagerhaltung auf die Straße.

Es nimmt kaum wunder, daß, wenn auch meist ohne ausdrücklichen Hinweis auf derartige Ursachen, gegen Ende der Tagung immer häufiger auf die entweder selbst oder von anderen gestellte Frage nach den größten Problemen, denen sich Europa in Zukunft gegenübersehen würde, die wachsenden Verkehrsbelastungen genannt wurden, die bereits heute erkennbaren Engpässe, die den Verkehr zunehmend behinderten - das Ruhrgebiet wurde in diesem Zusammenhang mit einem zweiten Alpenkamm verglichen -, oder gar die Wand, an die ein nicht mehr zu bewältigender Verkehr schließlich stoßen müsse.

Diese Einschätzung steht in einem deutlichen Mißverhältnis zu dem Gewicht, das dem vermehrten Güterverkehr in der öffentlichen Diskussion beigemessen wird. Diese kreist zur Zeit fast ausschließlich um den innerstädtischen Personenverkehr, der mit allen Mitteln behindert, verteuert, am liebsten ganz verboten, in jedem Falle aber soweit irgend möglich auf öffentliche Verkehrsmittel verlagert werden soll. Schon der innerstädtische Güterverkehr erregt weit weniger Aufmerksamkeit, obgleich eine wachsende Zahl gerade schwerer Unfälle auf seine Kosten geht und obwohl bekannt ist, daß die Mehrzahl der im Stadtverkehr eingesetzten Transportfahrzeuge kaum besser ausgelastet ist als die Personenkraftwagen, denen man die 1,3 Personen, die sie im Durchschnitt befördern, immer wieder auf ihr Schuldkonto schreibt. Der überregionale, erst recht der internationale Güterverkehr macht nur dann Schlagzeilen, wenn erboste Anwohner Alpenstraßen blockieren oder wenn die Abfertigungszeiten an den Grenzübergängen nicht mehr nach Stunden, sondern nach Tagen zählen. Zur nationalen Frage wird er allenfalls in Ländern wie der Schweiz, die sich bei allen größeren Verkehrsbauten - wie etwa bei den neuen großen Alpentransversa- len - auf eine Initiative für eine Volksabstimmung einstellen müssen.

Wenn aber der wachsende Güterverkehr zur Diskussion steht - und das ist in der fachwissenschaftlichen und fachpolitischen Öffentlichkeit natürlich der Fall, und auch die Akademie hat sich an dieser Diskussion beteiligt -, so konzentrieren sich die Verbesserungsvorschläge in der Regel auf die Schaffung bzw. Förderung "intelligenter" Verkehrssysteme, und das heißt auf eine Organisation der Transportketten, die die spezifischen Vorzüge der einzelnen Teilsysteme - Straße, Schiene, Flugzeug, Schiff - so flexibel miteinander verbindet, daß sie jeweils optimal sowohl den zu transportierenden Güterarten wie den zu bedienenden Gebietskategorien angepaßt werden können und damit die bestmögliche Ausnutzung der vorhandenen Kapazitäten ermöglichen. Als konstitutive Elemente solcher "intelligenter" Verkehrssysteme werden dabei genannt: die Bündelung des Sammel- und Verteilverkehrs durch Güterverkehrszentren, die reibungslose Verbindung von Schiene und Straße durch den Kombinierten Ladungs- oder auch den Huckepackverkehr, die verbesserte Auslastung der Transportmittel durch eine verfeinerte Logistik oder auch durch eine Änderung der Rechtsvorschriften, wie sie zur Zeit etwa die Mitnahme nicht-eigener Güter im Werkverkehr behindern, der immerhin 50 % des Transportaufkommens bewältigt und dabei zahlreiche Leerfahrten verursacht.

Es besteht kein Zweifel, daß eine bessere Organisation und Auslastung der vorhandenen Transportkapazitäten die Leistungsfähigkeit des Transportsystems insgesamt noch erheblich steigern kann. Es besteht aber ebensowenig ein Zweifel, daß auch das intelligenteste Transportsystem - sofern man es nicht massiv ausbaut, wogegen sowohl Gesichtspunkte des Flächenverbrauchs wie der Umweltverträglichkeit sprechen - früher oder später an seine Grenzen stößt. Es ist bekannt, daß die Bundesbahn, die immer wieder als deus ex machina herhalten muß, zur Zeit nicht mehr als 10 % des Straßengüterverkehrs zusätzlich aufnehmen kann, oder daß auch der bestorganisierte Kombinierte Ladungsverkehr und das bestorganisierte Güterverkehrszentrum für die Sammlung und Verteilung der Güter auf Lastkraftwagen und diese auf das städtische und regionale Straßennetz angewiesen bleiben. Transportwege und insbesondere Straßen bleiben demnach ein knappes Gut.

Es stellt sich also die Frage, ob es nicht noch um einiges "intelligenter" wäre, das Transportaufkommen als solches genauer unter die Lupe zu nehmen und daraufhin zu überprüfen, ob und in welchem Ausmaß der Transport aber auch aller und jeder Güter sinnvoll und notwendig ist. Schon vor Jahrzehnten, als Verkehrsbelastungen heutigen Umfangs noch gar nicht zur Diskussion standen, hat der Aachener Verkehrswissenschaftler J.W. Korte immer wieder betont, der beste Verkehr sei der Verkehr, der gar nicht erst entstünde: Verkehrsvermeidung also, und nicht nur Verkehrslenkung. Und in der Tat kennen wir genug Beispiele, anhand derer es schwerfällt, in allen Transportvorgängen einen tieferen Sinn zu erkennen: die Milch, die von Niederbayern nach Oberitalien transportiert, dort zu Käse verarbeitet und als solcher wieder nach Niederbayern zurücktransportiert wird, beides über die Alpen; die Tomaten, die im einen Land erzeugt, im anderen, in einigen hundert Kilometern Entfernung, zu Tomatenmark verarbeitet werden; die Blumen, die im Ruhrgebiet gezüchtet, in Holland auf den Markt gebracht und in Dortmunder Geschäften verkauft werden. Weniger bekannt, aber um so eindrucksvoller ist das Beispiel der Felsblöcke, die in Portugal gebrochen, zurechtgehauen, verladen und von dort zunächst über die Pyrenäen, dann über einige Alpenpässe gefahren werden, um in der Zentralschweiz, im Kanton Uri, zur Regulierung der Reuß verwandt zu werden, eines Gebirgsflusses, dessen schmales Tal auf beiden Seiten von solidem Granitgestein gesäumt ist.

Nun ist es kein Geheimnis, daß sich solche Transporte, so unsinnig sie erscheinen mögen, betriebswirtschaftlich "rechnen", sei es, daß das Lohnkostengefälle zwischen den Ländern entsprechend hoch ist, sei es, daß "economies of scale" eine Konzentration der Produktion an wenigen Standorten begünstigen, sei es, daß die Dominanz oder Effizienz von Großmärkten Produzenten zwingen, ihre Waren über sie abzusetzen. Es ist aber ebensowenig ein Geheimnis, daß sie sich nur solange rechnen, wie die Transportkosten praktisch nicht zu Buche schlagen, und daß die Transportkosten nur solange nicht zu Buche schlagen, wie sie, trotz aller Abgaben und steuerlichen Belastungen, die meisten volkswirtschaftlichen und Umweltkosten, die die Transporte verursachen, nicht einzukalkulieren haben. Diese Kosten fallen aber an, und sie fallen um so mehr an, je mehr der Verkehr zunimmt und gleichzeitig die Bereitschaft abnimmt, dies als Naturgesetz zu betrachten.

Wie hoch diese Kosten de facto sind, wie sie zu berechnen und wem sie im einzelnen zuzurechnen sind, ob der dafür zu entrichtende Preis überhaupt marktmäßig, über Angebot und Nachfrage, ermittelt werden kann oder über Steuern und Abgaben gewissermaßen simuliert werden muß, wer den Preis schließlich zu zahlen hat und wie, darüber herrscht weder Klarheit noch Einmütigkeit. Entsprechend wenig glaubwürdig sind die von den unterschiedlichsten Parteien vorgelegten Kalkulationen und Forderungen. Auch das "road-pricing", das neuerlich ins Gespräch gebracht wird - eine Art Straßenbenutzungsentgelt, dessen Höhe sich nach der gefahrenen Strecke richtet und das, je nach Tageszeit und Gebiet, zeitlich und räumlich gestaffelt werden kann, wobei der zu entrichtende Betrag über eine Erfassungsstation am Straßenrand und ein entsprechendes Gerät an Bord elektronisch ermittelt und von einer Chip-Karte abgebucht wird -, dürfte, zumindest was die Höhe des Entgelts und Art und Ausmaß der Staffelung angeht, kaum so "marktwirtschaftlich steuerbar" sein, wie es die Verfechter darstellen. Immerhin würde gerade die zeitliche und räumliche Staffelung vermutlich eine gerechtere Verteilung der Straßenbenutzungskosten ermöglichen als etwa eine pauschale Erhöhung der Benzinpreise, die den Lehrling in einem entlegenen Dorf, der seine Lehrstelle nur mit dem Auto erreichen kann, ebenso trifft wie den städtischen Angestellten, der für den Weg zum Briefkasten den Wagen aus der Garage holt. Auch hätte ein solches Entgelt den Vorteil, im voraus kalkulierbar und in eine Kosten-Nutzen-Rechnung einbeziehbar zu sein - anders als der Stau, dessen Kosten immer erst im nachhinein festzustellen sind, was den einzigen Vorzug hat, daß die damit verbundenen Unsicherheiten, vor allem hinsichtlich der Einhaltung von Terminen, die Unternehmen empfindlicher treffen als alle obrigkeitlichen Ge- und Verbote und daher auch eher zu einer Überprüfung der Produktionsstrukturen und Vertriebswege führen dürften.

Die Widerstände, die sich auch gegen solche zur Zeit sicher noch etwas futuristisch anmutenden Vorschläge regen werden, beweisen vor allem eines: daß wir über eine angemessene Kostenermittlung und Preisgestaltung für die Benutzung des knappen Gutes Straße - wie auch anderer, am Ende nicht weniger knapper Verkehrswege - noch sehr wenig wissen, ebensowenig über die Folgen, die sich aus einer angemessenen Kostenermittlung und Preisgestaltung für unterschiedliche Märkte ergeben würden, oder daß das, was wir wissen, nicht ausreichend bekannt und in die öffentliche Diskussion eingebracht ist.

Eine bessere Verkehrserschließung, schnellere und leistungsfähigere Verkehrsmittel, erhöhte Mobilitätschancen waren immer Zeichen des technischen, wirtschaftlichen und sozialen Fortschritts, Voraussetzung materiellen und immateriellen Wohlstandes, und sie sind es in der europapolitischen Diskussion auch heute noch. Aber wie lange noch, wenn sie sich vor unser aller Augen und auf unser aller Kosten selbst ad absurdum führen?

Nationale Alleingänge, wie sie dann drohen, wenn eine aufgebrachte Bevölkerung Autobahnen blockiert oder Kreuzungen besetzt, sind keine Lösung. Um so schlimmer, daß es zur Zeit wenig Anzeichen gibt, daß wir die baldige Einführung eines gemeinsamen europäischen Systems für die Berechnung und Abgeltung von Wege-, insbesondere von Straßenbenutzungskosten erwarten können. Dieses aber ist unerläßlich, wenn wir nicht statt einer Vergrößerung eine Verkleinerung gerade der Märkte erleben wollen, auf die vor allem die ärmeren Länder - die in der Regel mit jenen peripheren Regionen identisch sind, die wir verstärkt an Europa anbinden wollen - die größten Hoffnungen setzen.

Ich meine, und dies ist für mich nicht die geringste Erkenntnis, die ich aus dieser Tagung gewonnen habe, daß wir die "Perspektiven der Raumentwicklung in Europa" weder zuverlässig einschätzen noch wirksam umsetzen können, wenn wir nicht mehr über die Zusammenhänge zwischen Produktionsstrukturen, Distributionssystemen, Standortbewertungen und Transportkosten - und die tatsächliche Höhe dieser Transportkosten! - wissen und dieses Wissen dann auch in eine politische Diskussion einbringen können, für die die Vermeidung von Verkehr kein Tabu mehr ist. Hier ist auch die Akademie in der Pflicht. Damit, meine Damen und Herren, schließe ich die Veranstaltung.

VIKTOR FRHR. VON MALCHUS

Maastricht - Heerlen - Aachen - Lüttich (MHAL): Räumliche Entwicklungsvorstellungen für das städtische Kerngebiet der Euregio Maas-Rhein

1. Schaffung "Städtischer Knotenpunkte" als Ziel der niederländischen Raumordnung

Die Entwicklung "Städtischer Knotenpunkte" wurde in der niederländischen "Vierten Note über Raumordnung: auf dem Wege nach 2015" vom 15. Dezember 1988 erstmals zum raumordnerischen Ziel erklärt und nach dem niederländischen Gesetz über die Raumordnung in den Rahmen einer "Raumordnerischen Kernentscheidung" gestellt[1]).

Damit hat die Regierung der Niederlande auch die Ausbildung des "Städtischen Knotenpunktes MHAL" mit zu einem Projekt erhoben, zu dem die Bevölkerung, die Behörden und die beteiligten Nachbarländer gehört werden mußten. In den Niederlanden und in den Nachbarländern sind die Ziele der "Vierten Note über Raumordnung" nach vielfältigen Verbesserungen weitgehend akzeptiert worden. Die Raumordnungsnote selbst wurde 1989 von der Regierung der Niederlande als "Erste regionale Entwicklungsskizze in einem künftigen Europa ohne Grenzen"[2]) verabschiedet.

In dieser Note über Raumordnung stellt die Niederländische Regierung die Internationalisierung der niederländischen Wirtschaft durch den "Europäischen Binnenmarkt" und damit die Folgen der Verminderung der grenzüberschreitenden Hindernisse in den Mittelpunkt ihrer Überlegungen für den raumordnerischen Zielfindungsprozeß. Die Entwicklungsperspektive basiert auf der raumordnerischen Hauptstruktur der Niederlande. In ihr sind mit den Aussagen zu den Zielen für mehrere Landesteile auch die Zielsetzungen zur Entwicklung der "Städtischen Knotenpunkte" verbunden (vgl. Abb. 1), so u. a. auch für den Raum MHAL.

Schon nach den Aussagen der raumordnerischen "Globalen Strukturskizze BENELUX" (vgl. Abb. 2), die in den 70er Jahren von der BENELUX -Union entwickelt wurde[3]), und neuerdings auch in der Vierten Raumordnungsnote der Niederlande[4]) ist der Raum Maastricht/Heerlen ein solcher "Städtischer Knotenpunkt", der als räumlicher Schwerpunkt durch intensive räumlich-funktionale Zusammenarbeit und staatliche, regionale und lokale Maßnahmen zu einer im internationalen Wettbewerb der Städte konkurrenzfähigen Region im europäischen Binnenmarkt ausgebaut werden kann, wenn auch die Städte Aachen und Lüttich in das städtische Kerngebiet der Euregio Maas-Rhein einbezogen werden.

Dabei ist die Entwicklungsperspektive vor allem auf die Stärkung durch Bündelung der Dienstleistungsfunktionen im regionalen Verbund der Städte und Gemeinden im Bereich der Knotenpunkte ausgerichtet. Diesem raumordnerischen Ziel liegt die Erfahrung zugrunde, daß

Abb. 1: Räumliche Entwicklungsperspektive

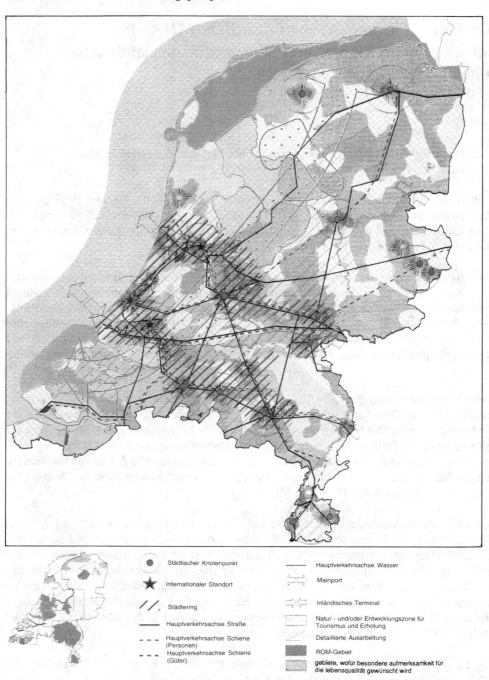

Städtischer Knotenpunkt

Internationaler Standort

Städtering

Hauptverkehrsachse Straße

Hauptverkehrsachse Schiene (Personen)

Hauptverkehrsachse Schiene (Güter)

Hauptverkehrsachse Wasser

Mainport

Inländisches Terminal

Natur - und/oder Entwicklungszone für Tourismus und Erholung

Detaillierte Ausarbeitung

ROM-Gebiet

gebiete, wofür besondere aufmerksamkeit für die lebensqualität gewünscht wird

Quelle: Internationale Vorbereitungskommission (Hrsg.): Auf dem Wege zu einer Raumentwicklungsperspektive für das städtische Kerngebiet der Euregio Maas-Rhein, Erläuterungsbericht, Valkenburg 1991, S. 31 a.

Abb. 2: Globale Strukturskizze BENELUX

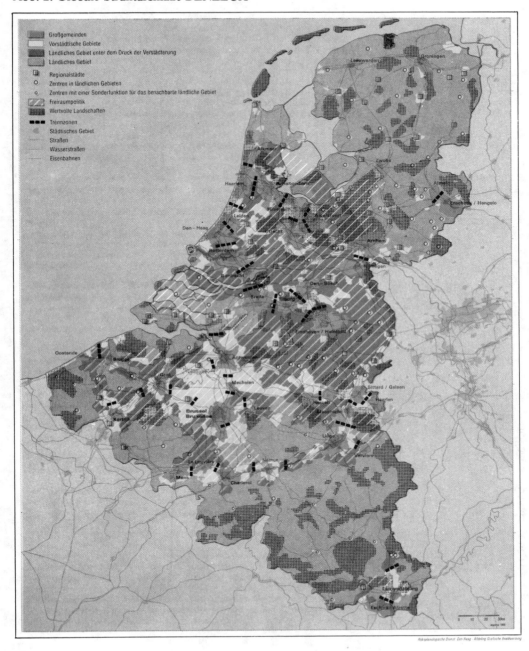

Quelle: Internationale Vorbereitungskommission (Hrsg.): Auf dem Wege zu einer Raumentwicklungsperspektive für das städtische Kerngebiet der Euregio Maas-Rhein, Erläuterungsbericht, Valkenburg 1991, S. 27 a.

Abb. 3: Lage im Vergleich zu den Hauptverkehrswegen

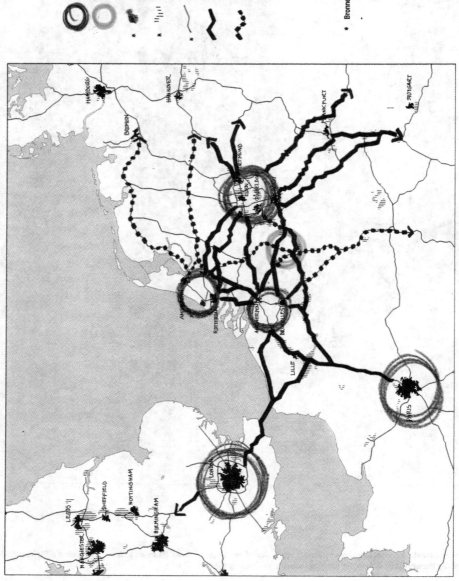

	stedelijk complex, economisch centrum
	complexe urbain, centre économique
	städtischer Komplex, Wirtschaftszentrum
	MHAL-gebied
	zone MHAL
	MHAL Gebiet
	steden > 500.000 inwoners
	villes > 500.000 habitants
	Städte > 500.000 Einwohner
	industriegebied
	zone industrielle
	Industriegebiet
	hoofdtransportas over de weg
	axe de transport routier principal
	Hauptverkehrsader über Straße
	idem met veel transito verkeer
	id. transit important
	idem mit vielem Transitverkehr
	idem met minder transito verkeer
	id. transit moins important
	idem mit wenigem Transitverkehr

* Bronnen / Sources / Auskunftpunkte:

* Integratiekaart Nederland in Noordwest-Europa, Vierde nota over de ruimtelijke ordening, deel d.

Quelle: Internationale Vorbereitungskommission (Hrsg.): Auf dem Wege zu einer Raumentwicklungsperspektive für das südliche Kerngebiet der Euregio Maas-Rhein, Erläuterungsbericht, Valkenburg 1991, S. 19 a.

durch funktionale räumliche Arbeitsteilung und räumliche Konzentration in städtischen Agglomerationen, die über gute verkehrliche Verbindungen verfügen, zukunftsträchtige Beschäftigungsmöglichkeiten und ein hohes Versorgungsniveau mit vorzüglichen Naherholungsmöglichkeiten geschaffen werden können. Die "Raumordnerische Entwicklungsperspektive für die Niederlande" in der Vierten Note zeigt deutlich auf (vgl. Abb. 3), welche konkreten Schritte der Staat bei seiner Raumordnungspolitik in den Niederlanden vornehmen wird, damit dieses Land auch in Zukunft einer guten internationalen Position sicher sein kann[5]).

Die diesem raumordnerischen Leitbild zugrunde liegenden Zielsetzungen entsprechen weitgehend dem Leitbild des ROG und den Grundsätzen und Zielen der Raumordnung und Landesplanung des Landes Nordrhein-Westfalen (LEPro). Im Zusammenhang mit Überlegungen zur Intensivierung der grenzüberschreitenden Zusammenarbeit hat auch der "Raumordnungsbericht 1990" auf die zunehmende Bedeutung grenzüberschreitender Programme und Leitbilder für die räumliche und wirtschaftliche Gebietsentwicklung in den großen Verdichtungsräumen, wie z. B. auch im Raum Aachen-Aachen-Lüttich, hingewiesen[6]). Insoweit besteht volle Übereinstimmung zwischen den Raumordnungsvorstellungen der benachbarten Länder.

2. Bedeutende Standortfaktoren der Euregio Maas-Rhein

Die wichtigsten Stärken und Schwächen der Euregio wurden Anfang der 80er Jahre analysiert und daraus ein "Grenzüberschreitendes Aktionsprogramm" zur Verbesserung der Situation in diesem Grenzgebiet entwickelt[7]). Dieses Aktionsprogramm ist Modell für alle weiteren regionalpolitischen Handlungsprogramme an den Grenzen zu den Niederlanden geworden. Es ist auch Grundlage für die zahlreichen regionalpolitischen Entwicklungsmaßnahmen der EG und der Nationalstaaten in diesem Dreiländereck.

Läßt man die Grenzen in diesem Raum außer acht, zeigt sich hier auf dem Hintergrund der Analyseergebnisse ein Raum mit ca. 4 Mio. Einwohnern, der:

- eine vorzügliche wirtschaftsgeographische Lage im Zentrum Nordwesteuropas zwischen den anderen großen Ballungsgebieten aufweist,
- über eine große Vielfalt von Stadt- und Landschaftstypen verfügt,
- ein großes, hochqualifiziertes Potential an industrieerfahrenen Arbeitskräften besitzt,
- in seinem Bereich ein vielfältiges Technologiepotential und eine ausgeprägte Wissensinfrastruktur konzentriert,
- international ausgerichtet ist und dessen Institutionen und Bevölkerung die grenzüberschreitenden Kooperationen positiv unterstützen[8]).

Bisher bildet der Raum Maastricht-Heerlen-Aachen-Lüttich-Genk (MHAL) eine von Grenzen zerschnittene wunderschöne Landschaft. Die Politik der Nachbarstaaten endete bisher an den Landesgrenzen. Heute werden die Entwicklungen auf den Gebieten der Wirtschaft, der Umwelt, der Infrastruktur, des Tourismus, Ausbildung, Kultur, Wissenschaft u.a. mehr in der Euregio Maas-Rhein und zwischen den Gemeindedn (5. Städtebau-Bürgermeisterkonferenz) grenzübergreifend betrachtet und abgestimmt.

Abb. 4: Basiskarte Wohnumfelder

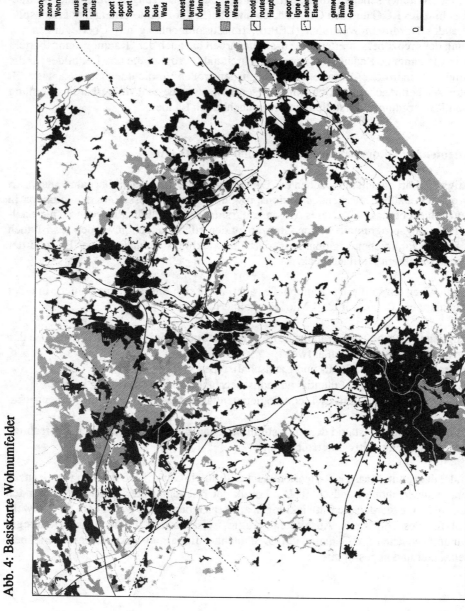

woongebied
zone d'habitation
Wohngebiet

industriegebied
zone industrielle
Industriegebiet

sport en parken
sport et parcs
Sport und Parke

bos
bois
Wald

woeste grond
terres incultes
Ödland

water
cours d'eau, lac
Wasser

hoofdwegen
routes principales
Hauptverkehrsstraßen

spoorlijn (alleen personen)
ligne de chemin de fer (passagers seulement)
Eisenbahn (allein Personen)

gemeentegrens
limite des communes
Gemeindegrenze

0   5   10   15 km

Quelle: Ministerium für Wohnungswesen, Raumordnung und Umwelt (Hrsg.): Auf dem Wege nach 2015, gekürzte Ausgabe der vierten Note über Raumordnung in den Niederlanden, Politikvorhaben, Den Haag 1988, S. 31.

Abb. 5: Raumhauptstruktur (Integrationskarte)

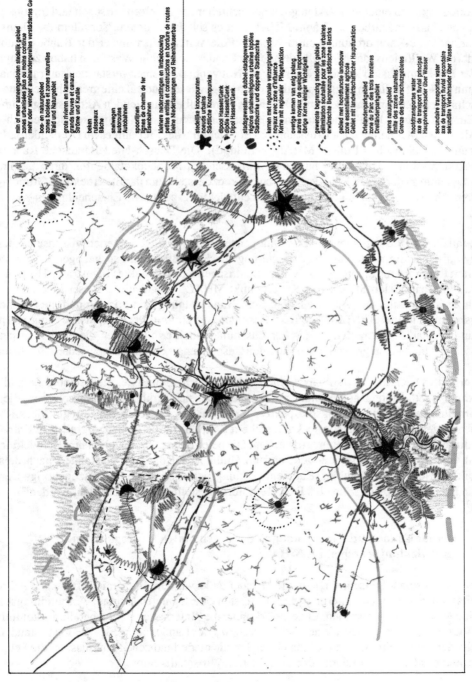

min of meer saneengesloten stedelijk gebied
zones urbanisées plus ou moins continue
mehr oder weniger aneinandergereihtes verstädtertes Gebiet

bos- en natuurgebied
zones boisées et zones naturelles
Wald und Naturgebiet

grote rivieren en kanalen
grands fleuves et canaux
Ströme und Kanäle

beken
ruisseaux
Bäche

snelwegen
autoroutes
Autobahnen

spoorlijnen
lignes de chemin de fer
Eisenbahnen

kleinere niederzattingen en linhebouwing
petites entités et constructions en bordure de routes
Kleine Niederlassungen und Reihenhäuserbau

stedelijke knooppunten
noeuds urbains
Städtische Knotenpunkte

dipool Hasselt/Genk
dipôle Hasselt/Genk
Dipol Hasselt/Genk

stadsgewesten en dubbel-stadsgewesten
régions urbaines et régions urbaines bipôles
Stadtbezirke und doppelte Stadtbezirke

kernen met regionale verzorgingsfunctie
noyaux avec zone d'influence
Kerne mit regionaler Pflegefunktion

overige kernen van enig belang
autres noyaux de quelque importance
übrige Kerne einiger Wichtigkeit

gewenste begrenzing stedelijk gebied
délimitation souhaitée pour les zone urbaines
erwünschte Begrenzung städtisches Bezirks

gebied met hoofdfunctie landbouw
zone essentiellement agricole
Gebiet mit landwirtschaftlicher Hauptfunktion

Drielanderparkgebied
zone du Parc des trois frontières
Dreiländerparkgebiet

grens natuurgebied
limite des zones naturelles
Grenze des Naturschutzgebietes

hoofdtransportas water
axe de transport fluvial principal
Hauptverkehrsader über Wasser

secundaire transportas water
axe de transport fluvial secondaire
sekundäre Verkehrsader über Wasser

Quelle: Ministerium für Wohnungswesen, Raumordnung und Umwelt (Hrsg.): Vierte Note (EXTRA) zur Raumordnung in den Niederlanden, Auf dem Wege nach 2015, gekürzte Ausgabe, Den Haag 1988, S. 37.

3.   **Erste Überlegungen zu einer engeren Zusammenarbeit in der Euregio Maas-Rhein und zum Ausbau des "Internationalen städtischen Knotenpunktes MHAL"**

Überlegungen zu einer verstärkten grenzüberschreitenden raumordnerischen und regionalplanerischen Zusammenarbeit im Raum MHAL gibt es seit Jahrzehnten. Vor allem die Deutsch-Niederländische-Raumordnungskommission und die Wirtschaftsminister der Bundesrepublik, Flanderns, Walloniens, der Niederlande und des Landes Nordrhein-Westfalen haben zusammen mit der EG-Kommission immer wieder auf die Notwendigkeit einer verstärkten internationalen Zusammenarbeit in diesem Agglomerationsraum hingewiesen und auf eine grenzüberschreitende wirtschaftliche Zusammenarbeit im Rahmen des "Grenzüberschreitenden Aktionsprogramm für die Euregio Maas-Rhein" und auf grenzüberschreitenden Umweltschutz, einschließlich der erforderlichen Maßnahmen zur Erhaltung und Entwicklung des Freiraumes im Dreiländerpark im Zentrum der städtischen Einheit MHAL, gedrängt[9]). Die Deusch-Niederländische Raumordnungskommission - UK Süd - hat einen umfassenden Problemkatalog für ihren gesamten Planungsraum an der deutsch-niederländischen Grenze erstellt, um damit verbesserte Grundlagen für grenzüberschreitende raumplanungs- und entwicklungspolitische Entscheidungen zu erhalten[10]).

Aus all diesen Überlegungen und Bemühungen und aus vielfältigen eigenen wissenschaftlichen Analysen[11]) hat die niederländische Regierung die Schlußfolgerungen gezogen und in ihrer "Vierten Raumordnungsnote" die Idee des "Städtischen Knotenpunktes Maastricht-Heerlen" zu einem "Internationalen Städtischen Knotenpunkt MHAL" ausgeweitet. Dieser Idee haben die Provinz Limburg, die Deutsch-Niederländische Raumordnungskommission und die Raumordnungskommission der BENELUX-Wirtschaftsunion zugestimmt. Der europäische Einigungsprozeß und der dadurch bewirkte Zwang zur Zusammenarbeit ermöglichten diesen gemeinsamen Wunsch zur intensiven grenzüberschreitenden Zusammenarbeit mit europäischer Dimension.

Zum Jahreswechsel 1989/90 haben der flämische, der wallonische, niederländische und der nordrhein-westfälische Raumordnungsminister eine Absichtserklärung unterschrieben, die die Ausarbeitung einer Entwicklungsperspektive für das städtische Gebiet der Euregio Maas-Rhein vorsieht. Diese Entwicklungsperspektive soll ein Leitbild für die grenzübergreifende Entwicklung dieses internationalen Raumes darstellen. Die beteiligten Länder wollen ihre Entwicklungspolitik im europäischen Binnenmarkt und im Hinblick auf das 21. Jahrhundert nach diesem Leitbild ausrichten. Das Leitbild (Raumentwicklungsperspektive) und der dazugehörige Durchführungsplan (werkplan) sollen bis Ende 1992 fertiggestellt und veröffentlicht werden[12]).

4.   **Organisation und Abstimmung in der sogenannten "Euregionalen Entwicklungsperspektive MHAL"**

Vom Reichsplanologischen Dienst der Niederlande wurden 1989 mit Hilfe einer Ad-hoc-Arbeitsgruppe in einer Orientierungsphase die ersten Überlegungen für eine "Vorbereitungskommission MHAL" vorgenommen. Ende 1990 konnte die "Internationale Vorbereitungskommission (IVC)" eingesetzt werden, die aus drei Vertretern jedes Landes oder jeder Region bestand. Den Vorsitz der Vorbereitungskommission übernahm die niederländische Kommission, die Sekretariatsarbeit das Generalsekretariat der BENELUX-Wirtschaftsunion.

Zusammensetzung der Vorbereitungskommission MHAL

	Reich/Region/Land	Provinz/ Regierungsbezirk	Reg. Zusammen- arbeitsverbände	Städte
die Niederlande	J. van ZEIJL / G. ROELEVELD (RPD-Inspektor RO)	A. PETERS/ M. van GINDEREN (Direktor ROV - Provinz Limburg)	-	J. HERMANS (Maastricht)
Flämische Region	J. LORENT / R. LIEKENS (AROL-Raum- ordnungsdienst)	L. BRAKE (Beamter der Provinz Limburg)	-	-
Wallonische Region	C. BASTIN (Verwaltung RO und Städtebau)	M. BARBASON (Provinz Lüttich)	-	A. KILEN (Stadt Lüttich)
Nordrhein-Westfalen	E. REIS (Ministerium für Umwelt, RO und Landesplanung)	A.D. FRICKE / I.V. FENSTERER (Regierungsbezirk Köln)	L. MAHNKE (Industrie- und Handelskammer Aachen)	-

Vorsitzender: A. PETERS (Provinz Limburg)
Sekretariat: H. ABTS und F. D'HONDT (Generalsekretariat der BENELUX-Wirtschaftsunion)
Außenkonsulent: P. de GOUW, Heidemij Adviesbureau BV

Zentrale Aufgabe der Vorbereitungskommission war, entsprechend der Absichtserklärung der Regierungen von 1989/90, die Vorbereitung einer "Internationalen Lenkungsgruppe MHAL", die für die Ausarbeitung der "Euregionalen Entwicklungsperspektive (EUREP)" für den großstädtischen Kern der Euregio Maas-Rhein verantwortlich sein sollte. Bei ihren Überlegungen konnte die Vorbereitungskommission von den Erfahrungen profitieren, die von der niederländischen Seite in der Orientierungsphase bei den Vorbereitungen des Projektes gewonnen werden konnten. Darüber hinaus hat die Vorbereitungskommission im Herbst 1990 ein externes Beratungsbüro mit der Erarbeitung erster Überlegungen für eine Raumentwicklungsperspektive beauftragt. Das Büro Heide miji BV legte bereits Ende 1990 einen ersten Entwurfsbericht vor.

Im Frühjahr 1991 wurde dann eingehend über den Erläuterungsbericht der Internationalen Vorbereitungskommission "Auf dem Wege zu einer Raumentwicklungsperspektive für das städtische Kerngebiet der Euregio Maas-Rhein" diskutiert. Der Bericht konnte mit einer ganzen Reihe von Erläuterungskarten im Juni 1991 veröffentlicht werden[13]).

Im Sommer 1991 hat sich die "Internationale Lenkungsgruppe" konstituiert, die inzwischen im Oktober 1991 ihre zweite Sitzung abgehalten hat. Wichtigster Tagungsordnungspunkt war die Positionsbestimmung des MHAL-Raumes im europäischen Rahmen. Die Lenkungsgruppe setzt sich zusammen aus Vertretern der zuständigen Ministerien für Raumordnung und aus Mitgliedern regionaler Verwaltungen. Ihre Aufgabe besteht in der formellen Festlegung der Raumentwicklungsperspektive, der Leitbilder, Ziele, Maßnahmen und Projekte. Inhaltlich wird sie dabei von der Internationalen Koordinationskommission begleitet, die aus der Vorbereitungskommission hervorgegangen und auch für die Überwachung des Budgets des MHAL-Projektes zuständig ist. Wichtigste weitere Aufgabe der Kommissionen ist die Koordination aller Entwicklungsaktivitäten in der Euregio Maas-Rhein, so zum Beispiel im Hinblick auf das Grenzüberschreitende Aktionsprogramm, die Fünf-Städte-Konferenz und die verschiedenen Raumordnungskommissionen. Darüber hinaus soll von den Kommissionen eine intensive Zusammenarbeit mit allen gesellschaftlichen Gruppierungen angestrebt werden. Die internationale Zusammenarbeit hat sich in den ersten beiden Jahren relativ gut entwickelt.

Über die Arbeiten der Kommission werden von der BENELUX-Wirtschaftsunion Informationsbriefe herausgegeben. Darüber hinaus wurde auch eine Informationsbroschüre zum MHAL-Projekt entwickelt[14]) und breit gestreut.

5. Zum Stand der Erarbeitung der "Raumentwicklungsperspektive für das MHAL-Gebiet"

Ziel der internationalen Raumentwicklungsperspektive MHAL ist die grenzüberschreitende gemeinsame Ausarbeitung einer Entwicklungsvision, die nach Prüfung der verschiedenen Möglichkeiten aufzeigen soll, wie dieser Raum zu einer Europäischen Region ohne Grenzen entwickelt werden kann. Eine solche Entwicklungsperspektive für das städtische Kerngebiet der Euregio Maas-Rhein soll im Rahmen der MHAL-Organisation gemeinsam mit den Behörden Flanderns, Walloniens, der Niederlande und Deutschlands erarbeitet und abgestimmt werden. Dabei soll vor allem auf die Verbesserung der Umweltqualität des ländlichen Raumes in dieser Region und auf eine integrierte räumliche Entwicklungsplanung besonderer Wert gelegt werden. Bei der Formulierung der gemeinsamen großen inhaltlichen Ziele ist die Vorbereitungskommission insbesondere von folgenden niederländischen Entwicklungskonzepten ausgegangen:

- Nutzung der komparativen Vorteile der MHAL-Region im europäischen Kräftespiel;
- Berücksichtigung der sich vollziehenden EG-Erweiterung als Folge wirtschaftlicher Prozesse und deren Konsequenzen für die innereuropäische Integration durch Ausbau des funktionalen und administrativen Zusammenspiels in der MHAL-Region;
- Verbesserung der Qualität von Raum und Umwelt[15]).

Die Konkretisierung dieser Ziele in der Raumentwicklungsperspektive soll sich nach vorläufigen Entscheidungen der Koordinierungsgruppe in sechs Themenbereichen vollziehen, die durch die nationalen Delegationen in Abstimmung mit den Nachbarn erarbeitet werden. Folgende Themen stehen zur Bearbeitung an:

- städtische Entwicklung und Zusammenarbeit (Flandern),
- Tourismus und Erholung (Niederländisch Limburg),
- wirtschaftliche Entwicklung (Wallonien),
- Verkehr und Transport (Nordrhein-Westfalen),
- Umwelt (Nordrhein-Westfalen),
- ländlicher Raum (Niederländisch Limburg).

Diese Themenbereiche sollen jeweils auf drei Maßstabsebenen beleuchtet werden:

- Position der MHAL-Region im Vergleich zu anderen Regionen in Nordwesteuropa und in Europa;

- Stellung der MHAL-Region in bezug auf die weiteren Kerngebiete in Nordwesteuropa (Randstad; Rhein-Ruhr-Region; Brüssel, Antwerpen, Gent) und die angrenzenden Räume;
- innere Perspektive, d. h. die Raumqualität und die gemeindlichen und übergemeindlichen Funktionen und Beziehungen in der MHAL-Region selbst.

Die Raumentwicklungsperspektive soll einen Einblick in die vorhandene räumliche Hauptstruktur geben, die anzustrebende Entwicklung in den sechs Themenbereichen darstellen und strategische Projekte und umsetzungsfähige Ausführungsmaßnahmen entwickeln. Es geht dabei einerseits um die Erarbeitung einer mittel- und langfristigen Perspektive für die Entwicklung der MHAL-Region insgesamt und andererseits um die Ausformung der in diese Entwicklungsperspektive eingebundenen Projekte und Durchführungsmaßnahmen kurz- und mittelfristiger Art.

Der Bericht der Internationalen Vorbereitungskommission zeigt darüber hinaus den Rahmen für die Ausarbeitung der Raumentwicklungsperspektive auf[16]). Als Zeitraum für deren Ausarbeitung, Besprechung, Koordination, dieDurchführung von strategischen Konferenzen und themenorientierten Diskussionsrunden sowie für die Präsentation der Abschlußergebnisse sind insgesamt zwei Jahre vorgesehen, in denen der Beirat dreimal jährlich, die Koordinationskommission acht mal jährlich und die Kerngruppe 20mal jährlich tagen sollen. Die Abschlußergebnisse der Planungen und die ersten Ausführungsprojekte sollen im Dezember 1992 der Öffentlichkeit vorgelegt werden. Die dafür erforderlichen Planungskosten werden auf rd. 2 Mio. DM geschätzt, von denen jeder Partner etwa ein Viertel tragen soll.

Die Ausarbeitung der Raumentwicklungskonzeption für das MHAL-Gebiet und die Durchführung der einzelnen Projekte, wie etwa der Ausbau des grenzüberschreitenden Güterverkehrs, die Anlage eines grenzübergreifenden Gewerbeparks, der Ausbau des Maastales, die Entwicklung des Dreiländerparks u. a. m., sollen durch eine umfangreiche Öffentlichkeitsarbeit in Presse, Rundfunk und Fernsehen begleitet werden. Die Koordination der Öffentlichkeitsarbeit übernimmt der Vorsitzende der Internationalen Koordinierungsgruppe.

Insgesamt kann man abschließend feststellen, daß die internationale Zusammenarbeit im grenzübergreifenden Entwicklungsprojekt für den städtischen Kernraum der Euregio Maas-Rhein nach erheblichen Anfangsschwierigkeiten nunmehr gut in Gang gekommen ist und erste Erfolge in greifbare Nähe rücken.

Anmerkungen

1) Ministerie van Volkshuisversting, Ruimtelijke Ordening en Milieurbeheer: Op weg naar 2015, Vierde nota ove de ruimtelijke ordening, deel d: regeringsbeslissing, Den Haag, 16. december 1988

2) Ministerium für Wohnungswesen, Raumordnung und Umwelt: Auf dem Wege nach 2015, Gekürzte Ausgabe der Vierten Note über Raumordnung in den Niederlanden, Politikvorhaben, Den Haag 1988, S. 3

3) Union Economique Benelux: Esquisse de structure globale Benelux en matière d'amenagement du territoire, partie II, Bruxelles, Decembre 1984

4) Ministerium für Wohnungswesen, Raumordnung und Umwelt: Auf dem Wege nach 2015, Gekürzte Ausgabe der Vierten Note über Raumordnung in den Niederlanden, a. a. O., Den Haag 1988

5) Ministerium für Wohnungswesen, Raumordnung und Umwelt: Auf dem Wege nach 2015, a. a. O., S. 29

6) Bundesminister für Raumordnung, Bauwesen und Städtebau, Hrsg.: Raumordnungsbericht 1990, Bundestagsdrucksache 11/7589 vom 19.07.1990, S. 199

7) Institut für Landes- und Stadtentwicklungsforschung des Landes NRW (ILS): "Grenzüberschreitendes Aktionsprogramm" für die Euregio Maas-Rhein, Dortmund 1985

8) Industrie- und Handelskammer zu Aachen: Memorandum zur Verwirklichung des Europäischen Binnenmarktes in der Euregio Maas-Rhein, Aachen im Oktober 1991

9) Malchus, V. Frhr. v.: Grenzüberschreitende Zusammenarbeit des Landes Nordrhein-Westfalen - ein wichtiger Beitrag zur europäischen Integration in Nordwesteuropa, in: Staatsgrenzenüberschreitende Zusammenarbeit des Landes Nordrhein-Westfalen - eine Dokumentation - ,hrsg. vom ILS, ILS-Schriften Bd. 1.036, Dortmund 1985, S. 9 - 17; Malchus, V. Frhr. v.: Zusammenarbeit auf dem Gebiete der Raumordnung - Bilanz und Perspektiven der Raumordnungskommissionen an den Staatsgrenzen Nordrhein-Westfalens -, in: Staatsgrenzenüberschreitende Zusammenarbeit des Landes Nordrhein-Westfalen - eine Dokumentation -, a. a. O., S. 25 - 48; Mielke, B.; Knapp, W.; Weber, R.: Wirtschaftliche und soziale Analyse der Euregio Maas-Rhein - Grundlagen für das "Grenzüberschreitende Aktionsprogramm", in:Staatsgrenzenüberschreitende Zusammenarbeit des Landes Nordrhein-Westfalen - eine Dokumentation -, a. a. O., S. 110 - 113

10) Jansen, P. G.; Meyer, R.: Räumliche Probleme im Grenzgebiet der Deutsch-Niederländischen Raumordnungskommission - UK-Süd-Entwurf - erarbeitet im Auftrag der Deutsch-Niederländischen Raumordnungskommission und herausgegeben vom ILS, Dortmund 1991

11) Rijksplanologische Dienst (Hrsg.): Perspektiven in Europa - Eine Studie von Optionen für eine europäische Raumordnungspolitik - Zusammenfassung -, Den Haag 1990

12) Rijksplanologische Dienst (Hrsg.): Naderee uitwerkingen van de Vierde Nota over de Ruimtelijke Ordening 's-Gravenhage 1991, S. 13 f

13) Internationaler Vorbereitungsausschuß des MHAL-Projektes; Beratungsbüro Heidemij BV: Auf dem Wege zu einer Raumentwicklungsperspektive für das städtische Kerngebiet der Euregio Maas-Rhein, Erläuterung zum Bericht der internationalen Vorbereitungskommission, Valkenburg, Juni 1991

14) Entwicklungsbroschüre MHAL, hrsg. vom Koordinationsausschuß MHAL, Maastricht 1991; MHAL-Informationsbriefe 1 - 8, hrsg. von der BENELUX-Wirtschaftsunion in Brüssel seit dem 13. September 1990

15) Internationaler Vorbereitungsausschuß des MHAL-Projektes: Auf dem Wege zu einer Raumentwicklungsperspektive für das städtische Kerngebiet der Euregio Maas-Rhein, a. a. O., S. 9

16) Internationale Vorbereitungskommission des MHAL-Projektes: Auf dem Wege zu einer Raumentwicklungsperspektive für das städtische Kerngebiet der Euregio Maas-Rhein, a. a. O., S. 16 ff

FORSCHUNGS- UND
SITZUNGSBERICHTE

Europäische Integration

Aufgaben für Raumforschung und Raumplanung

Wissenschaftliche Plenarsitzung 1989

AUS DEM INHALT

Hans-Jürgen von der Heide
Begrüßung und Eröffnung

Vorträge

Gerhard von Loewenich
Grundsätzliche Anmerkungen zu den räumlichen Auswirkungen
der europäischen Integration

Horst Zimmermann
Die regionale Dimension des Europäischen Binnenmarktes
Auswirkungen auf Regionsstruktur, föderativen Aufbau und regionsbezogene Politik

Hans Kistenmacher
Das Arbeitsprogramm der ARL zum Schwerpunkt Europa
und kurze Einführung in die Themen der Arbeitsgruppen

Arbeitsgruppen

Regionalpolitik und Raumordnung
Großräumige Verkehrserschließung
Agrarpolitik und Flächennutzung
Entscheidungsstrukturen und Planungsinstrumentarium

1990, Band 184, 165 S., 28,- DM, Best.-Nr. 3-888 38-010-3
Auslieferung
VSB-Verlagsservice Braunschweig

AKADEMIE FÜR RAUMFORSCHUNG UND LANDESPLANUNG

FORSCHUNGS- UND SITZUNGSBERICHTE

AKADEMIE FÜR RAUMFORSCHUNG UND LANDESPLANUNG